普通高等教育“十一五”部委级规划教材（本科）

现代科技信息检索

滕胜娟　蓝曦　主编

中国纺织出版社

内 容 提 要

本书系统地论述了现代科技信息检索的理论和方法，主要内容包括信息检索基础理论及基本原理，信息检索方法、检索途径及计算机信息检索技术，搜索引擎的工作原理及使用技巧，电子图书、电子期刊、学位论文、专利、标准、会议论文的检索特点及常用的国内外相关数据库的使用方法，信息资源在课题检索和科技查新方面的综合利用等。

本书注重实践，取材新颖，可用作普通高等院校文献检索课程教材，也可作为工程技术人员和科研人员从事信息检索和学术研究时的参考书籍。

图书在版编目(CIP)数据

现代科技信息检索/滕胜娟，蓝曦主编．—北京：中国纺织出版社，2007.8(2016.4 重印)

普通高等教育“十一五”部委级规划教材．本科

ISBN 978-7-5064-4464-4

Ⅰ．现…　Ⅱ．①滕…　②蓝…　Ⅲ．科技情报—情报检索—高等学校—教材　Ⅳ．C252.7

中国版本图书馆 CIP 数据核字(2007)第 103515 号

策划编辑：秦丹红　　责任编辑：王军锋　　责任校对：俞坚沁

责任设计：李　歆　　责任印制：何　建

中国纺织出版社出版发行

地址：北京市朝阳区百子湾东里 A407 号楼　邮政编码：100124

销售电话：010—67004422　传真：010—87155801

http://www.c-textilep.com

E-mail:faxing@c-textilep.com

中国纺织出版社天猫旗舰店

官方微博 http://weibo.com/2119887771

三河市宏盛印务有限公司印刷　各地新华书店经销

2007 年 8 月第 1 版　2016 年 4 月第 8 次印刷

开本：787×1092　1/16　印张：12.25

字数：247 千字　定价：28.00 元

全面推进素质教育，着力培养基础扎实、知识面宽、能力强、素质高的人才，已成为当今本科教育的主题。教材建设作为教学的重要组成部分，如何适应新形势下我国教学改革要求，与时俱进，编写出高质量的教材，在人才培养中发挥作用，成为院校和出版人共同努力的目标。2005 年 1 月，教育部颁发了教高[2005]1 号文件"教育部关于印发《关于进一步加强高等学校本科教学工作的若干意见》"（以下简称《意见》），明确指出我国本科教学工作要着眼于国家现代化建设和人的全面发展需要，着力提高大学生的学习能力、实践能力和创新能力。《意见》提出要推进课程改革，不断优化学科专业结构，加强新设置专业建设和管理，把拓宽专业口径与灵活设置专业方向有机结合。要继续推进课程体系、教学内容、教学方法和手段的改革，构建新的课程结构，加大选修课程开设比例，积极推进弹性学习制度建设。要切实改变课堂讲授所占学时过多的状况，为学生提供更多的自主学习的时间和空间。大力加强实践教学，切实提高大学生的实践能力。区别不同学科对实践教学的要求，合理制定实践教学方案，完善实践教学体系。《意见》强调要加强教材建设，大力锤炼精品教材，并把精品教材作为教材选用的主要目标。对发展迅速和应用性强的课程，要不断更新教材内容，积极开发新教材，并使高质量的新版教材成为教材选用的主体。

随着《意见》出台，教育部组织制订了普通高等教育"十一五"国家级教材规划，并于 2006 年 8 月 10 日正式下发了教材规划，确定了 9716 种"十一五"国家级教材规划选题，我社共有 103 种教材被纳入国家教材规划。在此基础上，中国纺织服装教育学会与我社共同组织各院校制订出"十一五"部委级教材规划。为在"十一五"期间切实做好国家级及部委级本科教材的出版工作，我社主动进行了教材创新型模式的深入策划，力求使教材出版与教学改革和课程建设发展相适应，充分体现教材的适用性、科学性、系统性和新颖性，使教材内容具有以下三个特点：

（1）围绕一个核心——育人目标。根据教育规律和课程设置特点，从提高学生分析问题、解决问题的能力入手，教材附有课程设置指导，章后附有复习指导等，以提高教材的可读性，增加学生学习兴趣和自学能力，提升学生科技素养和人文素养。

（2）突出一个环节——实践环节。教材出版突出应用性学科的特点，注重理论与生产实践的结合，针对性地设置教材内容。增加实践、实验内容。

（3）实现一个立体——多媒体教材资源包。充分利用现代教育技术手段，将授课知识点制作成教学课件,以直观的形式、丰富的表达充分展现教学内容。

教材出版是教育发展中的重要组成部分,为出版高质量的教材,出版社严格甄选作者,组织专家评审,并对出版全过程进行过程跟踪,及时了解教材编写进度、编写质量,力求做到作者权威,编辑专业,审读严格,精品出版。我们愿与院校一起,共同探讨、完善教材出版,不断推出精品教材,以适应我国高等教育的发展要求。

中国纺织出版社
教材出版中心

前言

21 世纪,世界将全面进入信息时代,谁能及时掌握最新的有用信息,谁就能把握事业的先机和社会前进的脉搏。信息在很大程度上将决定人的生存价值和生活质量,对信息的把握取决于一个人的信息素质,信息素质是人在信息社会必备的一种素质,缺乏这种素质的人,就可能成为信息社会的“文盲”。信息技术是信息社会的第一技术,信息素质是信息社会的第一素质。因此,信息素质教育成为高校开展素质教育的重要组成部分。《现代科技信息检索》编写的目的就在于培养和提高大学生的信息素质,教授大学生在浩瀚无垠的信息世界里如何快捷地检索科技信息。

参与编写《现代科技信息检索》一书的作者都是在信息检索课教学第一线的任课教师,并有信息服务、课题查新等丰富的实践经验,因此在编写本书时突出了以下几个特点:一、内容新颖。吸收国内外教学研究成果,反映最新内容,特别突出国内外各具特色的网络数据库和搜索引擎的教学内容,能满足当前科技信息检索教学的要求。二、重点突出。全书的内容体系较为科学,重点突出实用性,强调原始文献的获取方法。三、实践性强。强调检索入口的选择和检索策略的调整,有利于读者检索技能的培养和训练。四、实例配置充分。书中附有图文并茂的检索实例,方便读者理解掌握。五、通俗易懂。书中内容基本不涉及信息检索深层次理论,内容朴实,语句平易,例证简明,也可作为自学教材。

本书各章节编著人员如下:第一章、第二章由蓝曦执笔;第三章由滕胜娟执笔;第四章由唐丽菲执笔;第五章由刘诚执笔;第六章第一～第四节由李素玲执笔;第五节由王金秀执笔;第七章由康存辉执笔;第八章由肖红执笔;第九章由刘志洲执笔;第十章由蓝曦执笔;第十一章由王金秀执笔。全书由蓝曦统稿,滕胜娟审稿。

在本书内容的组织、整理及写作的过程中,参阅了大量的相关文献,借鉴了同行学者的有关论著和研究成果。对此,我们向有关人士表示衷心感谢。

由于信息检索技术的不断发展及检索手段的不断更新,尤其是网络技术的发展日新月异,而我们的知识水平有限,书中难免有不当及疏漏之处,敬请读者、专家及同仁批评指正。

编著者

2007 年 5 月

课程设置指导

课程名称 信息检索
适用专业 所有专业

总 学 时 24学时
理论教学时数 18 **实习教学时数** 6

课程性质 本课程是一门科学方法课,是选修课。

课程目的 旨在通过讲授和实习,增强学生的信息意识,使其了解并掌握各种信息检索技术,学会运用各种检索手段从各类信息源中获取所需要的知识,从而提高学生获取信息的能力以及科研和实际工作的能力,为将来从事实际工作奠定坚实的基础。

(1)掌握计算机检索的基本方法和技术。

(2)能独立地、熟练地使用光盘和网络数据库。

(3)掌握网上获取信息的方法。

(4)了解若干种基本的综合性和专业性中外文检索工具的内容特点、结构和著录格式。

(5)学会分析课题,能根据课题选择合适的数据库或检索工具、制定恰当的检索策略。学会分析检索结果,调整检索策略。

(6)掌握获取原始文献的主要方法及初步整理文献资料的方法。

课程教学的基本要求 教学环节包括课堂教学和实习。实习分为课堂实习和计算机上机实习两个部分。

1.课堂教学:讲授信息检索的基础理论、基本原理、现代信息检索技术、检索的一般方法和步骤、各种信息资源的特点等。

2.课堂实习:这个环节是为配合信息检索基础理论和基本原理的教学而设计的,以帮助学生理解和消化所学内容,从而提高他们的学习兴趣。

3.计算机上机实习:指导学生运用所学的理论、原理,根据特定的信息资源的特点,制定检索策略,实施检索。

4.考查:采用课堂练习和上机实习的总评成绩作为最后的成绩。

课程设置指导

教学学时分配表

章 数	讲 授 内 容	学时分配
第一章	信息资源概述	1
第二章	信息检索基础	1
第三章	信息资源检索策略	2
第四章	搜索引擎	1
第五章	电子图书检索	1
第六章	电子期刊检索	4
第七章	学位论文检索	2
第八章	专利文献检索	2
第九章	标准文献检索	1
第十章	会议文献检索	1
第十一章	网络信息资源的综合利用	2
实 习		6
合 计		24

第一章　信息资源概述 ………………………………………… 1
第一节　信息 ………………………………………………………… 1
　　一、信息的定义 …………………………………………………… 1
　　二、信息的特征 …………………………………………………… 1
第二节　信息资源 …………………………………………………… 2
　　一、信息资源的定义 ……………………………………………… 2
　　二、信息资源的类型 ……………………………………………… 2
第三节　文献信息资源 ……………………………………………… 3
　　一、文献的定义 …………………………………………………… 3
　　二、文献的类型 …………………………………………………… 3
　　三、文献类型识别 ………………………………………………… 5
第四节　网络信息资源 ……………………………………………… 5
　　一、网络信息资源的概念与特点 ………………………………… 5
　　二、网络信息资源的类型 ………………………………………… 7
　　三、网络信息资源的分布 ………………………………………… 9
　　四、网络信息资源的评价 ………………………………………… 10
思考题 ………………………………………………………………… 11
参考文献 ……………………………………………………………… 11

第二章　信息检索基础 ………………………………………… 12
第一节　信息检索概述 ……………………………………………… 12
　　一、信息检索的定义与原理 ……………………………………… 12
　　二、信息检索的类型 ……………………………………………… 12
　　三、信息检索的意义 ……………………………………………… 14
第二节　信息检索工具 ……………………………………………… 14
　　一、手工检索工具 ………………………………………………… 14
　　二、计算机信息检索工具 ………………………………………… 15
第三节　检索语言 …………………………………………………… 16
　　一、检索语言的定义 ……………………………………………… 16
　　二、检索语言的类型 ……………………………………………… 17

思考题 …… 20
参考文献 …… 20

第三章 信息资源检索策略 …… 21
第一节 信息检索方法与途径 …… 21
一、信息检索方法 …… 21
二、信息检索途径 …… 22
第二节 计算机信息检索技术 …… 24
一、布尔逻辑检索技术 …… 24
二、截词检索技术 …… 25
三、邻接检索技术 …… 25
四、加权检索技术 …… 26
五、全文检索技术 …… 27
六、限制检索技术 …… 28
第三节 信息检索步骤与效果评价 …… 29
一、信息检索步骤 …… 29
二、信息检索效果的评价 …… 31
思考题 …… 34
参考文献 …… 34

第四章 搜索引擎 …… 35
第一节 网络信息检索工具 …… 35
一、字典型查询工具 …… 35
二、索引型查询工具 …… 35
三、交互式查询工具 …… 35
第二节 搜索引擎基础 …… 36
一、搜索引擎的含义及分类 …… 36
二、搜索引擎的搜索原理 …… 38
三、搜索引擎的功能 …… 38
四、搜索引擎的选择与使用技巧 …… 40
第三节 常用搜索引擎简介 …… 41
一、Baidu …… 41
二、Google …… 42
三、Yahoo …… 44
四、Altavista …… 45
五、Excite …… 46

六、Lycos …… 46
七、Infoseek …… 47
八、几种常用的搜索引擎比较 …… 48
第四节　重要搜索引擎分类 …… 49
一、新闻搜索引擎 …… 49
二、音乐 MP3 搜索引擎 …… 50
三、中文学术搜索引擎 …… 50
四、中文地图搜索 …… 50
五、图片搜索引擎 …… 51
六、社区论坛搜索引擎 …… 51
七、中文博客搜索引擎 …… 51
八、软件搜索引擎 …… 52
九、搜人网、人物搜索引擎 …… 52
十、工作搜索、职位搜索引擎 …… 52
十一、本地搜索、本地公司搜索、公交换乘查询 …… 52
思考题 …… 53
参考文献 …… 53

第五章　电子图书检索 …… 54
第一节　超星数字图书馆 …… 54
一、资源介绍 …… 54
二、超星阅览器 …… 55
三、检索方法和检索技术 …… 57
四、检索结果处理 …… 58
五、检索实例 …… 59
第二节　书生之家数字图书馆 …… 60
一、资源介绍 …… 60
二、书生阅读器 …… 61
三、检索方法 …… 62
四、检索结果处理 …… 65
五、检索实例 …… 65
第三节　北大方正数字图书馆 …… 66
一、资源介绍 …… 66
二、方正 Apabi 阅读器 …… 67
三、检索方法 …… 67
四、检索结果处理 …… 69

五、检索实例 …… 70
第四节 网上书店 …… 70
一、网上书店概述 …… 70
二、网上书店的类型 …… 71
三、几种常用的网上书店 …… 72
四、检索方法 …… 74
五、检索实例 …… 74
第五节 CALIS 联合目录公共检索系统 …… 75
一、资源介绍 …… 75
二、检索方法 …… 75
三、检索结果处理 …… 78
四、辅助功能 …… 78
五、检索实例 …… 79
思考题 …… 79
参考文献 …… 79

第六章 电子期刊检索 …… 81
第一节 中国期刊全文数据库 …… 81
一、资源介绍 …… 81
二、检索方法 …… 82
三、检索技术 …… 84
四、检索结果处理 …… 85
五、检索实例 …… 86
第二节 中文科技期刊数据库 …… 87
一、资源介绍 …… 87
二、检索方法 …… 88
三、检索技术 …… 91
四、检索结果处理 …… 92
五、检索实例 …… 92
第三节 万方数字化期刊全文数据库 …… 93
一、资源介绍 …… 93
二、检索方法 …… 93
三、检索技术 …… 94
四、检索结果处理 …… 95
五、检索实例 …… 95
第四节 EBSCOhost 数据库 …… 96

一、资源介绍 …… 96
二、检索方法 …… 97
三、检索技术 …… 99
四、检索结果处理 …… 101
五、检索实例 …… 102
第五节 其他电子期刊检索 …… 103
一、人大复印资料全文数据库 …… 103
二、Elsevier Science 全文电子期刊 …… 103
三、IEEE/IEE Electronic Library 数据库 …… 104
四、Springer Link 数据库 …… 105
思考题 …… 106
参考文献 …… 106

第七章 学位论文检索 …… 107
第一节 中国优秀博硕士学位论文全文数据库 …… 107
一、资源介绍 …… 107
二、检索方法 …… 108
三、辅助功能 …… 110
四、检索结果处理 …… 112
五、检索实例 …… 112
第二节 中国学位论文全文数据库 …… 113
一、资源介绍 …… 113
二、检索方法 …… 113
三、检索结果处理 …… 114
四、检索实例 …… 114
第三节 PQDD 博硕士论文数据库 …… 115
一、资源介绍 …… 115
二、检索方法 …… 115
三、检索技术 …… 117
四、辅助功能 …… 118
五、检索实例 …… 118
第四节 其他学位论文检索 …… 119
一、CALIS 高校学位论文数据库 …… 119
二、中国科学院学位论文数据库 …… 119
三、国家图书馆学位论文数据库 …… 119
四、台湾博硕士论文数据库 …… 120

五、NDLTD 学位论文数据库 …… 121
六、中国内地及港澳台地区大学自建学位论文数据库 …… 122
思考题 …… 122
参考文献 …… 122

第八章　专利文献检索 …… 123
第一节　专利文献概述 …… 123
一、专利简介 …… 123
二、专利文献的概念与特点 …… 124
第二节　国家知识产权局官方网站 …… 125
一、资源介绍 …… 125
二、检索方法 …… 125
三、检索结果显示及处理 …… 127
四、检索实例 …… 128
第三节　中国专利信息网 …… 128
一、资源介绍 …… 128
二、检索方法 …… 129
三、检索结果显示 …… 131
四、检索实例 …… 131
第四节　欧洲专利局专利数据库 …… 132
一、资源介绍 …… 132
二、检索方法 …… 133
三、检索结果显示及处理 …… 135
四、检索实例 …… 135
第五节　其他专利文献检索 …… 136
一、中国知识产权网 …… 136
二、万方科技信息子系统数据库 …… 136
三、美国专利商标局专利全文数据库 …… 137
四、加拿大专利数据库 …… 138
五、《德温特创新索引》 …… 139
思考题 …… 140
参考文献 …… 140

第九章　标准文献检索 …… 141
第一节　标准文献概述 …… 141
一、标准文献的概念 …… 141

二、标准文献的类型和特点 …… 141
三、标准文献的代号、编号及其分类 …… 143
四、标准文献的检索 …… 149
第二节　中国标准服务网（CSSN） …… 149
一、资源介绍 …… 149
二、检索方法 …… 150
三、检索结果处理 …… 151
四、检索实例 …… 151
第三节　中国标准化信息网 …… 152
一、资源介绍 …… 152
二、检索方法 …… 152
三、检索实例 …… 153
第四节　国际标准化组织 …… 153
一、资源介绍 …… 153
二、检索方法 …… 154
三、检索结果处理 …… 155
四、检索实例 …… 156
第五节　其他标准文献检索 …… 156
一、中国标准网 …… 156
二、中外标准数据库 …… 156
三、世界标准服务网 …… 156
四、ILI 标准数据库 …… 157
五、美国国家标准系统网 …… 157
思考题 …… 157
参考文献 …… 158

第十章　会议文献检索 …… 159
第一节　会议消息检索 …… 159
一、国际标准化组织的标准化会议预告 …… 159
二、IEEE 通信协会会议预告 …… 159
三、技术会议预报 …… 160
四、计算机协会会议 …… 161
五、中国网格会议 …… 161
六、中国生命科学会议消息 …… 162
七、中国会议网 …… 162
第二节　会议论文检索 …… 163

一、万方数据资源系统中国学术会议论文全文数据库 …… 163
二、中国重要会议论文全文数据库 …… 165
三、中文会议论文数据库和外文会议论文数据库 …… 165
四、上海数字图书馆科技会议录 …… 166
五、ISI Proceedings …… 167
六、国际学术会议论文索引和会议录出版物索引 …… 167
思考题 …… 168
参考文献 …… 168

第十一章　网络信息资源的综合利用 …… 169
第一节　课题检索 …… 169
一、课题检索的基本程序 …… 169
二、课题检索过程中应注意的策略 …… 170
第二节　科技查新 …… 171
一、科技查新的定义和作用 …… 171
二、科技查新的程序 …… 172
三、科技查新的技术要点 …… 175
四、科技查新的问题及解决办法 …… 177
五、科技查新的发展要求 …… 178
思考题 …… 179
参考文献 …… 179

第一章　信息资源概述

第一节　信息

一、信息的定义

尽管在当今社会里，信息已经成为我们生活的重要内容，但是究竟什么是信息，人们至今还没有一个统一的定义，不同的学科领域对信息有不同的解释。哲学家认为信息是认识世界的依据，数学家认为信息是一种概率，物理学家说信息是“熵”，而通信专家则把信息看做是“不定度”的描述。

信息论的创始人香农(C. E. Shannon)认为信息是组织程度，它能使系统的有序性增强，减少破坏、混乱和噪声。

《辞海》对信息的解释：信息是指对消息接收者来说，预先不知道的报道。

美国《韦氏字典》对信息的定义：信息是用来通信的事实，在观察中得到的数据、新闻和知识。

我国信息理论界学者用辩证唯物的观点，对信息进行了种种解说，大多数学者认为信息具有物质属性，是物质的一种存在形式，它以物质的属性或运动状态为内容，并且总是借助于一定的物质载体传输或存储。

美国图书馆学会的信息专家对信息的阐述：信息是一切思想、事实和富有想象力的作品，它们以各种方式进行记录和传播。

根据以上各种定义，我们不妨从内容和形式两方面来认识信息：自然界与人类社会存在的事实与变化以及人类对它们形式的认识和创造是信息的内容构成；载体记录和媒体传播是信息的存在形式，它们构成了信息及其基本属性。

二、信息的特征

信息具有以下几个特征。

1. 普遍性

世界是物质的，物质是普遍存在的，世界的物质都处于运动之中，但凡有物质及其运动存在，就会有信息的产生。物质与运动的普遍性，决定了信息存在的普遍性。在自然界、人类社会，乃至人类的思维活动领域，信息无处不在，无时不有。

2. 寄载性

任何信息必须以物质作为载体才能存在。纸张、感光材料、磁性材料和实物等都是信息的物质载体,语言、文字、代码和图像等则是记载信息的符号。

3. 可传递性

信息是物质存在方式的直接或间接的显示或表征,这种表征是通过光、声、电和磁等各种载体而呈现和传递的。信息只有经过传递才会被接收和利用,报纸、杂志、电报、电话、传真、广播、电视和网络等都是传递信息的手段。信息技术的核心之一,就是提高信息的传递效率。

4. 时效性

信息具有很强的时效性。及时的信息可能产生积极的效果,而过时的信息则可能酿成灾难。信息的利用效果与时间的内在联系性,称为时效性。

5. 可塑性

信息在传递和使用过程中,人们借助先进的技术,可以对其进行综合、分析及加工处理,把信息从一种形式变换成另一种形式。在信息的加工处理过程中,信息量可能会减少或增加。用户要根据检索需要选择不同形式的信息。

6. 共享性

同一种信息可以同时或不同时被多个用户使用,而信息的提供者并不因此而失去信息内容和信息量。信息的共享性可以提高信息的利用率,人们可以利用他人的研究成果进一步创造,避免重复研究,节约资源。

第二节　信息资源

一、信息资源的定义

我国 2004 年 10 月 27 日审议通过的《关于加强信息资源开发工作的若干意见》中,将信息资源定义为有使用价值或者潜在使用价值的各种信息的总称。信息资源与自然资源、人力资源共同构成支撑现代经济社会发展的资源体系。信息资源的开发利用涉及政治、科技、经济、文化、军事和全社会各个领域。

信息资源并不等同于信息。信息是普遍存在的。但是,不是所有的信息都是信息资源,只有经过人类加工、有使用价值或潜在使用价值的信息才可称为信息资源。

二、信息资源的类型

信息资源种类繁多,数量巨大。按照信息资源的存在状态和开发程度来划分,信息资源有以下几种类型。

1. 潜在的信息资源

潜在的信息资源是指个人在学习、认知和实践过程中储存在大脑中的信息资源,其特点是只能供个人使用。

2. 现实的信息资源

现实的信息资源是指潜在的信息资源经过个人表述后能够为他人所利用的信息资源,其主要特点是具有社会性，通过特定的符号表述和传递，可以在特定的社会条件下，广泛地、连续地、反复地为人类所利用。

根据表述方式的不同，现实的信息资源又可分为以下几种类型：

（1）口语信息资源。口语信息资源是人类以口头语言所表达出来的而未被记录下来的信息资源，其优点是传递迅速、互动性强，但有容易传失、久传易出差异等缺点。

（2）体语信息资源。体语信息资源是指人类以手势、表情和姿态等方式表达出来的信息资源。这类信息直观性强、生动丰富、印象深刻、极富感染力。

（3）实物信息资源。实物信息资源是人类通过创造性的劳动以实物形式表达出来的信息资源。许多技术信息是通过实物本身来传递和保存的，在技术引进、技术研发和产品开发中发挥重要作用。还有的信息本身就是用实物来表现的，如绘画和雕塑等艺术作品。这类信息资源的特点是直观性强、感觉真切。

（4）文献信息资源。文献信息资源是以语言、文字、数据、图像、声频和视频等方式记录在特定载体上的信息资源。

（5）网络信息资源。网络信息资源是指通过计算机网络获取的各种信息资源的总和，主要是指 Internet（因特网）上的信息资源。

第三节 文献信息资源

一、文献的定义

文献是记录有知识的一切载体。构成文献有两个最主要的要素：其一是要有一定的知识内容，其二是要有用以记录知识的物质载体。所以说，存在于人们头脑中的知识不能称为文献。只有将知识用文字和图像等各种符号，采用书写、印刷或其他诸如光学和电磁学等方法记录在一定物质载体上，才叫文献。

从文献的定义可以看出，文献这个概念的外延非常广泛，因此文献的类型很多。

二、文献的类型

1. 按文献的出版形式分类

（1）刻写型。刻写型指以纸张、简牍等书写材料或其他天然材料为载体，记录方式为书写和刻画的文献，包括手稿、原始记录、碑刻等。

（2）印刷型。以纸张为载体，以铅印、油印、石印和胶印等印刷方式制作而成的文献。它的优点是便于阅读、便于流传，缺点是占据空间大、整理和保存起来比较困难。

（3）缩微型。缩微型以感光材料为载体，以照相复制方式，将纸张文献缩微复制在感光材料上而成的文献，包括缩微胶卷和缩微胶片。它的优点是体积小、重量轻、存储密度高，缺点是阅读起来比较困难，需要借助缩微阅读机。

（4）视听型。视听型又称为声像型。以磁性材料或感光材料为载体，采用录音、录像或摄影技术直接记录声音信息或图像信息而成的文献,包括唱片、录音带、录像带、幻灯片和电影片等。它的特点是直观、传递速度快、存储密度高。

(5)电子型。把文献变成机读语言输入计算机,存在磁带、磁盘或光盘上,阅读时,再由计算机将其还原成文字或图像信息。

2. 按文献信息的加工程度分类

(1)零次文献。零次文献是指未经过付印的原始记录,包括书信、手稿、笔记和会议记录等。零次文献具有重要的信息价值。

(2)一次文献。一次文献是指作者根据自己的研究成果而撰写的原始著作,由零次文献转化而来。一次文献都是作者第一次发表关于某一课题的见解,包括实验过程和原始数据等,所以非常宝贵。一次文献包括会议文献、学位论文、科技报告、专利说明书、期刊论文和技术标准等。

(3)二次文献。二次文献是按照一定的原则方法对一次文献进行加工、整理而成的,用于揭示和报道一次文献的文献,具有工具性、检索性和报道性的特点,如书目、索引和文摘。二次文献的主要作用是检索一次文献。

(4)三次文献。三次文献是在利用二次文献的情况下,围绕某一专题对一次文献所包含的知识信息进行深入地研究之后,综合概括而成的文献,如专题评述、动态综述和文献指南等。

3. 按文献的出版物类型分类

(1)图书。一般把构成一个书目单元的文献称为图书,包括专著、论文集、工具书和教科书等。图书具有内容系统、全面及成熟等优点。

(2)连续出版物。连续出版物是指有固定名称和编号,定期或不定期发行的出版物,主要包括报纸、期刊和年度出版物等,内容通常是最新的科技动态、成果、事实和作品等。连续出版物的突出特点是出版周期短、载文速度快。

(3)会议文献。会议文献是指在学术会议或专业会议上提交、宣读、交流的论文及会后汇集的论文集和会议纪要,其中国家级和国际学术会议论文质量高,专业性和科学性强,代表该学科技术领域研究的前沿。

(4)专利文献。专利文献是专利申请文件、专利公报、专利说明书和专利分类表等一切与专利有关的文献的总称,其特点是集技术信息与法律信息于一体,且文献数量庞大,重复率高。

(5)科技报告。科技报告是指科学研究成果的总结或科研进展情况的实际记录,能迅速反映新的科技成果,具有很高的参考价值。

(6)标准文献。标准文献是指对工农业产品和工程建设质量、规格及其检验方法所作出的技术性的文件,是从事经济建设的一个共同技术依据,有一定的法律约束力,时效性和针对性比较强。

(7)学位论文。学位论文是指为获取学位而撰写的论文。它集中反映了学位申请者的学识、能力和所作的学术贡献,是考核其能否毕业和授予相应学位的基本依据。我国的学位分为学士、硕士和博士。学位论文内容专一、详细,具有较高的专业水平和一定的独创性和系统性。

(8)产品目录与样本。产品目录与样本是指厂商或经销商为推广自己的产品而制作印发的宣传性出版物,对产品的用途、性能、特点、参数及规格等作详细介绍。由于产品的不断更新,产品样本容易过时。

(9)技术档案。技术档案是指记录和反映一个单位或部门在基本建设、生产技术和自然科学研究等活动中,具有保存价值的按照归档制度,作为真实历史记录集中保管的技术文件材料。

(10)政府出版物。政府出版物是指政府部门及其所属的专门机构发表出版的配合政府工作的行政性文件和科技文献,如法律法规、决议指示和技术政策等。

三、文献类型识别

文献的特征包括文献的外部特征和内部特征。外部特征是指文献上显而易见的、一般不反映文献实质意义的那些特征,如书名(刊名、篇名)、著者和各种符号(专利号、标准号)等。内部特征是指表征文献实质意义的特征,如主题词和分类号等。要识别文献的类型,需要了解文献的外部特征。

1. 图书

图书的外部特征一般有书名、著者、出版社名称、出版地、出版时间和ISBN(国际标准书号)。

2. 期刊论文

期刊论文的外部特征包括两个部分:论文的外部特征、刊登该论文的期刊的外部特征。论文的外部特征有论文题名、作者、第一作者的工作单位或联系方式。刊登该文的期刊的外部特征有期刊刊名、年、卷、期、该论文在当期期刊上的起止页码及ISSN(国际标准期刊号)。

3. 会议文献

会议文献的外部特征也包括两个部分:会议文献的外部特征、收录该会议文献的会议录的外部特征。会议文献的外部特征有会议文献题名和著者。会议录的外部特征有会议录名称、会议名称、会议时间、会议地点以及出版时间,另外还可以通过表示会议特征的英文名称来表示,如Conference、Congress、Proceedings、Symposium等。

4. 专利文献

专利文献的外部特征是专利名称、专利权人名称、专利号(国别代码+数字)、专利申请日期、申请号、优先权项和IPC(国际专利分类号)等。

5. 其他

科技报告和标准文献上标有报告号或标准号。学位论文上都注明了论文题名、著者、所学专业、导师姓名、学位级别、授予学位单位名称及授予学位的时间。

第四节 网络信息资源

一、网络信息资源的概念与特点

1. 网络信息资源的概念

网络信息资源是指以数字化形式记录的,以多媒体形式表达的,存储在网络计算机磁介质、光介质以及各类通讯介质上，并通过计算机网络通讯方式进行传递的信息内容集合。

网络信息资源的出现，使人类信息资源的开发利用进入了新的时期。由于计算机应用的普及、信息技术的进步以及网络环境的良好发展，人们越来越多地利用网络获取信息资源，人类交流与获取信息的空间与渠道得到了极大地丰富和拓展。

2. 网络信息资源的特点

(1)从内容上看，网络信息资源有如下几个特点。

①信息量大，传播广泛。网络信息资源极为丰富，网络已经成为继电视、广播、报纸和期刊之后的第五大媒体。它的信息量之大、增长速度之快、传播范围之广是其他媒体无法比拟的。只要有网络的地方，就有信息的传播。

②信息种类繁多。网络信息资源包罗万象，几乎覆盖各学科、各领域、各地域及各语种，且类型丰富多样，有一次信息、二次信息和三次信息，有文本信息、图像信息、图形信息、表格信息和超文本信息等，有各种电子书刊、数据库和软件资源等。网络信息资源是多媒体、多语种、多类型信息的混合体。

③信息质量良莠不齐。网络是一个开放的系统，网络上的信息发布具有很大的随意性和自由度，信息缺乏必要的过滤监督和质量控制。这就是为什么网络信息资源里既有学术、商业和各种实用信息，又不乏色情、暴力内容；既有国际水平的研究成果，又有难登大雅之堂的涂鸦之作和虚假信息。

④信息分散无序，但具有一定的关联度。网络信息资源的分散表现在信息没有一个中心点，通过一个信息资源可以链接到更多相关或相似的信息。这样的关联度和自由度就使得网络信息资源的共建和共享具有很大的潜力，而信息的海量增长和快捷的传播方式则加剧了网络信息的无序状态。

(2)从形式上看，网络信息资源有如下几个特点。

①非线性。超文本技术的一个特征是信息的非线性编排，将信息组织成某种网状结构，浏览超文本信息时可根据需要，或以线性顺序依次翻阅，或沿着信息单元之间的链接进行浏览。

②交互性。网络平台是动态的交互的平台，人们既可以通过网络获取信息，也可以在网络上发布和传播信息，网络提供了一个讨论、交流的渠道。

(3)从使用上看，网络信息资源有如下特点。

①共享性。网络的兴起与发展为信息资源的共享开辟了新的天地，网络可以跨越时空，随时随地地传递信息。网络信息共享是真正意义上的信息共享，不再是文献载体的共享，彻底改变了传统信息因副本数量限制导致的信息不能同时获取的局面。

②时效性。网络信息的时效性远远超过其他任何一种信息，网络的传播速度和影响范围使得信息的时效性增强。而且网络信息的增长速度与更新频率也是其他媒体信息不可企及的。

(4)从检索上看，网络信息资源有如下几个特点。

①检索界面友好，检索方法易学易用。网络信息资源的检索界面设计友好，检索入口一目

了然,检索方法简便易学,还可以用自然语言检索和全文检索。

②检索快捷,检索结果众多。

③检索结果的处理个性化。网络信息资源检索的结果处理有下载、复制、E - mail 等多种方式,有些网络信息还可以进行信息定制。

二、网络信息资源的类型

1. 按所采用的传输协议分类

(1)WWW 信息资源。WWW(World Wide Web,即万维网、环球信息网)是 20 世纪 90 年代初期由位于瑞士的欧洲研究中心发明的,是指建立在超文本、超媒体技术基础上,以直观的图形用户接口(GUI)展现和提供信息的网络资源形式。它使用简单,功能强大,能方便快捷地浏览和传递分布于网络各处的文字、图像、声音和多媒体超文本信息。Internet 上的 WWW 服务器以每年翻几番的速度增长,从而成为 Internet 信息的主要来源。

(2)FTP 信息资源。FTP(File Transfer Protocol)称为文件传输协议,该协议的主要功能是完成从一个系统到另一个系统完整的文件拷贝,即相当于在网络上两个主机间拷贝文档。它是历史最悠久和应用最广泛的网络工具,在网络发展中发挥过重要作用,目前仍然是发布、传递软件和各种文件的主要方法。FTP 用户分记名和匿名两种,匿名 FTP 比较常用,它是以 Anonymous 做用户名,用电子邮件地址或 Guest 做登录口令,登录到远程计算机上,再利用那里的资源。这种匿名访问,其权限由 FPT 服务器的权限设置决定。

(3)Telnet 信息资源。Telnet 是 Internet 的远程登录协议,允许用户将自己的计算机作为一个 Internet 的远程终端与该主机相连,进而可以实现实时访问,使用远程主机中的对外开放的资源如硬件资源、软件资源和信息资源,但用户必须要知道该主机的用户名和口令。由于 Telnet 服务器的安全性问题以及使用不便利等原因,Telnet 的功能已越来越少被人利用,相应的,Telnet 信息资源也就增长缓慢。

(4)用户服务组信息资源。用户服务组包括新闻组(Usenet Newsgroup)、电子邮件群(Listserv)、电子公告(Bulletin Broad Services,简称 BBS)和专题讨论组(Discussion Group)等,是网络环境下颇受欢迎的信息交流方式。用户服务组信息资源是一种最丰富、最自由、最具开放性的网络信息资源。

新闻组是一个巨大的信息集合,它按类别分为许多小组,每个小组集中了对某类信息感兴趣的人们,大家互相交流互通信息。新闻组用户能把消息(或文章)发给 1 万多个新闻组中的任何一个用户。一旦用户发出文章,该文章就会被其他用户读到并且还会回复、做答,从而形成一种特别的信息资源。

电子邮件群是一组成员的电子邮件地址,又称为电子邮件列表。加入电子邮件群必须经过申请,得到同意后方可通过其发送和接收信息。

电子公告用于发布通知和消息,提供多种信息服务,诸如发布气象信息、公益服务信息、校园信息、法律咨询和商业信息等。一个电子公告系统按内容大致可分为分类讨论区、精华区、网上交谈和系统工具等几个区。

(5)Gopher 信息资源。Gopher 是一种基于菜单的网络服务,类似于 WWW 的分布式客户机/服务器形式的信息资源系统。各个 Gopher 服务器之间是彼此连接的,全部操作都在一级级菜单的指引下,用户只需在菜单中选择和浏览相关内容,就完成了对远程联机信息系统的访问,而无需知道信息的存放位置和掌握有关的操作命令。这也反映了 Gopher 的另一优势,即它可以跨越多个计算机系统,运行本地计算机的 Gopher 客户程序就可以与世界任何一个 Gopher 服务器连接并共享信息。

2. 按信息资源的费用分类

(1)免费信息资源。免费信息资源大多是由单位或个人提供的各种信息资源,包括一些无偿服务的数据库。用户可直接连接使用,有些系统要求用户免费注册后方可使用。

(2)收费信息资源。收费信息资源大多是技术含量高、整理有序,具有很高利用价值的各种信息公司开发的数据库系统。用户需要注册登记,并通过一定的付费方式交纳所需费用后方可使用。对于局域网用户,一旦主机系统成为某系统的注册用户后,所有网内用户即可登录该系统免费使用数据库,不过有些系统会控制局域网内并发用户数。一般来说,商业性机构开发的大型的、历史悠久的、成本费用高的系统采用收费方式的较多。

免费和收费信息资源不是一成不变的。数据库生产商为了推广产品,通常会提供一段时间的免费试用。而一些免费信息在用户数达到一定的数量后,也有可能会转变成收费信息的。也有些数据库生产商出于公益目的,提供部分免费信息。

3. 按网络信息资源的内容分类

(1)政府机构信息。政府机构以政府信息服务系统和信息服务器方式提供信息,这类信息包括有关组织机构的宗旨、业务范围、人员、出版物、最新消息发布、各种法律、法规或相关政策信息等。其中有些是全公开的,有些是只对特定对象公开的;有的是收费的,有的是免费的。

(2)科研信息。科研信息主要是指各专业学术机构所设立的网站及其相关信息,包括目标、宗旨、成员、主要出版物、最新学术活动安排、各种学术性电子期刊、学科专题论坛、讨论组、各学科应用的工具性和研究性计算机软件等。

(3)教育信息。教育信息主要是各类学校设立的网站及相关信息。有学校的介绍、奖学金的设立、入学申请表、学校历史、学校周边环境、生活设施、公共交通、各学科专业的教学计划、研究成果和著述等,还包括网络教室、在线电子教育和电子网络大学等。

(4)联机数据库信息。提供传统光盘产品和联机服务的大型商业数据库系统也通过 Internet 提供信息服务。这些信息检索系统相继通过网关进入 Internet,使用户终端可以直接连接并检索它们的数据库。

(5)文化信息。文化信息主要包括各类信息媒体(如报纸、杂志、电视和广播等)的网站和世界各国图书馆的数字化馆藏及其联机公共检索目录(OPAC——Online Public Access Catalog)。用户可以查找上网的公共图书馆和大学图书馆的公共查询目录,有的图书馆通过网络向读者提供常用的电子书刊。

(6)计算机信息。通过网络可以方便地获取各种软件。网络上的软件资源包括收费软件、无版权软件、有版权的免费软件及有版权的限期试用软件。

(7)商业经济信息。这是一种为特定行业和特定对象服务的网络信息资源,如各类机构名录、产品目录、经济贸易、市场和金融证券等,有的是收费信息,有的则是免费的。

(8)休闲娱乐信息。它包括旅游、购物及天气等方面的信息,还有为任何一种可想象出的兴趣、爱好而开设的网站、讨论组及网络俱乐部等。

(9)广告信息资源。这是出于经营目的而存在的信息资源。一般不单独出现,而是附属于其他网站,尤其是大量的免费网站。

4. 按人类信息交流的方式分类

(1)非正式出版信息。它是指流动性、随意性较强的、信息量大、信息质量难以保证和控制的动态性信息。如通过电子邮件、网络论坛、电子会议和电子布告版新闻等发布的信息,许多最新的、最前沿的信息都源于此。

(2)半正式出版信息。它是指受到一定产权保护,但没有纳入正式出版信息系统中的信息。有人称之为“灰色”信息。如政府机构和非政府组织提供的信息、学术团体和研究机构提供的信息、企业和商业的产品介绍、各种内部电子期刊、会议文集和各类报告等。

(3)正式出版信息。它是指受到一定的产权保护,信息质量可靠,利用率较高的知识性及分析性信息。正式出版信息可按信息的加工层次细分为一次出版信息、二次出版信息和三次出版信息,包括各种网络数据库、网上电子图书、网上电子期刊和电子报纸等。

三、网络信息资源的分布

1. 网络信息资源的地域分布

网络信息资源在地域上的分布与该地区的经济、文化发展有密切联系。北美及欧洲一些发达国家网络信息的发展水平远远高于发展中国家。在国际数据库市场上,美国是世界上最大的数据库生产国和输出国,其产品在本国和国际市场上占据主导地位。欧洲的数据库的数量增长很快,其中英国和荷兰的增长尤其突出。韩国的数据库居亚洲榜首。

在国内,华北和华东地区在域名数量、网站数量、网页拥有量以及在线数据库的拥有量上,均居全国首位;华南地区的信息资源发展次之;西北和西南地区远远落后于东部地区。

可见,科学技术的差距扩大了贫富差距,也使信息资源的分布不均匀。

2. 网络信息资源的行业分布

根据网站的经营主体性质,网站分为企业网站、政府网站、商业网站、教育科研网站、公益性网站和个人网站等。

《2005 年中国互联网络信息资源数量调查报告发布》显示企业网站占网站总数的 60.4%,以下依次为个人网站(21.9%)、教育科研网站(5.1%)、政府网站(4.4%)、公益性网站(3.8%)、商业网站(3.5%)和其他网站 0.9%。

所以,网络信息资源的行业分布也是不均匀的,而且由于上网机构发布信息的目的及所拥有的信息资源不同,导致不同机构所产生的网络信息资源存在差异。

3. 网络信息资源的语言分布

目前,Internet 上的英语内容占 90%,法语 5%,西班牙语 2%,网络上中文信息的贫乏,已成为一个现实问题。占世界人口20%的发达国家拥有全世界信息量的80%，而占世界人口80%的发展中国家却只拥有信息量的20%。

四、网络信息资源的评价

1. 基于网络信息资源内容的评价

(1)权威性。非正式和半正式出版信息的权威性主要是通过网站的性质和知名度来判断，网站的性质可从域名的后缀得知，.edu是教育类网站，.gov或gov.cn是政府网站，.Com或.Com.cn是常见的商业网站，.net是网络服务公司，.org一般是非营利组织。正式出版信息的权威性则取决于出版商或生产商的权威性和规模，或者取决于对应的纸质出版物的级别。总体上讲，正式出版信息比非正式、半正式出版信息的权威性要强。

(2)可靠性。可靠性包括两个方面。一是信息的来源，来自权威性、正式机构的正式出版信息可靠性比较好，而匿名网站发布的非正式信息的可靠性较差。一般来说教育类网站学术性比较强，但有的也可能是学生制作的主页；政府网站比较权威、可靠，不会随意发布不准确的信息；商业网站在介绍自己的产品时往往会夸大其词，要"批判"地接受；非营利组织在其网站上发布的信息及言论可能有倾向性。二是信息处理的方法和手段，无论用什么方法和手段处理信息，都不能影响信息的真实性，任何断章取义、被擅自修改的信息都是不可信的。

(3)客观性。商业网站和有倾向性的网站提供的信息的客观性尤其应予以关注。

(4)时效性。注意网上信息的发布时间和网页更新时间。

(5)原创性。网络上，同主题的站点很多。有的网站以发布原始信息为主，有的网站则主要是提供有关主题的链接，还有些是其他站点信息的镜像。

2. 基于网络信息资源可获得性的评价

网络信息资源是载于网站或网页上的，那么，它的可获得性就与网站或网页的设计与功能是分不开的。

(1)用户界面友好性。用户界面是否友好直接关系到信息的使用率，友好的、易于操作的用户界面可以使毫无上网经验的用户轻松地在网上查找所需信息。

(2)响应时间。响应时间即传输速度。响应时间短，用户就有兴趣继续查找，直至得到满意的结果，反之，响应时间过长，用户就会放弃等待。

(3)检索功能。每个网站或网页上的信息都是繁杂的，单靠层层点击很难找到需要的信息，必须要有一定的检索功能来帮助用户查找。完善的检索功能应包括简单检索、二次检索、高级检索和检索功能的使用说明，以适应不同层次用户的检索需要。

(4)导航系统。清晰健全的导航系统是方便用户查找的好帮手，导航系统的设置应讲求科学性和针对性。

(5)链接的有效性。每个网站都建立了许多相关的站点链接，有效的站点链接，可以激发用户的查找兴趣，无效的链接则会打击用户的积极性。

(6)费用。费用问题一直是信息资源利用的一个瓶颈，在网络时代依然如此。网上免费的信息有许多是过期的信息，比如查上季的服装款式，用户可以打开图片，而要查今季的款式，页面就会提示有关注册的事宜。网上数据库提供的免费信息一般都限于文摘信息,要看全文则需注册或购买等。

☞思考题

1. 什么叫信息?信息有哪些特征?
2. 现实的信息资源分为哪几种?
3. 文献有哪些类型?如何识别?
4. 结合自己的利用情况,谈谈对网络信息资源的认识。

☞参考文献

[1]滕胜娟,唐丽菲. 现代信息检索[M]. 北京:中国纺织出版社,2002.

[2]高云,滕胜娟. 图书馆·文献检索[M]. 北京:中国纺织出版社,1998.

[3]毕强,杨文祥等. 网络信息资源开发与利用[M]. 北京:科学出版社 ,2002.

[4]华薇娜. 网络学术信息资源检索与利用[M]. 北京:国防工业出版社,2002.

[5]陈惠兰. 信息检索与利用[M]. 上海:东华大学出版社,2004.

[6]郭吉安. 信息检索[M]. 重庆:重庆大学出版社,2000.

[7]周文荣. 信息资源检索与利用[M]. 北京:化学工业出版社,2000.

[8]岳泉. 生物学网络信息资源检索与利用[M]. 南京:东南大学出版社,2004.

[9]丁传奉. 信息资源检索与利用[M]. 北京:知识产权出版社,2004.

[10]陈益君,丁梅娟. 数字资源管理与利用研究[M]. 北京:科学出版社,2003.

[11]陈雅芝. 信息检索[M]. 北京:清华大学出版社,2006.

[12]梁丽华,朱红. 科技信息检索[M]. 北京:中国轻工业出版社,2004.

[13]彭奇志. 信息检索与利用教程[M]. 北京:中国轻工业出版社,2006.

[14]沈固朝. 网络信息检索:工具·方法·实践[M]. 北京:高等教育出版社,2004.

[15]王越. 2005年中国互联网络信息资源数量调查[R/OL]. http://www.zikoo.com/consume/article/8036.html.

[16]蓝曦. 网络信息资源的类型及其评价[J]. 现代情报,2003(9):73-74.

[17]焦玉英,等. 信息检索[M]. 武汉:武汉大学出版社,2001.

第二章　信息检索基础

第一节　信息检索概述

一、信息检索的定义与原理

1. 信息检索的定义

信息检索是指将信息按一定的方式组织和存储起来,并根据信息用户的需要找到有关信息的过程。其本质是信息用户的检索需求和信息集合的比较与选择,即匹配的过程。

广义的信息检索,包括信息存储和检索。狭义的信息检索则仅仅是指检索的过程,即从信息集合中找出所需信息的过程。

2. 信息检索的原理

信息检索包括信息存储和信息检索两个过程。

存储过程就是将搜集到的信息经过选择后,对其进行分析,把它们的外部特征和内部特征提取并揭示出来,按一定的规则,使其有序化,并按一定的格式制成数据库或检索工具。

检索过程就是通过对信息用户的检索需求进行研究,将其中的提问要素(篇名、著者、分类号和主题词等)提取并揭示出来,这些检索提问标识再与数据库或检索工具中所揭示的有序化的信息特征进行匹配,符合提问式要求的即为命中记录,作为检索结果输出。

二、信息检索的类型

1. 按检索对象分类

(1)数据检索。数据检索是以数据或数值为对象的检索,例如公式、图表、化学分子式和金属的熔点等都是数据检索的对象。数据检索分为数值型与非数值型。

(2)事实检索。事实检索是以某一客观事实为检索对象,查找某一事物(事件)发生的时间、地点、过程以及该事物(事件)的性质、定义、原理等,其检索结果主要是客观事实或为说明事实而提供的相关资料。

(3)文献检索。文献检索是以文献(包括题录、文摘和全文)为检索对象的检索。凡是查找某一主题、某一著者、某一地域、某一时代、某一机构或特定文种的有关文献以及回答这些文献的出处和收藏处所等,均属于文献检索的范围。

从性质上说,文献检索是一种相关性检索,检索的结果是与课题相关的文献或文献线索,而不直接解答用户所提出的技术问题本身;数据检索与事实检索则是确定性检索,检索的结果是用户所需的确切的数据或事实。

2. 按信息检索手段分类

(1)手工检索。手工检索简称手检,使用传统的纸本检索工具,检索过程是通过手翻、眼看、大脑判断来完成。手工检索是传统检索手段,随着社会的进步、计算机技术、网络通信技术和数字化技术的快速发展,以计算机为工具的信息检索形式正在取代手工检索形式,成为信息检索的主要形式。

(2)计算机检索。计算机信息检索始于 1960 年,它产生的背景是信息资源的快速增长和人们检索要求的不断提高。随着计算机软硬件技术的发展,计算机匹配和推理能力不断加强,数据库技术和通讯技术不断完善,计算机信息检索逐渐成为人们检索信息的主要手段。

①定义:计算机检索简称机检,使用的是计算机检索系统,检索系统包括计算机设备、通信网络、数据库和其他辅助设备。检索是针对数据库进行的,检索的过程是在人和机器的协同作用下完成的。

②发展历程:计算机信息检索的发展可分为三个阶段。

第一阶段(1960 ~ 1970 年):批处理信息检索阶段。检索的特点是"单机处理、顺序查找",即用户直接利用一台计算机对单个数据库进行查找,而且由于数据载体是磁带,只能顺序查找。这一阶段的数据存取与数据通信能力还不够完善。

第二阶段(1971 ~ 1990 年):联机信息检索阶段。检索的特点是"多机局域联网,倒排查找",即用户直接通过通信线路一边输入信息,提出问题,一边处理信息,最后的检索结果也通过通信线路返回到用户。由于这一时期数据载体是磁盘,用户可以随时提问,随时获得结果。这一阶段的数据库联机检索功能完备,但数据通信能力仍不理想。

第三阶段(1990 ~):网络信息检索阶段。以 Internet 的出现为标志,系统大多采用分布式的网络化管理,信息资源呈现出数字形式表达、多媒体和多载体、内容覆盖广、分布无序、难于规范化和结构化等特点,信息处理模式发生了很大变化,如体系结构从终端主机方式到客户或服务器方式,网络环境从局域网到 Internet 等开放网络,信息结构从结构化到非结构化,系统功能从单纯信息检索到综合信息管理和服务。

③分类:计算机检索又包括联机检索、光盘检索和网络检索。

a. 联机检索是指用户利用终端设备,通过通信网络与世界各地的信息检索系统联机,进行人机对话,从检索系统的数据库中查找出用户所需信息的过程。

在 Internet 网络信息检索的冲击下,传统联机检索系统纷纷将自己的系统安装在 Internet 服务器上,成为 Internet 的一个有机部分。

b. 光盘检索是指利用计算机和检索软件对相应的光盘数据库进行检索。光盘数据库分单机版和网络版,目前国内普遍使用的是网络版的光盘数据库。光盘检索功能强大,检索入口多,检索速度快,检索结果输出灵活方便。

c. 网络检索是指通过 Internet 检索和获取网上信息资源。网络信息检索的范围宽、更新快、用户操作方便、受众面广,但是信息检索的准确率不高。

三、信息检索的意义

信息检索的意义主要体现在以下两个方面。

1. 避免重复劳动,节约人力物力

科学是没有国界的,科学研究是具有连续性和继承性的,闭门造车可能会重复别人的劳动,从而造成人力和物力的浪费。

在研究工作中,每个环节都离不开信息。研究人员从第一步选题开始就必须进行信息检索,了解该项目以前是否有人研究过。若有人已经做过研究并取得了成果,那么意味着现在可以直接借鉴别人的成果,而不必重复相同的研究;若该项目正在研究中,则需要通过信息检索了解包括研究进程、阶段性的结论以及研究成员等情况,以找出今后研究的切入点。进入第二步研究阶段后,也要经常做信息检索,以了解最新的研究动态和新信息、新知识,不断地补充和完善自己的研究课题。课题结束进入鉴定阶段,仍然要进行信息检索与查新,为鉴定委员会提供参考。

牛顿曾经说过:“我是站在巨人的肩膀上的”。这里“巨人的肩膀”就是指的前人或别人的研究成果。正是因为有巨人的肩膀,科学才会快速发展,社会才会快速进步。

2. 提高自学能力和信息素养,获取新知识

据统计,一个大学生在校期间学到的知识是他一生中所用知识的10%,其余的90%是靠在工作中不断地学习积累的,由于学生在校学习时间只有短短几年,所学知识是非常有限的,这样就必须有一种方法和途径能让学生接受终身教育。这种方法和途径就是信息检索。通过信息检索,可以及时了解国内外有关专业与学科的发展趋势和最新动态,可以及时获得新知识和新信息,不断加强自我教育,提高自学能力和科研能力,提高信息素养,加速知识更新,调整知识结构,进而增强在信息社会的生存与发展能力。

第二节　信息检索工具

检索工具是人们用来报道、存储和查找各类信息的工具,包括传统的用于手检的二次文献和适于机检的各类型数据库以及搜索引擎等各种网络检索工具。

一、手工检索工具

手工检索工具分为检索性的检索工具和参考工具书。

1. 检索性检索工具

(1)目录。目录是对书刊及其外表特征的揭示和报道,对文献的描述比较简单,只记述外表特征如书名、著者及出版事项等。

(2)索引。索引是将文献中的各种知识单元摘录出来,注明出处,按照一定的原则和方法排列起来的一种检索工具。这些知识单元可以是题名、著者和名词术语,也可以是分子式、结构式、各种符号(分类号、登记号、专利号、索取号)和各种缩写字等。索引的出版形式有辅助索引(附在原始文献和检索工具后的索引)和独立索引(如《全国报刊索引》、美国的《EI》)两种。

(3)文摘。文摘是处理和传递信息时经常使用的一种文体,是指对一份文献(或文献单元)的内容所作的简略、准确的描述,通常不包括对原文的补充、解释或评论。有些文摘与原文刊登在一起,这种文摘叫“篇首文摘”,大多数文摘是离开原文献的。文摘是二次文献的核心。文摘的类型有以下几种。

①报道性文摘(Informative Abstract)。这是用来描述原文的内容要点(尤其是创新点),向用户提供原文中的定量信息(如距离、最大值、最小值、平均值、中值、公式、可靠度等)和定性信息(如发现、结果、新方法、新设备、结论等)的一种文摘。它是原文内容的浓缩,基本上能反映原文的技术内容,信息量大,参考价值高。阅读这种文摘,一般可以代替阅读原文。适用于主题集中、单一的、学术(技术)内容较丰富新颖的文献,如学位论文、技术报告和专利说明书等。长度一般在400字左右,长的可达到500~800字。

②指示性文摘(Indicative Abstract)。指示性文摘是旨在把原文的主题范围、目的和方法概略地指示给用户的一种文摘。文摘一般不包含具体的数据、方法、设备和结论等内容。它指示用户将在原文中发现什么,以免用户对原文内容发生误解,帮助用户判断原文是否与自己有关,是否需要阅读原文,因此指示性文摘不能代替原文。指示性文摘适用于篇幅过长、内容较散的文献,长度一般在100字左右,有的甚至只有一句话,只起解题的作用,故又称为“解题性文摘”或“简介”。

③报道—指示性文摘。当受到文摘字数或文摘文体及类型的限制时,就采用报道性文摘和指示性文摘相结合的方法,即对文献的主要部分做详细的报道,对其他次要部分则作简略介绍。这种文摘在实际工作中很常见。

④评论性文摘(Critical Abstract)。这种文摘中有文摘员的个人看法或分析。评论性文摘的价值如何,主要取决于文摘员的专业水平。美国的《应用力学评论》和苏联的《力学文摘》曾采用过这种文摘形式。

2. 参考工具书

(1)年鉴。年鉴包括年报和年刊等,是概述一年内有关地域、行业或有关学科的发展情况,汇集重要文献和统计资料的连续性出版物。

(2)手册。手册是汇集或简要地概述某一专业或某一方面的基本知识和资料,以便随时翻检的一种工具书。手册有时也被称为便览、要览及大全等。

(3)百科全书。百科全书是汇集人类一切门类知识或某一门类知识的概述性著述,集各种类型工具书之大成,被称为“工具书之王”。

(4)词典。词典也叫辞典,是汇集语言、事物和事件等词语,解释词义和用法,并按一定次序编排以备检索的最常用的工具书之一。

二、计算机信息检索工具

1. 搜索引擎

搜索引擎是一种引导用户查找网络信息的工具。搜索引擎一般包括数据采集机制、数据组织机制和用户利用机制三部分。数据采集机制用人工或自动的方法,按一定的规律对网络上的资源站点进行搜索,并将搜索得到的页面信息存入搜索引擎的临时数据库;数据组织机制对页面信息进行整理以形成规范的页面索引,并建立相应的索引数据库,用户利用机制帮助用户以一定的方式利用搜索引擎的索引数据库,获得用户需要的网络信息资源。

2. 数据库

数据库是长期存储在计算机内,有组织的、可共享的数据集合。数据库中的数据按一定的数据模型组织、描述和存储,具有以下特点:收录范围广、数据量大;可实现异地远程检索;易于使用;数据更新快;大都不间断提供服务,用户可随时利用。

3. OPAC

OPAC 即联机公共检索目录(Online Public Access Catalog),出现于 20 世纪 70 年代中期,起源于美国一些大学图书馆和公共图书馆。早期的 OPAC 系统,由于受计算机技术和通信技术等诸多因素限制,使用范围较窄。随着计算机技术、网络技术和信息检索技术的迅猛发展,OPAC 不断发展和演变,它的检索内容不再局限于图书馆的书刊目录,已扩展到对图像、声音、视频等各种媒体信息和全文的检索;服务对象也从单一的馆内用户扩展到馆外,乃至全球的网络用户。

4. 网络导航

网络导航包括网上资源导航、相关站点导航、搜索引擎一览等,从物理上讲,网络导航并不存储各种实际的信息资源,但它却可以帮助用户检索到有关的实际资源,即指引用户到特定的地址获取所需信息。

第三节 检索语言

一、检索语言的定义

1. 检索语言的定义

在信息的存储和检索过程中,需要将信息或信息用户的检索需求的特征揭示出来,并有序化,这就需要检索系统或检索工具有一套统一的规则与标准,所有进入这个系统的信息资源都必须用这样的规则与标准进行揭示和排列,使用该系统进行检索的所有的检索提问也都必须按照这个标准和规则揭示检索提问中的各个提问要素。这样的规则与标准,就是检索语言。

因此,检索语言就是揭示信息或检索提问的特征的规则与标准,是为沟通信息存储和信息检索两个过程而编制的人工语言。

检索语言在信息检索过程中起着十分重要的作用。

(1)帮助信息工作人员准确地揭示信息的特征,完成信息存储过程,即利用检索语言编制检索工具或建立检索系统。

(2)帮助信息用户准确地表达检索提问的特征,以实现快速、准确、全面地信息查找,完成信息检索过程。

二、检索语言的类型

检索语言的种类有很多,按规范化程度划分可分为自然语言和受控语言(或规范化语言);按表达信息的特征划分可分为描述外部特征语言和描述内部特征语言。具体分类见表2-1。

表2-1 检索语言的类型

<table>
<tr><td rowspan="5">按规范化程度划分</td><td>自然语言</td><td colspan="2">关键词语言</td></tr>
<tr><td rowspan="4">受控语言(规范化语言)</td><td colspan="2">标题词语言</td></tr>
<tr><td colspan="2">单元词语言</td></tr>
<tr><td colspan="2">叙词语言</td></tr>
<tr><td colspan="2">分类语言</td></tr>
<tr><td rowspan="10">按表达信息的特征划分</td><td rowspan="3">描述信息外部特征的语言</td><td colspan="2">题名语言</td></tr>
<tr><td colspan="2">著者语言</td></tr>
<tr><td colspan="2">号码语言</td></tr>
<tr><td rowspan="7">描述信息内部特征的语言</td><td rowspan="3">分类语言</td><td>体系分类语言</td></tr>
<tr><td>组配分类语言</td></tr>
<tr><td>混合分类语言</td></tr>
<tr><td rowspan="4">主题语言</td><td>关键词语言</td></tr>
<tr><td>标题词语言</td></tr>
<tr><td>单元词语言</td></tr>
<tr><td>叙词语言</td></tr>
</table>

下面主要介绍一下分类语言和主题语言。

1. 分类语言

分类语言是用分类号来表达各种概念,将各种概念按学科性质进行分类和系统排列。它以科学分类为基础,结合文献的内容特征,运用概念划分的方法,按知识门类的逻辑次序,从总到分,从一般到具体进行层层划分,产生许多不同级别的类目。这些类目层层隶属形成一个严格有序的等级结构体系。

比较典型的分类语言有《中国图书馆分类法》、《中国图书资料分类法》、《中国科学院图书馆分类法》、《中国人民大学图书分类法》、《杜威十进制分类法 DDC》、《国际十进制分类法 UDC》、《国际专利分类表 IPC》。

分类语言能很好地满足从学科和专业角度检索的需要,查全率较高;分类法将概念逐级划分,具有等级结构,便于扩大和缩小检索范围。但是分类语言也有不足之处:信息用户需要了解课题的相关学科体系,否则容易产生误差,造成误检;分类语言不能经常修订,所以它很难及时反映新兴学科和边缘学科的内容；分类语言的专指度低。

下面以《中国图书馆分类法》为例来简单介绍一下分类语言的结构。

《中国图书馆分类法》是我国为实现全国文献资料统一分类编目而编制的一部大型综合性文献分类法，由 5 大部类、22 个基本大类以及通用复分表组成。其基本大类见表 2－2。

表 2－2 《中国图书馆分类法》基本大类

部类	基本大类代码	类目名称
马克思主义、列宁主义、毛泽东思想、邓小平理论	A	马克思主义、列宁主义、毛泽东思想、邓小平理论
哲学	B	哲学、宗教
社会科学	C	社会科学总论
	D	政治、法律
	E	军事
	F	经济
	G	文化、科学、教育、体育
	H	语言、文字
	I	文学
	J	艺术
	K	历史
自然科学	N	自然科学总论
	O	数理科学与化学
	P	天文学、地球科学
	Q	生物科学
	R	医药卫生
	S	农业科学
	T	工业技术
	U	交通运输
	V	航空、航天
	X	环境科学、安全科学
综合性图书	Z	综合性图书

《中国图书馆分类法》的分类号是由大写的英文字母、数字和圆点组成的，是层累制的号码体系，分类号越长，表达的内容越具体，表示的学科范围越窄。其体系结构举例见表 2－3。

表 2-3　《中国图书馆分类法》体系结构表(举例)

- T 工业技术
  - TB 一般工业技术
  - TD 矿业工程
  - TE 石油、天然气工业
  - TF 冶金工业
  - TG 金属学与金属工艺
  - TH 机械、仪表工业
  - TJ 武器工业
  - TK 能源与动力工程
  - TL 原子能技术
  - TM 电工技术
  - TN 无线电电子学、电信技术
  - TP 自动化技术、计算机技术
  - TQ 化学工业
  - TS 轻工业、手工业
    - TS0 一般性问题
    - TS1 纺织工业、染整工业
      - TS10 一般性问题
      - TS11 棉纺织
      - TS12 麻纺织
      - TS13 毛纺织
      - TS14 丝纺织
      - TS15 化学纤维纺织
      - TS17 非织造布
      - TS18 针织
      - TS19 染整工业
    - TS2 食品工业
    - ⋮
    - TS94 服装工业　制鞋工业
    - ⋮
  - TU 建筑科学

2. 主题语言

主题语言是指以自然语言的字符为字符,以名词术语为基本词汇,用一组名词术语作为检索标识的一类检索语言。主题语言又可分为关键词、标题词、单元词和叙词。

(1)关键词语言。关键词是出现在文献标题、文摘和正文中,对表达文献主题内容具有实质意义、关键性的自由词。关键词语言是以关键词表达信息或检索提问的内容特征的语言。其优点是专指度高,使用方便,不足之处是由于是自由词,同义词、多义词比较多,容易造成误检或漏检。关键词语言特别适合进行计算机网络检索。

(2)标题词语言。标题词是指从文献内容或题名中选取出来并经过规范化处理的,能够描述文献内容特征的词或词语。标题词语言是标题词表达信息或检索提问的内容特征的语言,它通过主标题词和副标题词固定组配来构成检索标识,只能选用"定型"标题词进行揭示和检索,是先组式语言。其优点是词语规范,专指度强,查全率高,不足之处是灵活性较差。

(3)单元词语言。单元词是指能够用以描述信息所论及主题的最小、最基本的词汇单位。经过规范化的能表达信息主题的单元词集合构成单元词语言,它通过若干单元词的组配来表达复杂的主题概念,是后组式语言。其特点是灵活性好,不足之处是组配表达有时出现意义失真的情况。

(4)叙词语言。叙词是指以概念为基础,经过规范化和优选处理的,具有组配功能并能显示词间语义关系的动态性的词或词组。一般来讲,选定的叙词具有概念性、描述性、组配性。经过规范化处理后,还具有语义的关联性、动态性、直观性。叙词语言综合了多种信息检索语言的原理和方法,具有多种优越性。

思考题

1. 信息检索的原理是怎样的?
2. 信息检索分为哪些类型?
3. 什么是检索语言? 检索语言的作用是什么?
4. 检索语言包括哪些类型?
5. 分类语言和主题语言的特点是什么?

参考文献

[1]滕胜娟,唐丽菲. 现代信息检索[M]. 北京:中国纺织出版社,2002.
[2]高云,滕胜娟. 图书馆·文献检索[M]. 北京:中国纺织出版社,1998.
[3]陈惠兰. 信息检索与利用[M]. 上海:东华大学出版社,2004.
[4]彭奇志. 信息检索与利用教程[M]. 北京:中国轻工业出版社,2006.
[5]梁丽华,朱红. 科技信息检索[M]. 北京:中国轻工业出版社,2004.
[6]陈雅芝. 信息检索[M]. 北京:清华大学出版社,2006.
[7]夏淑萍,王真. 现代文献综合信息检索[M]. 北京:高等教育出版社,2006.

第三章　信息资源检索策略

信息资源检索策略(Information Retrieval Strategy)是为实现信息检索目标而制定的全盘计划和方案,是对整个检索过程的谋划和指导。不同的检索课题,不同的检索目的,不同的检索要求,所选用的检索工具和检索方法就不同,检索效果也大相径庭。为了迅速准确地检索到所需要的课题信息,在开始正式检索前,应制定适当的检索策略。

制定检索策略,就是在分析课题内容概念,明确信息需求的基础上,选择检索工具和检索系统,确定检索词、检索途径、检索方法和技术,拟定检索步骤等。检索策略的制定一般包括手工检索策略和计算机检索策略的制定。

检索策略考虑的是否周全,直接影响信息的查全率和查准率。好的检索策略可以优化检索过程,提高检索效率,节省检索时间,可以减少各种不利因素的影响,尽可能地使检索提问标识、信息需求和检索工具保持良好的一致性,从而检索出满足用户需求的信息。

也可以说所谓信息资源检索策略,就是在分析信息提问的基础上,确定选择检索工具,确定检索方法、检索途径、检索类目或主题词,并对查找步骤所做的科学安排。

第一节　信息检索方法与途径

一、信息检索方法

检索文献信息采用何种方法,需要考虑的因素很多,这主要包括检索课题的目的和性质、所要求的文献信息类型、检索工具和系统的现状、用户的具体要求等。检索方法过去常用于手工检索,但采用计算机检索同样可以借鉴。它通常指以手工操作的方式,利用书本式或卡片式检索工具进行文献信息检索,是信息检索的传统方式。它采用人工匹配方式,即由检索人员或用户,对提问标识和检索标识是否相符进行比较,并做出选择。手工检索可以根据查找的具体情况,随时对检索的方向、目标、深度及检索词等进行灵活的调整,使命中的文献具有更高的准确性和切题性,使检索的结果更符合检索课题的需要。一般说来,检索方法有以下几种。

1. 工具法

工具法又称常用法或直接法,是直接利用文献信息检索工具来查找文献的方法。它有顺查法、倒查法和抽查法三种。

(1)顺查法。顺查法是以检索课题的起始年代为起点,沿着时间的顺序由远及近地逐年查找文献信息的方法。这种方法的检索结果比较系统,有助于了解学科的产生、演变和发展过程,通常在课题立项、成果鉴定和专利查新等特定时候才使用此方法。顺查法的特点是文献的查全率高，但工作量较大。

（2）倒查法。倒查法与顺查法相反，是由近及远地逐年查找文献信息的方法。这种方法在时间跨度上比较灵活，只要结果满意即可截止。采用这种方法可以获得最新的信息资料，及时把握学科的最新动态。一般用于新开课题，因为新开课题比较注意近期的文献。倒查法的特点是效率较高，省时省力，但查全率相对较低。

（3）抽查法。这是一种抓住学科发展比较兴旺、科学研究较为活跃、成果较多的年代进行的查找方法。此种方法花费时间较少，却能获得较多的文献信息。使用抽查法要求检索者必须熟悉学科的发展情况，熟悉学科文献较为集中的时间段。

2. 引文法

引文法又称追溯法，这是一种不需要使用检索工具，只是以文献所附的参考文献为线索，进行追溯查找的方法。其特点是查找方法简单，但漏检率较高。《科学引文索引》（SCI，Science Citation Index）就是基于这种方法而编制出来的检索工具。

3. 交替法

交替法是工具法与追溯法交替使用，相互结合的一种方法。这种方法既利用检索工具检索文献，又利用文献所附的参考文献进行追溯检索，两种方法交替使用，使检索效率得到提高。

4. 浏览法

浏览法又称直接查找法。就是检索者从本专业最新的核心期刊或其他文献中直接阅读原文或浏览最新目次而获得原文的方法。因为浏览查得的文献往往不全面、不系统，且局限性较大，所以不能作为查找文献的主要方法。

综上所述，文献检索方法很多，常常要因人因事而异，根据检索要求灵活应用，尽可能避免漏检和误检，以提高文献的查全率和查准率。

二、信息检索途径

信息检索与信息存储是互逆的过程，存储在检索工具和系统中的有些著录项或标引字段是可以提供检索的，这些著录或标引字段就是检索入口。在进行文献信息检索时一般可以利用文献信息存储时的著录项或标引字段。信息检索途径一般包括文献信息的内容特征途径和外表特征途径。内容特征包含分类和主题等因素；外部特征包含著者、题名和号码等因素。概括起来，检索途径主要分为分类途径、主题途径、题名途径、著者途径、号码途径以及其他途径。各种检索途径都有自身的优点和缺点，综合利用多种检索途径，能够提高文献查全率，仅用一种途径去查找，难免产生漏检。

1. 分类检索途径

分类检索途径是按文献信息的主题内容所属学科类别来进行检索的途径。这类检索工具都编排有分类表，在检索文献之前应根据文献的主题内容以及检索工具采用的分类表，确定出准确的分类号。如《全国报刊索引》和英国的《科学文摘》，均可利用每期前的分类目次表，按分类进行查找。分类途径检索的关键在于正确理解检索工具的分类表。

用分类途径能够把同一学科的文献信息集中在一起检索出来。其缺点是分类表是事先编制好的,一些新学术论文增补不及时,依此途径检索所得的文献容易落后于学科发展;又由于每篇文章是按学科归类的,查出的信息内容涉及面很宽、针对性不强,因而还需要进一步筛选资料。

2. 主题检索途径

主题检索途径是通过文献信息的内容来检索文献的一种途径。这种途径是利用从文献信息中抽出来能代表文献信息内容实质的主题词(标题词、关键词、叙词),并按其字顺排列的索引(关键词索引、主题索引等)来检索。国内外大多数检索工具都编排有主题索引,如美国的《工程索引》就是主题检索途径的典型。

主题途径的优点是用词或词组作检索标识,表达概念灵活、准确、专指性强,能把同一主题内容的文献集中在一起同时检索出来。

3. 题名检索途径

题名检索途径是根据文献的题名(书名、刊名、篇名等)来检索文献的途径。检索工具中的书名索引、刊名索引和会议名称索引等都提供了题名检索途径,这种方法多用于检索馆藏图书和期刊。

4. 著者检索途径

著者检索途径是根据已知著者的名称来检索文献的途径。文献的著者包括个人著者和团体著者。大多数检索工具都编排有著者索引,这种方法检索直接,查准率高。

5. 号码检索途径

号码检索途径是利用文献自身的编号(专利号、标准号、报告号等)来检索文献的途径,如"专利号索引"、"报告号索引"、"标准号索引"等。美国的《化学文摘》(CA)就是用了专利号索引。

6. 机构名称途径

机构名称途径是根据机构名称检索该机构出版或发表的文献信息情况,以了解和统计该机构的学术和科研成果。检索工具中的团体著者索引提供了由机构名称检索文献的途径。计算机检索系统一般提供了责任者所在的机构的检索入口。

7. 分子式途径

这是以化学物质的分子式作为检索标识来检索文献信息的一种途径。使用的检索工具是"分子式索引"。从"分子式索引"中查出化学物质的准确名称,然后再查"化学物质索引"。该途径主要在美国的《化学文摘》(CA)中使用。

8. 引文途径

引文途径是从作者途径去检索引用该作者著作的有关文献,它不仅反映了某个作者历年来发表了哪些文献,而且也反映了该作者的每篇文献又被哪些作者引用,从而又发表了哪些文献。比较常用的检索工具有美国的《科学引文索引》(SCI)。利用引文索引可以了解某作者的某篇文献被引用的情况,评价文献价值,扩大检索范围。

9. 其他途径

有些检索工具还编有一些特殊索引,可以通过特殊途径找到所需文献信息。如会议索引、生物分类索引、属类索引、环系索引和题中人名索引等。可根据待检索课题的特点和选用的检索工具灵活掌握使用。

第二节 计算机信息检索技术

计算机信息检索的实质是"匹配运算",即由检索者把检索提问变成计算机能识别的检索表达式输入到计算机中,由计算机自动对数据库中各种文档进行扫描、匹配。掌握计算机检索技术,快速准确地构造计算机能识别的检索表达式是进行计算机检索的重要环节。

计算机检索技术主要指检索词的组配技术和检索表达式的构成规则。检索词包括主题词、关键词、题名、分类号、专利号及各种号码等。检索表达式简称为检索式,是一个既能反映检索课题内容、又能为计算机识别的算式,是进行计算机检索的依据,又称为检索提问式。检索表达式是运用各种逻辑运算符号、位置逻辑算符、截词符及其他限制符号等,把检索词连接组配起来,确定检索词之间的关系,准确表达检索课题的内容的算式。

一、布尔逻辑检索技术

布尔逻辑检索是建立最早的检索理论,也是检索系统中应用最广泛的检索技术,它通过对布尔逻辑运算符进行组配,形成检索表达式,用以表达用户的检索要求。并通过一定的算法和手段进行检索。

常用的布尔逻辑运算符有"与(AND、*)"、"或(OR、+)"、"非(NOT、-)"三种。

1. 逻辑"与"

运算符为"AND"或"*"。用于交叉概念或限定关系的组配,实现检索词概念范围的交集,可以缩小检索范围,提高查准率。其检索表达式为"A AND B"或"A * B",表示被检索的文献记录中必须同时含有 A 和 B 才算命中。例如希望了解数控机床的产品信息,检索表达式可表达为"数控机床 * 产品目录"或"数控机床 AND 产品目录"。

2. 逻辑"或"

运算符为"OR"或"+"。用于检索词并列关系(同义词、近义词)的组配,实现检索词概念范围的并集,可以扩大检索范围,防止漏检,有利于提高查全率。其检索表达式为"A OR B"或"A + B",即表示检索记录中含有 A 或 B 中的任意一词即算命中。例如检索计算机算法或程序语言的相关文献,检索表达式可表示为"计算机算法 OR 计算机程序设计语言"或"计算机算法 + 计算机程序设计语言"。

3. 逻辑"非"

运算符为"NOT"或"-"。它是一种排斥关系的组配,用来从原来的检索范围中排除不需要的概念。其检索表达式为"A NOT B"或"A - B",表示检索结果中含有 A 但不包含 B 的记录。例如检索除 Internet 之外的计算机相关文献,则检索表达式可表达为"Computer - Internet"或"Computer NOT Internet"。

布尔逻辑关系如图 3 -1 所示。

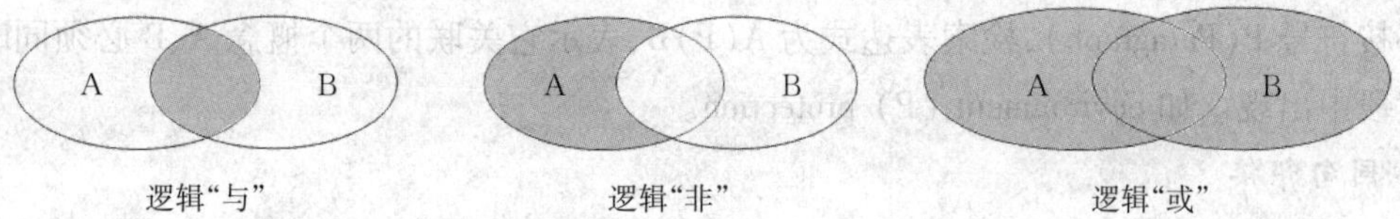

图 3-1　布尔逻辑示意图

利用布尔逻辑关系可以构造多层次的布尔逻辑检索表达式,以表达复杂的检索需求,大大提高检索的查全率和查准率。在执行检索过程中,逻辑运算有其特定的顺序,运算符优先顺序为 NOT、AND、OR,也可以利用括号改变其执行顺序。如“工业模具设计与制造”,用布尔逻辑关系来表示其检索表达式,可表达为:工业 AND(模具设计 OR 模具制造)。

二、截词检索技术

在实际检索过程中,常常会遇到检索词是一些词干(词根)相同、词义相近的词,或同一词的单复数形式,或同一词的动词和名词形式等情况,如果逐词输入,既浪费时间又麻烦。截词检索就是用截断的词的一个局部进行的检索,并认为凡满足这个词局部中的所有字符(串)的文献,都为命中文献。按截断的位置来分,截词有后截断、前截断和中截断三种类型,即前方一致、后方一致和中间一致。

不同的检索系统所用的截词符也不同,常用的有?、$、* 等。截词检索分为有限截词(即一个截词符只代表一个字符)和无限截词(一个截词符可代表多个字符)。下面以无限截词符为例说明。

1. 后截断,前方一致

将截词符放在文献标引词的后方,文献标引词只要前面部分与提问词相同,该文献即命中。如:data? → data structures, data privacy, data communication systems, data handling…

2. 前截断,后方一致

将截词符放在文献标引词的前方,文献标引词后部与提问词相同,该文献即命中。如:? computer → microcomputer、minicomputer、macrocomputer…

3. 中截断,中间一致

文献标引词的中间部分与提问词相同,该文献即命中。如:? count? →count 、counting、counter、account、accounting…

三、邻接检索技术

邻接检索是指利用一定的专门符号来标识两个检索词在检索结果中出现的位置。避免了布尔逻辑检索中无法区分逻辑与连接起来的两个概念的关联程度。邻接检索有如下五种形式。

1. 同字段邻接

邻接符号 F(Field),检索表达式为 A(F)B,表示它关联的两个概念 A、B 必须同时在同一字段中出现。如 environment (F) protection。

2. 同自然段邻接

邻接符号 P(Paragraph),检索表达式为 A(P)B,表示它关联的两个概念 A、B 必须同时在同一自然段中出现。如 environment (P) protection。

3. 同句邻接

邻接符号 S(Sentence),检索表达式为 A(S)B,表示它关联的两个概念 A、B 必须同时在同一自然句中出现。例如 environment (S) protection。

4. 有间断无序邻接

邻接符号 *n*N,检索表达式为 A(*n*N)B,表示它关联的两个概念 A、B 间可插入 0 ~ *n* 个其他词汇,且两个概念前后顺序不定,其中 *n* 代表可插入词的个数。当 $n=0$ 时,检索表达式可直接写作 A(N)B。如 environment (2N) protection,对此检索表达式,以下词汇组合均为合法检索词:

environment protection

protection of environment

protection of air environment

protection of water environment

protection of urban environment

protection of the environment

5. 有间断有序邻接

邻接符号 *n*W,检索式为 A(*n*W)B,表示它关联的两个概念 A、B 间可插入 0 ~ *n* 个其他词汇,但两个概念前后顺序固定,不可改变,其中 *n* 代表可插入词个数。当 $n=0$ 时,检索表达式可直接写作 A(W)B。

四、加权检索技术

加权检索是某些检索系统中的一种定量检索技术。加权检索的侧重点在于判定检索词或字符串在满足检索逻辑后对文献信息命中与否的影响程度。加权检索的基本方法是在每个检索词后面给定一个数值表示其重要程度,这个数值称为权,在检索时,先查找这些检索词在数据库记录中是否存在,然后计算存在的检索词的权值总和。权值之和达到或超过预先给定的阈值,该记录即为命中记录。

例如检索有关"硫、磷对金属的延性与冲击强度的影响"的文献。分析这个提问,"金属"这个词是必不可少的,"硫"、"磷"及"延性"、"冲击强度"中则可两者取一,于是对各词分配权值如下:

金属	40
冲击强度	15
延性	15
硫	15
磷	15

一般规定，文献的符合程度按它所含提问词的权的和来计算，总和超过 70 的即算命中文献。若某篇文献包含 5 个提问词，该文献权值总和为 100，完全符合提问；若包含“金属”和其余 3 个词，总和为 85，比较符合提问；若包括“金属”和其余 2 个词，勉强符合提问；若不包含“金属”则不符合要求。

按照这个要求，计算机将提问词与文献逐一比较，计算每篇文献的符合程度，将符合程度超 70 的文献输出。其结果是论及“硫对金属冲击强度的影响”、“硫、磷对金属的影响”以及“金属延性和冲击强度”的文献都会输出。

运用加权检索可以命中核心概念文献，因此它是一种缩小检索范围提高查准率的有效方法。但并不是所有系统都能提供加权检索这种检索技术，而能提供加权检索的系统，对权的定义、加权方式、权值计算和检索结果的判定等方面，又有不同的技术规范。

五、全文检索技术

全文检索技术是以原始记录中词与词之间特定位置关系为检索对象的运算，它不依赖主题词表而直接使用原文中的自由词进行检索，它通过位置算符来确定词与词之间的特定位置关系。因此，全文检索的运算符也可以通称为位置运算符、相邻度检索符、原文检索符，它是为了弥补有些提问检索表达式难以用逻辑运算符准确表达提问要求的缺陷，避免误检，同时为了提高检索深度而设定的。位置算符还可用来组配带有逻辑算法的检索表达式，带有前缀和后缀的检索词等。常用的位置算符有 WITH 和 NEAR 等。

全文检索可分为词位置检索、同句检索、同字段检索和记录检索。

1. 词位置算符

即要求检索词之间的相互位置满足某些条件而使用的检索算符，它们是：

（W）与（*n*W）—（W）算符是“word”，或“with”的缩写，表示此算符两边的检索词词序不能颠倒，两个词之间可有一个空格、或一个标点符号、或一个连接号；（*n*W）则表示两个检索词之间最多嵌入 *n* 个词。例如，检索“CD—ROM”，则可用 CD（W）ROM；而用 price（2W）inflation，则可能检出 price levels and inflation。

（N）与（*n*N）—（N）算符是“near”的缩写，表示此算符两边的检索词必须紧密相连，此间不允许插入其他单词或字母，但词序可以颠倒：而（*n*N）算符则表示在两个检索词之间最多插入 *n* 个单词，且词序可以颠倒。如 econom??（2N）recovery，可以检出 economic recovery、recovery of the economy、recovery from economic troubles 等。

（X）与（*n*X）—（X）算符要求其两边的检索词完全一致，并以指定的顺序相邻，中间不允许插入任何单词或字母；而（*n*X）算符则表示两边的检索词之间最多可以插入 *n* 个单元词，但两边的检索词也必须一致。

词位置检索是很有用的检索技术，它可以规定词组中各词的前后顺序，防止错误的搭配和输出；它也可以替代词组中的禁用词。DIALOG 系统有 9 个禁用词：AND、FOR、THE、AN、FORM、TO、BY、OF、WITH，如果在编制检索表达式时碰到禁用词，就要用词位置算符代替它。

2. 同句检索算符

要求参加检索运算的两个词必须在同一个自然句中出现，其先后顺序不受限制，可用算符(S)(S是Sentence的首字母)。同句检索放宽了词位置检索的要求，使表达同一概念但不满足词位置条件的文献也可以被检索出来，从而提高了查全率。例如(business OR trand OR market)(S)(information OR intelligence)相当于下面6个同句检索式，凡满足下述6种条件之一的，即为命中文献：business (S) informartion、business (S) intelligence、trand (S) informartion、trand (S) intelligence、market (S) informartion、market (S) intelligence。

3. 同字段检索符

对同句检索条件进一步放宽，可以用算符(F)、(L)进行同字段检索。(F)("Field"的首字母)表示各检索词必须同时出现在文献记录的某个或某些字段中。词序不变，字段类型可用后缀符限定，如"? select market? (F)information/DE,TI"，说明market? 和information两个词必须同时出现在叙词字段或题名字段中。(L)("Link"的首字母)要求检索词同在叙词字段(DE)中出现，并且有词表规定的等级关系。因此该算符只适用于有正式词表、且词表中的词具有从属关系的数据库，如iron(L)corrosion表示corrosion(腐蚀)是iron(铁)的下属词。

4. 同记录检索符

用位置算符(C)要求它两侧的检索词在同一条数据库记录中出现，如A(C)B，其检索效果与布尔算符的检索表达式A AND B相同。

六、限制检索技术

限制检索技术就是对检索词范围(时间、国别、语种、信息类型等)进行约束或压缩的方法，它大多通过检索系统的限制符号或限制命令来实现。如检索式：AU = Gordon? AND PY = 199?，表示查找Gordon所写的、于1990年后发表的所有文献。这种字段检索可由代表文献内容特征的基本索引字段和代表文献外表特征的辅助索引字段中的单元词或多元词构成，前者含有所有与主题内容相关的词，如书目型数据库中的题目、文摘、规范词字段中的叙词等，后者含有记录中除基本索引字段外的那部分信息，如作者、语种、出版年等。

可以用一个以上的代码，用逗号隔开，下面是利用字段限制检索符编制的较复杂的例子：(business information/DE,TI OR business intelligence/ID,TI) AND PY = 1990 AND LA = English。各代码之间的关系可看做是"逻辑或"，只要把字段代码加到检索词中，计算机就会在被指定的字段中进行查找，并将命中文献检索出来。采用基本索引字段代码限定检索词的范围时，用后缀标识符。DIALOG系统是在检索词后面加斜线"/"，再加限制检索符(如上例的/DE)；使用辅助索引字段是要用前缀标识符，即在限制检索符后加等号" = "，再加检索词(如上例中的LA =)。应当注意，各数据库的前后缀代码的数量和形式有所不同，在检索某一数据库时，需仔细参考有关说明材料。

第三节　信息检索步骤与效果评价

一、信息检索步骤

信息检索步骤即检索过程，它是根据检索课题的要求，经过分析研究后，选择检索系统，明确检索标识，并按一定的检索途径和检索方法，查找出所需文献的过程。检索步骤通常可以按照图 3－2 所示的程序来进行。

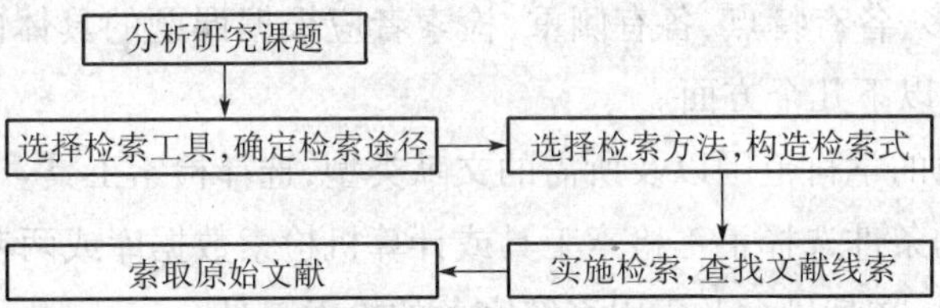

图 3－2　信息检索步骤框图

1. 分析研究课题

在着手检索之前，应先对课题进行分析，要弄清课题研究的目的和意义，明确课题要解决的实质问题。这点很重要，它将直接影响到检索效率的高低或成败。本步骤应注意以下几个问题。

(1)明确信息需求的目的和意图。信息需求通常是人们从事科学研究、技术开发、学术探索和决策分析等过程中对各种文献信息的一种需求，这种需求是人们索取文献信息的出发点，也是选择检索工具、制定检索策略以及评价检索效果的依据。

一般来说，用户的信息需求和检索目的包括以下几类。

①关于某一个课题的系统详尽的信息。其包括掌握其历史、现状和发展，如撰写硕士、博士论文，申请研究课题，进行科技成果查新，鉴定专利，编写教材等。这类需求要求检索得全面、彻底，检索的资源多，覆盖的时间年限长。为满足这类需求，要尽可能使用光盘数据库和网络数据库，降低检索成本。

②关于某个课题的最新信息。这类需求的用户通常一直对某个课题进行跟踪研究，或从事管理决策、工程工艺的最新设计等工作。相应于这样的检索目的，需要检索的资源必须更新速度快，如联机数据库、网络数据库和搜索引擎检索等，覆盖的年限也比较短。

③解决一些具体问题的片断信息。带有这类需求目的的用户通常比较多。例如写一般论文时，针对某个问题查找一些相关参考资料；或进行工程设计施工时需要一些具体数字、图表、实事数据等；或查找某个人的传记、介绍，某个政府机关或商业公司的网页，某个术语的解释等。这类需求不需要查找大量资源，但必须针对性很强，结果必须准确，速度要快。解决这类需求，除数据库外，网上搜索引擎和专题 BBS 都是可供使用的资源。

(2)分析课题所涉及的学科范围。搞清楚课题所涉及的学科领域,是否是跨学科研究,以便按学科选择信息资源。

(3)明确课题所需的文献的内容及其特征。要形成若干个既能代表信息需求又具有检索意义的主题概念,包括所需的主题概念有几个、概念的专指度是否合适,哪些是主要的,哪些是次要的,概念之间的关系如何等。

(4)明确课题所需文献的类型,如文献媒体、出版类型、文献量、年代范围、语种、著者和机构等。

(5)课题对查新、查准、查全的指标要求。

2. 选择检索工具,确定检索途径

检索工具种类繁多,各有特点,各有侧重,检索者应根据课题的具体内容和要求,对检索工具进行选取,主要注意以下几个方面。

(1)根据课题所属的学科范围以及所需的文献类型,选择检索工具。

(2)根据所具备的条件选择手工检索工具或计算机检索数据库或两者结合。

(3)选择报道及时、文献量大及索引系统完备的检索工具。

通常,检索工具都为检索者提供多条途径,如分类途径、主题途径、题名途径等。检索者应从课题的已知条件和要求出发,从文献的外部特征和内容特征等多角度入手制定检索策略。如果课题要求是泛指性较强的文献,则最好选择分类途径;如果要求专指性较强的文献,则最好选用主题(关键词)途径;如果已知题名、著者和号码(专利号、标准号、报告号)等条件,则可相应的利用题名途径、著者途径、号码途径等进行检索。

3. 选择检索方法,构造检索表达式

(1)选择检索方法。选择检索方法应考虑课题性质、检索的对象、检索的范围等因素,确定课题的检索方法,如采用追溯法和工具法等。使用正确方法,将会受到事半功倍的效果,否则,不仅延误检索时间,而且会造成不必要的浪费。

(2)构造检索表达式。检索表达式是检索策略的具体表达,它是将表达主题内容的检索词之间的逻辑关系等用检索系统规定的各种算符连接起来,成为计算机可以识别和执行的命令形式。检索表达式作为人—机交流的入口语言,对检索效率的高低有直接的影响,一般可分为简单检索表达式和复合检索表达式。简单检索表达式是指单独使用一个检索词所进行的检索;复合检索表达式是指将两个或两个以上的检索词用各种逻辑运算符、位置运算符及系统认可的其他符号组配起来的表达式。在计算机检索中,广泛使用复合检索表达式,可以提高检索效率。

构造检索表达式分选择检索词和组配检索词两个步骤。

①选择检索词。选择检索词是计算机检索成败的关键。恰当规范的检索词可以为检索者节约大量的时间,但绝大多数检索要求的描述语句往往与检索系统中规范的检索词有一定的差距,造成检索结果不理想。在进行检索的时候,需要从课题名称及其描述语句出发,认真分析,提取出可作为检索词使用的词组,再对这些词组进行规范处理,如删除多余的修饰成分,最终使得检索使用的词语是最能概括主题概念的、最精练的检索词。

②组配检索词。选择好检索用词后,利用各种运算符对所选择的检索词进行组配,以达到

更准确的表达检索意图及更精确地显示检索结果的目的。

在组配检索词时，需要注意的是，不同的检索系统，提供使用的运算符不同，不是每个检索系统均支持所有运算符的组配。检索者在组配检索表达式之前需先了解所使用的检索系统支持的运算符。

4. 实施检索，查找文献线索

上述步骤完成后，即可实施检索。在检索工具中，按照检索标识查找各种索引或分类表。检索过程中，还应不断分析、调整检索标识和检索途径，使检索更为准确。当检索结果与检索提问相匹配时，应仔细阅读其内容，判断是否切题，如果符合要求，则应准确记录其篇名、著者、来源、文种等著录事项，以便查找原文。

5. 索取原始文献

在确认检索线索有一定参考价值后，需进一步查阅原始文献资料，通过文献来源向文献收藏单位索取原始文献。获取原始文献的主要途径有如下几种。

(1)从本单位的图书情报部门获取原文。

(2)从国内主要图书情报机构获取原文。

(3)从著者获取原文。

(4)从刊物出版机构获取原文。

(5)利用国际联机检索终端订购原文。

(6)通过 Internet 上的电子邮件和全文数据库获取原文。

信息检索是一种逻辑思维与推理过程。只要遵循一定的检索方法、途径和步骤来查找相关信息，尽量减少检索的盲目性与偶然性，提高针对性和目的性，就可以提高检索效率，达到迅速、准确、无重大遗漏地获取所需信息。

二、信息检索效果的评价

检索效果是指利用检索系统进行检索服务时所获得的有效结果，其包括技术效果和经济效果。技术效果是由检索系统完成其功能的能力确定，主要指系统的性能和服务质量；经济效果是由完成这些功能的价值确定，主要指检索系统服务的成本和时间。评价系统的检索效果，目的是为了准确地掌握系统的各种性能和水平，找出影响检索效果的各种因素，以便有的放矢，改进系统的性能，提高系统的服务质量，更好地满足用户信息检索的需求。

1. 检索效果的评价标准

根据 F. W. Lancaster 的阐述，判定一个检索系统的优劣，主要从质量、费用和时间三方面衡量。质量标准主要通过查全率与查准率进行评价，费用标准即检索费用，是指用户为检索课题所投入的费用；时间标准是指花费的时间，包括检索准备时间、检索过程时间、获取文献时间等。克兰弗登(Cranfield)在分析用户基本要求的基础上，提出了 6 项检索系统性能的评价指标，它们是收录范围、查全率、查准率、响应时间、用户负担和输出形式。随着网络信息检索系统和搜索引擎等快速发展，关于评价指标体系的研究不断有新的观点出现。对于用户而言，实际检索时最关心的是查全率、查准率和响应时间。

（1）查全率。查全率是指系统在进行某一检索时，检出的相关文献量与系统中相关文献总量的比率，它反映该系统中实有的相关文献量在多大程度上被检索出来。查全率反映检索全面性，其补数就是误检率。查全率的计算公式如下：

$$查全率=\frac{检出的相关文献量}{系统中的相关文献总量}\times 100\%$$

例如，要利用某个检索系统查某课题。假设在该系统数据库中共有相关文献为 40 篇，而只检索出来 30 篇，那么查全率就等于 75%。

（2）查准率。查准率是指系统在进行某一检索时，检出的相关文献量与检出的文献总量的比率，它反映每次从该系统中实际检出的全部文献中有多少是相关的。反映检索准确性，其补数就是漏检率。查准率的计算公式如下：

$$查准率=\frac{检出的相关文献量}{检出文献总量}\times 100\%$$

例如，如果检出文献总篇数为 50 篇，经审查确定其中与课题相关的文献只有 40 篇，另外 10 篇与该课题无关，那么这次检索的查准率就等于 80%。

（3）漏检率。漏检率是指漏检相关文献量与检索系统中相关文献总量的比率，它反映该系统中实有的相关文献在多大程度上没有被检索出来。漏检率的计算公式如下：

$$漏检率=\frac{漏检相关文献量}{系统中相关文献总量}\times 100\%$$

例如，要利用某个检索系统查某课题。假设在该系统数据库中共有相关文献为 40 篇，而只检索出来 30 篇，那么漏检率就等于 25%。

（4）误检率。误检率是指误检（检出不相关）文献量与检出文献总量的比率，它反映该系统中不相关文献在多大程度上被错误地检索出来。误检率的计算公式如下：

$$误检率=\frac{误检文献量}{检出文献总量}\times 100\%$$

例如，如果检出文献总篇数为 50 篇，经审查确定其中与课题相关的文献只有 40 篇，另外 10 篇与该课题无关，那么这次检索的误检率就等于 20%。

评价信息检索系统的检索效果的主要指标是查全率和查准率，查全率和查准率越高，说明检索效果越好，最理想的检索效果是查全率和查准率均为 100%，但实际上这是不可能的。与之对应的，评价信息检索系统的检索误差的主要指标是漏检率和误检率。误差越大，效率越低，检索系统的性能就越低；误差越小，效率越高，检索系统的性能就越高。

（5）响应时间。响应时间是指从发出检索提问到获得检索结果平均消耗的时间。单机检索系统的响应时间主要是由系统的处理速度和检索软件的优劣决定的；在网络信息环境下，响应时间在相当大的程度上取决于用户使用的通信设备和网络的拥挤程度等，主要包括用户请求到服务器的传送时间，服务器处理请求的时间，服务器的答复到用户端的传送时间，用户端计算机处理服务器传来信息的时间等。

2. 影响检索效果的因素

查全率与查准率是评价检索效果的两项重要指标。查全率和查准率与信息的存储和信息检索两个方面是直接相关的，也就是说，与系统的收录范围、索引语言、标引工作和检索工作等有着非常密切的关系。

（1）影响查全率的因素。影响查全率的因素从信息存储来看，主要有数据库收录文献不全，索引词汇缺乏控制和专指性，词表结构不完整，词间关系模糊或不正确，标引不详，标引前后不一致，标引人员遗漏了原文的重要概念或用词不当等。此外，从信息检索来看，主要有检索功能不完善、检索策略过于简单，选词和进行逻辑组配不当，检索途径和方法太少，检索人员业务不熟练和缺乏耐心，检索系统不具备截词功能和反馈功能，检索时不能全面地描述检索要求等。

（2）影响查准率的因素。影响查准率的因素主要有索引词不能准确描述信息主题和检索要求，组配规则不严密，选词及词间关系不正确，标引过于详尽，组配错误，检索时所用检索词（或检索表达式）专指度不够，检索面宽于检索要求，检索系统不具备逻辑“非”功能和反馈功能，检索式中允许容纳的词数量有限，截词部位不当，检索式中使用逻辑“或”不当等。

实际上，影响检索效果的因素是非常复杂的。要想做到查全，势必会要对检索范围和限制逐步放宽，则结果是会把很多不相关的文献也带进来，影响了查准率。企图使查全率和查准率都同时提高，不是很容易的。强调一方面，忽视另一方面，也是不妥当的。应当根据具体课题的要求，合理调节查全率和查准率，保证检索效果。

3. 提高检索效率的措施

（1）全面措施。

①提高用户信息素质。这里包括培养用户信息检索知识与能量、信息敏感度、信息判断能力、信息辨析能力、较好的思维和分析能力、较好的外语水平、良好的职业道德和责任心等。

②选择好的检索工具和系统。检索工具和系统的收录范围、索引语言、标引深度与准确性、提供的检索途径、检索方法等是影响检索效果的重要方面。用户检索前应了解其特点与性能。

③优选检索词。优选检索词是提高检索效果的重要手段。检索课题的概念组面（检索词），检索前应当分解和转换为检索系统认可的规范词，列出其同义词、近义词、广义词、狭义词和分类号，化学物质还应找出其分子式、登记号、别名、俗名和商品名等。避免使用那些意义泛指的词，尽量使用专指性强的词或短语，要小心和避免使用一词多义的词，避免使用错别字，适当使用截词运算。

④合理调整查全率和查准率。不同的检索课题对文献信息的需求不同，用户应根据课题的需要，适当调整查全率和查准率，优化检索策略，以达到最佳检索效果。

（2）提高查全率的措施。

①降低检索词的专指度，选出一些上位词或相关词补充到检索表达式中。

②调节检索表达式的网罗度，减少逻辑“与”的组配面。

③多用逻辑“或”组配，如选用同义词、近义词和相关词，用“或”连接在检索表达式中。

④进行族性检索，如采用分类号检索。

⑤采用截词检索。

⑥放宽限制运算，如取消字段限制符、调整位置算符等。

（3）提高查准率的措施。

①提高检索词的专指度，增加或采用下位词和专指性较强的检索词。

②增加“与”连接，进一步限定主题概念。

③减少“或”组配。

④用逻辑“非”来排除一些无关的检索项。

⑤加权检索。

⑥利用文献的外表特征进行限制，如限制文献类型、出版年代、语种和作者等。

⑦限制检索词出现的可检字段，如限定在篇名字段和叙词字段中进行检索。

⑧使用位置算符进行限制。

总之，要根据检索课题的需要，适当调整对查全率和查准率的要求，从而达到最佳的检索效果。在实际检索中，如开题、立项、查新和申请专利等对查全率要求很高，希望不遗漏任何一篇有关文献，则查准率低一点也行；而有时只需浏览一些新的重要文章，不是全部需要，这里就要求较高的查准率，查全率低一点也行。在具体操作中，应根据待检课题的要求，灵活掌握，提高检索效果。

思考题

1. 信息检索的基本方法有哪些？
2. 试述信息检索的途径。
3. 简述几种常用的计算机检索技术及其使用方法。
4. 如何构造检索表达式？
5. 试述信息检索的步骤。
6. 什么是检索效果？试述检索系统性能的评价指标。
7. 影响查全率和查准率的因素有哪些？
8. 如何提高查全率和查准率？
9. 试述提高检索效果的措施。

参考文献

[1]滕胜娟，唐丽菲．现代信息检索[M]．北京：中国纺织出版社，2002.

[2]夏淑萍，王真．现代文献综合信息检索[M]．北京：高等教育出版社，2006.

[3]彭奇志．信息检索与利用教程[M]．北京：中国轻工业出版社，2006.

[4]时雪峰，等．科技文献信息检索与利用[M]．北京：清华大学出版社，北京交通大学出版社，2005.

[5]樊爱国，薛德钧．现代信息检索[M]．北京：北京大学出版社，2006.

[6]肖珑．数字信息资源的检索与利用[M]．北京：北京大学出版社，2003.

第四章　搜索引擎

第一节　网络信息检索工具

随着 Internet 的不断扩张,传统的信息检索手段变得越来越困难,而且要求使用这些检索工具的运行环境已经不再是连接为数不多几个点的局部网络,而是覆盖一百多个国家和地区的广域网。因此,传统的信息检索工具已不能适应新网络的需要了。这种局面促使许多联网的机构和个人纷纷开发能在广域网环境下运行的信息检索工具,即网络检索工具。网络检索工具分类见表 4－1。

表 4－1　网络检索工具分类

- 网络检索工具
  - 字典型查询工具
  - 索引型查询工具
  - 交互式查询工具
    - Gopher 查询工具
    - WWW 检索工具

一、字典型查询工具

用于查询网上用户名、E－mail、URL、服务器地址等。这类工具有 White Pages Directory、Internet Yellow Pages、Whois、DejaNews、FAQ Archive 等。

二、索引型查询工具

它为网上信息资源建立索引,这类工具有 FTP 资源的索引 Archie, Gopher 资源的索引 Veronica、Jughead,网上服务器的索引 Wais 等。Archie 是 Internet 上用来查找其标题满足特定条件的所有文档的自动搜索服务工具。Wais 称为广域信息服务,是一种数据库索引查询服务。

三、交互式查询工具

它提供类似商用联机检索的网络信息查询服务,这类工具基本可分为 Gopher 和 WWW 两类。

1. Gopher

Gopher 是一种嵌套菜单式查询工具,它把 Internet 上分散和各自独立的信息源联成一体,以简单的菜单选择方式提供遍布全球的 Gopher 信息资源的查询。

2. WWW 检索工具

WWW 检索工具按其性质可分为搜索引擎和搜索目录。搜索目录又称主题指南或主题目录。它将各站点按主题内容组织成等级结构。检索者依照这个目录逐层深入，直到找到所需文献。

WWW 是 Internet 上发展最快，信息最丰富的一种检索服务程序。它基于 HTTP 协议，用 HTML 语言将多媒体信息组织成文本，并通过这种方式把全世界 Internet 上的不同地点的相关信息有机地结合起来，具有联网简单、格式标准、多媒体信息浏览、界面友好等诸多优点。目前许多网站上流行的检索工具都不是单纯的搜索引擎或搜索目录，而是这两者的结合，如 Infoseek 和 Lycos 等。它们不仅可以按关键词查询，还可以按目录查询。

另外还有一种被称为元搜索引擎(meta search engine)的检索工具。它可以同时检索多个检索引擎的数据库，并将结果列在一份清单上。

第二节 搜索引擎基础

搜索引擎是随着 Web 信息的迅速增加，从 1994 年开始逐渐发展起来。《中国互联网络发展状况统计报告(2005)/1》显示，在上网用户经常使用的网络服务功能中，搜索引擎仅次于电子邮箱(85.6%)，占 65%，几乎每个上网的人每天都会使用搜索引擎。可见，搜索引擎是目前从网上获取信息最有效的途径。

1990 年蒙特利尔的麦吉尔大学学生 Alan Emtage、Peter Deutsch 和 Bill Wheelan 发明的 Archie。当时 World Wide Web 还未出现，Archie 是第一个自动搜索互联网上 FTP 网站文件的程序。随着 Internet 的发展，出现了专门用于检索信息的 Robot 程序，这种程序能自动地不断重复地在网络上检索信息，这种行为很像一只蜘蛛在 Internet 这张巨大的信息网上爬来爬去，所以又称为 spider 程序。世界上第一个 Spider 程序，是 Matthew Gray 的 World wide Web Wander，用于追踪互联网发展规模。

1994 年 7 月，Michael Mauldin 将 John Leavittr 的 Spider 程序引入其索引程序中，创建了 Lycos。同年 4 月，斯坦福大学的两名博士生，David Filo 和美籍华人杨致远共同创办了目录索引 Yahoo，并成功地使搜索引擎的概念深入人心，从此搜索引擎进入了高速发展的时期。

一、搜索引擎的含义及分类

网络搜索引擎又称为网络检索引擎，其英文译名为 Search Engine。广义上是指一种基于 Internet 的信息查询系统，包括信息抓取、信息管理和信息检索；狭义上是指一种为搜集 Internet 上的网页而设计的检索软件。随着搜索引擎的数量剧增，其种类也越来越多。它们可以按照工作方式、检索语种和检索特性等方式加以区分。

1. 按工作方式分类

(1)全文搜索引擎(Full Text Search Engine)。全文搜索引擎是名副其实的搜索引擎，国外具有代表性的有 Google、Fast/All The Web、AltaVista、Inktomi、Teoma、WiseNut 等，国内著名的有

百度(Baidu)。它们都是通过从互联网上提取的各个网站的信息(以网页文字为主)而建立的数据库中,检索与用户查询条件匹配的相关记录,然后按一定的排列顺序将结果返回给用户。从搜索结果来源的角度,全文搜索引擎又可细分为两种,一种是拥有自己的检索程序(Indexer),俗称“蜘蛛”(Spider)程序或“机器人”(Robot)程序,并自建网页数据库,搜索结果直接从自身的数据库中调用,例如 Google 和 AltaVista 等。另一种则是租用其他引擎的数据库,并按自定的格式排列搜索结果,例如 Lycos。

(2)目录搜索引擎(Search Index/Directory)。目录搜索引擎虽然有搜索功能,但在严格意义上算不上是真正的搜索引擎,仅仅是按目录分类的网站链接列表。用户仅靠分类目录找到需要的信息。最具代表性的有 Yahoo、搜狐、新浪、网易。其他著名的还有 Open Directory Project(DMOZ)、LookSmart、About 等。

(3)元搜索引擎(Meta Search Engine)。元搜索引擎在接受用户查询请求时,同时在其他多个引擎上进行搜索,并将结果返回给用户。著名的元搜索引擎有 InfoSpace、Dogpile、Vivisimo、搜星搜索引擎等。在搜索结果排列方面,有的直接按来源引擎排列搜索结果,如 Dogpile,有的则按自定的规则将结果重新排列组合,如 Vivisimo。

(4)其他几种非主流形式。

①集合式搜索引擎:如 HotBot 在 2002 年底推出的引擎。该引擎类似元搜索引擎,但区别在于不是同时调用多个引擎进行搜索,而是由用户从提供的 4 个引擎当中选择,因此叫它“集合式”搜索引擎更确切些。

②门户搜索引擎:如 AOL Search、MSN Search 等虽然提供搜索服务,但自身并没有分类目录也没有网页数据库,其搜索结果完全来自其他引擎。

③免费链接列表(Free For All Links,简称 FFA):这类网站一般只简单地滚动排列链接条目,少部分有简单的分类目录,不过规模比起 Yahoo 等目录索引来要小得多。

2. 按检索语种分类

(1)单语种搜索引擎。单语种搜索引擎是指搜索时只能用一种语言查询的搜索引擎。

(2)多语种搜索引擎。多语种搜索引擎是指可以用多种语言查询的搜索引擎。如 Altavista,该网站可以用 25 种语言进行查询。

3. 按检索特性分类

(1)独立型搜索引擎(Single Search Engine)。独立型搜索引擎一般拥有自己的索引数据库,可向用户提供基于自身索引库的查询服务,并根据数据库的内容反馈出相应查询信息或链接站点。这类搜索引擎检索时只在自己的数据库内进行,由其反馈出相应的查询信息,或者是相链接的站点指向。每个独立的搜索引擎都会有自己的查询特色,如目录查询、全文查询、简单查询、高级查询等。Altavista、Yahoo、Excite 等为独立型搜索引擎。

(2)多元型搜索引擎(Meta - Searcher)。多元型搜索引擎没有自己的网页数据库,只给用户提供一个集成的查询界面,用户的查询要求输入后,经过加工处理,转发给相应的多个独立型搜索引擎,真正的查询由独立型搜索引擎完成,查询结果经多元型搜索引擎反馈给用户。MetaCrawler、Search. com、Dogpile 等为多元型搜索引擎。

二、搜索引擎的搜索原理

Internet 上的搜索引擎完全使用计算机软件来完成信息的收集、整理、排序和检索一系列工作。

一个搜索引擎一般由搜索器、索引器和检索器三部分组成。首先,由搜索器(或称网络机器人)以某种策略自动地遍历互联网来收集和发现信息,将它们下载并送回搜索引擎的临时数据库。然后,索引器(或称标引程序)将这些信息进行自动标引形成规范索引,加入集中管理的倒排索引数据结构中。最后,由检索软件完成接收用户的检索提问、检索索引数据库和输出相匹配的结果。

1. 搜索器

搜索器或称网络机器人,是一种网络自动搜索软件,通常称为“蜘蛛”(spider)、爬虫(crawler)或机器人(robots)等,它们的工作就是在 Web 中漫游、发现和收集信息,它每天可以“爬行”大约一千万个 Web 页,尽可能多和快地收集各种类型的新信息。同时因为 Web 上的信息更新很快,所以还要定期更新已经收集过的旧信息,以避免死链接和无效链接。

2. 索引器

索引器或称为标引程序,它的功能是分析搜索器所收集的信息,进行自动标引,将文档表示为一种便于检索的形式并储存在索引库中,也就是建立倒排数据库。标引内容有一般标引项和内容标引项两种,一般标引项与文档的语义内容无关(表示客观外部属性),如作者名、URL、更新时间、编码、长度和链接流行度等,内容标引项是用来反映文档内容的,如关键词及其权重、短语、单字、多媒体数据的视听特征等。目前几乎所有的主要搜索引擎都采用全文索引方式,即对 Web 页的每个词进行标引,分析并抽取整个网页的每个词,并依据词频、位置及链接关系等确认权重。

倒排数据库的每个标引项都包含一组指针,指向它出现的网页。为了给用户提供有关被检出文档的信息,标引中还包含每个页面的简单描述,如产生日期、大小、标题、子标题和摘要等。

3. 检索器

检索器或称为检索软件,它的功能是根据用户的查询,在索引库中快速检索出相关文档,进行文档与查询的相关度评价,对将要输出的结果进行排序,并能够实现某种用户相关反馈机制(即可以对检索策略的不断修正)。检索器被视为搜索引擎中最复杂的部分。大多数搜索引擎提供的检索服务是一种关键词检索。

因此,使用搜索引擎与浏览检索不同,进行有效检索需要学会使用检索软件和很多检索技术,才能取得令人满意的结果。

三、搜索引擎的功能

由于搜索引擎的检索实际上是一种数据库检索,因此,它提供了常见的数据库检索功能,随着信息技术的发展,搜索引擎现已具备许多高级检索功能。

1. 基本检索功能(Boolean Logic)

除具有本书第三章第二节中介绍的布尔逻辑检索、截词检索和邻接检索功能外,搜索引擎还具有字段限制和精确检索的功能。

(1)字段限制检索。字段限制检索是将检索词出现的范围限制在文献记录的某个或某几个或所有的字段范围内,主要包括以下几种检索方式。

①标题检索。在网页的标题中查找输入的检索词,格式为 title:检索。

②站点检索。在网站地址域名中检索输入的词,以查找用户指定站点上的所有页面,格式为 host:域名中的词。

③URL 检索。有些搜索引擎提供在 URL 的文本中进行检索,它和站点检索非常相似。格式为 url:URL 中的词。

④链接检索。在与特定网页或网域有链接的所有网页中进行检索,格式为 link:特定网页或域中的词。

搜索引擎还提供了许多新的、带有典型网络检索特征的字段限制类型,如超链限制(Anchor)、域名限制(Domain)、E-mail 限制(From)等。字段限制检索限定了检索词在数据库记录中出现的位置,由于检索词出现的位置对检索结果的相关性有一定的影响。因此,字段限制检索可以用来控制检索结果的相关性,以提高查准率。

搜索引擎中,目前能够提供比较丰富的限制检索的有 AltaVista、HotBot 和 Google。

(2)精确检索。精确检索又称字符串检索和短语检索,它将一个字符串(通常用双引号表示)当作一个独立的运算单元,进行严格匹配,以提高检索的精度和准确度。精确检索实际上体现了邻近位置运算(near)的功能,不仅规定了检索表达式中各个具体的检索词及其相互间的逻辑关系,而且规定了检索词的邻近位置关系。几乎所有的搜索引擎都支持精确检索,并且都采用“”来表示。

2. 高级检索功能

(1)模糊检索。模糊检索允许检索表达式同检索结果之间存在一定的差异,这种差异常常由于用户在输入检索表达式时输入错误,如少输一个字、打错一个字母等,还有一种差异是由于不同国家词汇的不同拼写形式,如“catalog”和“catalogue”。使用模糊检索,能够检索到用正确词汇或其他变形形式的结果。目前搜索引擎还只能进行纠正输入错误的模糊检索。

(2)概念检索。用户输入一个检索词后,搜索引擎检索结果不仅包含这个具体词汇的结果,还能检索到该词属于同一概念的词汇的结果。例如检索“计算机”时能找到包含“计算机”、“电脑”和“微机”等任一词汇的结果。基于这种意义,概念检索实现了受控检索语言的一部分功能,即考虑了同义词、广义词和狭义词的使用。利用概念检索可扩大检索范围,避免漏检。Excite 在概念检索方面取得了明显的成就。

许多搜索引擎都不同程度地支持以上检索技术。尤其是布尔逻辑运算、字段限制检索、精确检索和模糊检索是网络检索所特有的。在实际检索中,往往将多种检索技术混合使用。不同的搜索引擎所采用的检索技术也不相同。而且每一种检索技术在各个不同的搜索引擎中的表现也不完全相同。只有充分了解和掌握有关搜索引擎的检索技术,才能更好地对搜索引擎加以利用,通过搜索引擎来查询、获取相关的信息。

四、搜索引擎的选择与使用技巧

1. 搜索引擎的选择

(1)收录范围。收录范围指收录的是综合性信息资源还是专科性信息,是仅收录 Web 信息还是兼收 Usenet、FTP、Gopher、E - mail 等其他网络信息。综合性搜索引擎通常以全球的因特网资源为目标, 如常用的搜狐、天网、Google 等;而一些中小型搜索引擎则致力于某一区域或某一领域的专业资料信息。综合性搜索引擎的范围虽然广泛,但就某一领域而言,不一定有中小型搜索引擎信息收集的丰富和完备。在实际中,用户可根据课题的专业性程度来考虑选择何种搜索引擎。

(2)数据库的大小及其覆盖率。在传统的计算机情报检索系统中,数据库的覆盖率是影响其检索性能的重要指标,它直接影响系统的查全率。尽管由于网上信息分散又无序,更新和消亡无法预测,覆盖率对系统的查全率的影响可能不是那么明显,但是在用户选择搜索引擎的过程中数据库的大小仍有一定的借鉴作用。毕竟从统计学的角度看,收集的网页多,查到更多的结果的可能性也就越大。

(3)用户界面。用户界面指用户界面的易用性情况,包括是否有帮助文件、是否有查询举例、是否有检索功能说明。

(4)响应速度。响应速度指完成一个检索要求所用的时间,通常情况下由网络传输的速度决定。

(5)更新周期。更新周期指搜索引擎信息源的更新频度、时效性。因特网上的信息始终处于不断变化发展之中,一个好的搜索引擎, 除了内容丰富、查找迅速外, 还应该对数据库中已有内容进行审核、更新,及时删除死链接、坏链接。

(6)准确性与全面性。通常用户总是希望搜索引擎反馈的内容是准确和全面的,但实际操作中,准确性与全面性是搜索引擎的一个矛盾,目前对此还不能过于苛求。

在实际工作中为了优选搜索引擎,用户可以通过阅读各种搜索引擎的软件说明来了解常用搜索引擎的性质、功能、类型、搜索范围和检索方法等,然后根据检索目的通过比较加以选择。

2. 搜索引擎使用技巧

(1)分析检索的主题。分析检索的主题即要确切了解所要查询的目的和要求,确定需要的信息类型(全文、摘要、名录或文本、图像、声音)、查询方式(浏览、分类检索、关键词检索)、查询范围(所有网页、标题、新闻组文章、FPT、软件、中文、外文)和查询时间(所有年份、最近几年、最近几周、最近几天、当天)等。

(2)选择合适的搜索引擎工具。主要从收录范围、数据库大小及覆盖率、用户界面、更新周期、响应速度、准确性与全面性进行综合考虑。

(3)抽取适当的关键词。应尽量选专指词、特定概念或专业术语作关键词,避免普通词和太泛的词。像计算机、互联网、中国和世界等词,太多太泛,被称为检索“禁用词”。现对关键词的选择提出以下建议。

①使用名词或物体做关键词。

②检索表达式中使用 2 ~ 3 个关键词。

③使用截词检索。

④通过 OR 连接同义词、近义词、相关词或同一术语的不同表达方式。

⑤对专有名词,如人名、地名和机构名等,使用大写字母指定检索,如 United States。

⑥使用短语检索,以提高检索精度。

⑦用括号将各个概念分开,如(Internet OR Web)AND(search * OR retrieval *)。

(4)正确构造检索表达式。构造检索表达式时,要充分利用检索技术。许多搜索引擎都提供简单查询和高级查询。充分利用进阶检索(二次检索),在前一次检索产生的结果基础上作进一步的检索,使检索范围缩小。

(5)及时调整检索策略。要根据检索情况,适当扩大或缩小检索范围。

①扩大检索范围。当检索结果为零或检索结果太少时,就需要扩大检索范围,其方法主要有以下几种。

a. 使用同义词、近义词或相关词,或逐渐减少最不重要的概念词,或使用较普遍的词,或改用上位词。使用同义词或相关词,用布尔逻辑操作符 OR 连接关键词。

b. 使用某些搜索引擎的自动扩检功能进行相关检索。如某些搜索引擎在检索结果面上有"More like This"键,或"更多结果"或"相关结果"键,在此可获得与检索表达式相关的一些推荐性网址,而这些站点可能是上述检索出来的结果,借此扩大与丰富检索范围。

c. 使用多个搜索引擎。因为没有两个搜索引擎是完全相同的,每个搜索引擎都有自己的检索特色,都有自己的索引,都以不同的方式在网上搜寻网址,出现不同的检索结果丝毫不足为奇。从不同的搜索引擎的检索结果中,可以综合出最符合要求的答案。

d. 使用元搜索引擎。当用户已知检索词,但对独立搜索引擎不熟悉或想节省在多个搜索引擎之间的转换时间,可选用元搜索引擎作试探性的起始检索,了解网上是否有相关信息以及在哪里可以找到这些信息,再利用独立搜索引擎进行更全面、深入的检索。

②缩小检索范围。如果检索时得到的结果太多,或检索结果不相关,则需要缩小检索范围。使用逻辑"与",用布尔逻辑操作符 AND(+)连接几个关键词或增加概念词。使用逻辑"非",用布尔逻辑操作符 NOT(-),把不需要查找的关键词排除在检索结果之外。使用全称,只用词组的缩写进行检索,会把那些和主题不相关的文献检索出来,产生误检,而使用全称则不会出现这一情况。利用某些搜索引擎的进阶检索功能(二次检索),限制查询范围。搜索引擎提供的范围限制类型大体有类目的分类范围、地域范围、时间范围、文件类型(文本、图形、声音等)。这些范围限制实现的方法不同,有些是通过在关键词前加特殊符号,有些是通过下拉菜单实现的。

第三节　常用搜索引擎简介

一、Baidu

1. 概述

Baidu(百度)1999 年底成立于美国硅谷,创始人是北京大学的两位毕业生李彦宏和徐勇,

"百度"一词来源于辛弃疾脍炙人口的词句"众里寻他千百度",象征着百度对中文信息检索技术执著的追求,是目前世界上规模最大的中文搜索引擎,可供搜索的中文网页已达8亿个之多,每天处理来自100多个国家的超过1亿人次的搜索请求,其流量居全球中文网站的首位,在全球排名居第5位。在中国所有提供搜索引擎的门户网站中,超过80%以上都由百度提供搜索引擎技术支持,现有客户包括新浪、腾讯、263、21cn、上海热线、新华网等。其网址是http://www.baidu.com。

2. 检索方法

提供简单检索和高级检索。支持布尔逻辑运算、截词检索、字段限制检索、精确检索的功能。高级检索可以定义要检索网页的时间、地区、语言、关键词出现的位置以及关键词之间的逻辑关系等。

3. 检索特色

(1)相关搜索。如果一时无法正确地确定使用哪个检索词,可以先输入一个自己觉得最合适的检索词,这时百度在页面底部会提供与之相关的其他词,以供用户选择或启发用户。

(2)百度快照。百度快照是在浏览各网站时顺便拍下它们的网页,存储在百度服务器中。这样,当网络拥挤时,可以用做应急,节省链接时间。

(3)词典查询。百度在线词典不仅支持强大的英汉、汉英单词互译功能,更提供常见中文成语的智能翻译。常用释义、语法、句法一览无余。只需在百度搜索框中输入查询的词语,百度词典就会自动辨别用户需求并在搜索结果页面的搜索框的上面出现词典的链接,即可得到该词语的翻译结果。例如查询单词"trade",可以在百度搜索框内,直接输入trade,先点击百度搜索,然后点击"词典"就可得到释义、语法、句法。另外,在词典释义页面中,可以重新提交需要查询的关键词,点击"词典搜索"按钮可以继续进行词典搜索,点击"百度搜索"按钮可以进行网页搜索。

二、Google

1. 概述

Google(谷歌)成立于1998年,创始人为美国斯坦福大学的两位博士研究生Larry Page和Sergey Brin。2000年7月,Google替代Inktomi成为Yahoo公司的搜索引擎,同年9月,Google成为网易公司的搜索引擎。Google一词由英文单词"googol"变化而来,表示1后边带有100个零的数字,使用这个词显示了Google欲整合网上海量信息的远大目标。Google被公认为全球最大的搜索引擎,目前可搜索的网页高达80亿个之多,其中文网页约5亿多个。该公司已将其网上搜索技术许可证颁发给30多个国家和地区的120多家公司。不仅美国人喜欢搜索引擎Google,由于有中文版,现在越来越多的中国人也同样喜欢使用Google。其搜索引擎技术还受到了中文雅虎、网易等知名门户网站的青睐,大大提升了Google在国内的影响力。其网址是http://www.google.com。

2. 检索方法

提供简单检索和高级检索。支持布尔逻辑运算、字段限制检索、精确检索的功能。高级搜索功能：可以将检索结果局限在一个网站上，可以排除某个特定站点的网页，可以对网页以及检索结果页面的语言类型进行限制，可以检索链向某个网页的所有页面，可以检索与某个网页相关的所有网页。

3. 检索特色

(1)搜图功能。Google 号称“互联网上最好的图片搜索工具”，能搜索近 4 亿张图片，搜索结果提供了一个很直观的缩略图片以及对这个缩略图片的简单描述，比如图像文件的大小、名称等。点击这个缩略图，页面就会分成两部分，上帧是该图像的缩略图与页面链接，下帧是这个图像所处的页面。

(2)英文在线的活字典。不管是想查找某个词的意思还是想了解某个词的用法，都可将 Google 作为一个在线活字典，进入英语 Google，输入想查找的单词，

(3)“手气不错”功能。智能化的“手气不错”功能，提供可能最符合要求的网站，省时方便。

(4)出色的网页翻译。虽然目前只能支持有限的法语、拉丁语、德语、葡萄牙语和西班牙语，但这种功能已经很难得了。因为机器翻译是个很前沿的人工高智能课题。

(5)多语种检索。Google 允许以多种语言进行搜索，在操作界面中提供多达 15 种语言选择，包括英语、主要欧洲国家语言、日语、中文简繁体、朝鲜语等。同时还可以用 10 种东欧语言进行查询。

(6)查找地图。通过 Google 还可以查找美国的精确街道地图，例如想查找街道地址“165 University Ave Palo Alto CA”的地图，先查找“165 University Ave Palo Alto CA”后再点击“Show map of l65 University Ave Palo Alto CA on Yahoo！Maps－MapQuest”或“MapQest”就可以显示该街道的详细地图了。

(7)电话本。Google 搜索栏中最新加入了电话号码和美国街区地址的查询信息。个人如想查找这些列表，只要填写姓名、城市和省份。

(8)股票报价。用 Google 查找股票和共有基金信息，只要输入一个或多个 NYSE、NASDAQ、AMEX 或共有基金的股票行情自动收录机的代码，也可以输入在股市开户的公司名字。如果 Google 识别出查询的是股票或者共有基金，它回复的链接会直接链到高质量的金融信息提供者提供的股票和共有基金信息。

(9)新闻网站群。点击“新闻群组”，即可显示世界上几乎全部著名的新闻大网站的链接，输入关键词后，Google 就会在这些大网站中搜索。

(10)独特的“年度排行榜”。Google 提供了一种特别的排行服务，对一年中的全球网民的各种搜索请求作归类整理，通过联网机器记下人们查阅的词语，这样搜索量的排行榜中，最靠前的自然是全球网民最想了解的事了。

Google 搜索引擎的不足之处有两点。一是其数据的更新速度无法进一步提高，由于数据量庞大，使 Google 搜索引擎的数据更新无法早于30 天，在一定程度上影响了用户对信息的时效需求。二是 Google 的内容大多都是英文，这对一些英文不太熟悉的人来说，使用起来非常不方便。

三、Yahoo

1. 概述

Yahoo(雅虎)是1995年由美籍华裔杨致远博士与其同事在斯坦福大学研制出来的搜索引擎,1997年Yahoo发布了中文搜索引擎,它的功能和形式与Yahoo英文保持一致,针对中文的目前状况,分别设立了简体中文(GB)和繁体中文(BIG5)两种版本,用户可利用繁体或简体中文进行检索,如果对相对内容的英文感兴趣,只要点击鼠标,就可快速换成英文。Yahoo由人工索引的分类数据库也保持了库内数据质量较高,冗余信息较少的优点,Yahoo中文搜索引擎收录了全球咨询网上数以万计的中文网址,以14个类别排列。系统反应速度快,界面友好。其网址是http://www.yahoo.com.

2. 检索方法

(1)分类目录检索。主页的顶端是一些常用的链接,例如购物、黄页、寻人、城市地图与旅行社等;主页的底部是Yahoo自己的链接,例如Yahoo在其他国家的站点;主页的中部是Yahoo的分类目录,它按内容分为14个大类,每个大类又分若干小类,每个小类有数以千计的相关网站与网页信息。可以根据要查找的内容所属的类目,选择分类目录中的某一类或者某类下的一个小类。

(2)关键词检索。直接在检索框中输入关键词,然后单击右侧的"Search"按钮或按回车键,Yahoo会找出满足检索条件的记录,并出现搜索结果返回页。

在搜索结果返回页中,包括以下5方面的信息。

①满足搜索条件的Yahoo分类目录(Categories)。

②满足搜索条件的站点链接(Web Sites)。

③含有页面索引的Yahoo分类目录(Web Pages)。

④满足搜索条件的新闻文章列表(Related News Stories)。

⑤满足搜索条件的网络事件列表(Net Events)。

在搜索结果返回页底部给出了其他搜索引擎的链接点,当用户对Yahoo的搜索结果不满意时,可以启动其他搜索引擎搜索同一个关键词。在搜索结果返回页的底部,还有一个文本输入框,通过它可以进行其他搜索工作。

Yahoo的搜索引擎还支持""、*、+、-、t:、u:一些特定的操作符,用于对查找的内容进行限定。

(3)高级检索。在Yahoo主页中,点击"Search"按钮右侧的"Advanced Search"链接,进入"Search Options"页面,在该页面中,用户可以对搜索方式和范围加以限制。可以选择4种搜索方式。

①智能搜索(Intelligent Default)。将输入的检索词作为一个子串,搜索结果中必须包含该子串。

②准确短语匹配(An Exact Phrase Match)。将输入的检索词作为一个完整的词组,搜索结果中必须包含准确短语。

③完全匹配(Match On All Word)。如果输入的检索词由几个单词组成,则搜索结果必须包

含输入的所有单词。相当单词间的“与”关系。

④任意匹配(Match On Any Word)。如果输入的检索词由几个单词组成,则搜索结果只需包含其中某个单词。相当单词间的“或”关系。

用 Yahoo 搜索引擎可以选择 Yahoo 目录(Yahoo Categories)和 Web 站点(Web Sites)两种搜索范围。在 Web 站点页面中,可以指定搜索的时间范围,最长为 3 年,最短为 1 小时。此外,还可以指定每页显示的结果数目,系统默认值为 20 项。

其不足之处是采集信息的速度远远比不上网络资源的增长。因此,检索的数量有限,对于专业性较强的查询很难提供满意的结果。

四、Altavista

1. 概述

Altavista 是历史最久的搜索引擎之一,1995 年由著名计算机 Digital 公司正式推出,1998 年被 Compaq 收购,为了将其发展成为提供 Internet 信息和电子商务服务的主要网站,又从 Compaq 中独立出来,成为自主运营的子公司。新近开发的 3.0 新版为电子商务站点、信息门户和 B2B 市场等增添了很多额外的搜索功能。数据库中包括 2.5 亿个网页,在搜索引擎库容量排行榜上列居第三,仅次于 Inktomi 和 FAST。Altavista 的搜索范围非常大,就连一些鲜为人知的偏僻站点也能找到,因此它的搜索结果十分丰富。所以,使用 Altavista 时,用户需要花更多的时间在搜索结果中寻找自己想要的信息。其网址是 http://www.altavista.com。

2. 检索方法

Altavista 提供分类目录检索和关键词检索。关键词检索模式又分为简单检索与高级检索两种方式。

(1) 分类目录检索。可以根据要查找内容在分类目录中选择相应的类目,点击后出现该类目所包含的子类,这样只要逐级点击相应的类目便可检索到所需的信息。

(2)简单检索。使用简单检索方式,只需直接在检索文本框中键入检索词,检索词可以是单词、词组或短语,然后点击“Search”按钮或按回车键,Altavista 就会在数据库中找出满足检索条件的记录,显示在检索结果返回页。在检索结果返回页中,列出了所有符合检索条件的主页,如果主页数量很多,可能会分为几个页面显示。在检索文本框下面,给出了一些与检索词相关的链接,用户还可以通过这些链接从不同方面进行搜索。

如果需要对检索的内容加以限制,可以在进行检索输入时采用以下方法。

①如果用户先在“语言”下拉菜单中选择某种语言,然后输入检索词进行搜索,则在搜索结果中只有用该语言编写的站点。检索提问语言有 25 种自然语言。

②如果输入的检索词全是小写字母,则 Altavista 会对大写和小写字母都进行搜索;如果检索词中包含大写字母,则只对大写字母进行搜索。

③支持“+”、“-”、“*”操作符。

④如果要对搜索结果进一步细化,可以单击“Refine Your Search”链接,显示各类信息在搜索结果中所占的比例。用户可以在每类信息前选择“Require”或“Exclude”,要求在细化过程中

保留或排除这类信息。还可以使用“Refine Again”按钮再次进行细化。

(3)高级检索。要使用高级检索方式,可以单击 Altavista 主页中的“Advanced”链接,会进入高级检索页面。该页面提供有搜索时间和检索结果排序等选择项。

Altavista 高级检索支持布尔逻辑运算符 &、| 、!、~,并允许构建更为复杂的检索表达式。

(4)特殊检索。Altavista 不仅支持文本信息的检索,还支持 Domain 、Host、Image、Link、Text、Title、Url 操作符。

其不足之处是只进行全文索引,对内容不进行选择,因而“信噪比”较大,但对于进行精细检索和查找内容较专的特定词以及比较偏僻的信息会得到比较满意的结果。

五、Excite

1. 概述

Excite 是 Internet 上的一个经典的搜索引擎,它收集了 5000 万个网页信息,其网页索引是一个全文数据库。最大的特点是提供概念检索,即搜索引擎不仅查找包含关键词的主页,还查找包含与关键词有关的概念的主页。其网址是 http://www.excite.com。

2. 检索方法

Excite 的检索方法包括分类目录检索与关键词检索。

(1)分类目录检索。主页中部列出了分类目录。用户可以根据查找内容的类别在分类目录中选择相应的类目,系统会显示该类目中包含的所有子类。经过多次选择后,就可以访问到包含查找内容的站点。

(2)关键词检索。可以在检索文本框中键入关键词,然后点击“Search”按钮,Excite 在数据库中查找与关键词相匹配的记录,然后进入搜索结果显示页。在搜索结果显示页中,列出了所有符合检索条件的记录。

Excite 支持“+”、“-”,也可使用布尔逻辑运算符 AND、OR、NOT 以及括号构成复杂的检索表达式。为了从众多的搜索结果中找到自己所需要的信息,还可以对搜索结果进行细化和设定搜索范围等,但不能进行日期限制和字段限制。

其不足之处:一是搜索出来的结果不能指明其格式或以兆字节数来告知文件的大小,二是相关性排序质量一般。

六、Lycos

1. 概述

Lycos 创立于 1995 年,是 Internet 上资格最老的搜索引擎之一。它的特点是功能强大,搜索范围广。Lycos 几乎覆盖了 Internet 上 90% 的主页,可以进行包括 WWW、FTP 与 Gopher 等多种服务的搜索。由于 Lycos 的学术背景,它可以搜索到其他搜索引擎找不到的偏僻站点,比如一些面向教育或非赢利组织的站点。1999 年 11 月,Lycos 与新加坡电信合资建立“Lycos Asia,”为新加坡、中国(以及香港、台湾地区)、印度和东南亚等 9 个国家与地区提供区域性搜索服务。

2. 检索方法

(1)分类目录检索。Lycos 的分类目录位于其主页中部。用户根据所要查找的内容所属类别在分类目录中选择对应类目,点击后,Lycos 会显示该类目中所包含的所有子类,依次选择下去,直至访问到包含查找内容的站点出现。

(2)TOP 50 Websites 主题目录。这是一种很有特色的服务,它是 Internet 中最早而且最优秀的主题目录。TOP 50 Websites 主题目录中所列的站点是由专家精心挑选的各类优秀站点,它是浏览和查询专业站点的最佳途径。在 Lycos 的"分类目录"检索页面中,可以看到"Lycos Top 50"链接,点击该链接就可以进入。如果在该页面中选择 Education 连接,就会进入显示教育方面的优秀站点的页面。

(3)关键词检索。在 Lycos 主页上部的"Search for"检索文本框中键入关键词,然后点击该框右侧的"Go Get It!"按钮。Lycos 在其数据库中查找与输入关键词匹配的记录,然后进入检索结果显示页。在检索结果显示页中,分别显示四类结果信息。

①满足检索条件的分类目录(Categories)。

②满足检索条件的站点链接(Web Sites)。

③满足检索条件的新闻与媒体(News & Media)。

④满足检索条件的 Web 页面(Web Pages)。

Lycos 支持""、+、-、AND、OR、NOT、BEFORE、NEAR/n、ADJ/n、FAR/n、S 等操作符。

(4)高级检索。单击主页中检索输入框下方的"Advanced Search"链接,进入"高级检索"页面,通过 Lycos 提供的各种选择项来优化检索结果。

①选择搜索方式:有 8 种可供选择的搜索方式,默认为"Any of the words",通过它用户可以使用特定的高级搜索选项。

②选择搜索范围:有 17 种可供选择的搜索范围,默认为"Any content",通过它用户可以细化搜索结果。

③选择搜索区域:有 4 种可供选择的搜索区域,默认为"Entire document",通过它用户可以对搜索区域进行细化。

④选择搜索语言:有 15 种可供选择的搜索语言,默认为"All",通过它可以搜索用特定语言编写的页面。

⑤选择结果排序方式:有 6 种可供选择的结果排序方式,可通过 High,Medi-um 和 Low 设置其重要程度。

七、Infoseek

1. 概述

Infoseek 是 1995 年 2 月由 Infoseek 公司推出,信息涵盖了因特网上的 7500 多万个网页的全文信息,它不仅提供因特网上的网站检索,而且还提供网上图像文件、音频视频文件、时事新闻、公司名录和用户新闻组等信息检索。其网址是 http://www.go.com。

2. 检索方法

(1)主题式目录检索。如果不能准确提交所要查找信息的关键词时,可以浏览主页上的主题式目录搜索信息,通过这些大类线索,层层链接找到最终所需的信息。

(2)关键词检索。主页的检索框上方有 the Web(万维网)、Images(图像)和 Audio/Video(音频/视频)三个选项,可供选择。默认项是 the Web,用户可以输入关键词进行检索。

支持词组检索、字段检索、AND、OR、NOT 算符,并且对大小写敏感,输入的关键词,若用其小写形式,表示任何形式都匹配。如输入 california 含有 california, California 和 CALIFORNIA 的网页都会出现在检索结果中;但用大写形式 California, 只能查出含有 California 的网页。

(3)高级检索(Infoseek Advanced Search)。大多数搜索引擎的高级检索是通过布尔逻辑算法等复杂检索规则来实现的,而 Infoseek 是以一目了然的填表形式提供检索途径。它位于 Infoseek 主页检索框下方的 Search Options 项,为了消除一般上网者对 Advanced(高级)单字的误解,认为"Advanced"的检索方法不易掌握,故用"Search Options"表示。用户点击"Search Option"后,系统提供若干个限定范围的表格,用户只需对表中的下拉菜单引号内容进行选择,系统即开始按用户要求搜索信息。例如在"Document"框中有 Document(文献)、Title(标题)、URL(网址)、Hyperlink(超链接)四个选项;"Must"框含 Must(必须)、Should(可以)、Should not(不能);"Phrase"框提供 Phrase(词组)、Name(人名、公司等名称)、Word(单词)。

Infoseek 在全文检索时可直接使用简繁中文,但收录内容不够丰富。

八、几种常用的搜索引擎比较

几种搜索引擎的收录范围、检索功能、检索技术的比较分别见表 4-2~表 4-4。

表 4-2 收录范围的比较

搜索引擎	网站地点	地域范围	语言范围	学科范围	资源类型
Baidu	中国	华语地区和北美、欧洲	GB、Big5、部分英文	所有	www/新闻组
天网	中国	中国为主、部分国外	GB 、部分英文	所有	www/新闻组
网易	中国	全球	GB 、部分英文	所有	www/新闻组
Google	美国	全球	多语种	所有	www/新闻组/新闻、图像

表 4-3 检索功能对照表

搜索引擎	支持的布尔检索	区分大小写检索	截词检索	限制检索	短语检索	多语种检索	模糊检索	二次检索或其他检索功能
Baidu	与,或	不支持	不支持	url/link	不支持	不支持	不支持	支持主流的中文编码标准,能在不同编码之间转换。在结果中查询、相关检索、网页快照

续表

搜索引擎	支持的布尔检索	区分大小写检索	截词检索	限制检索	短语检索	多语种检索	模糊检索	二次检索或其他检索功能
天网	AND,OR	不支持	不支持	title	不支持	中英文	支持	支持,也可进行中文自动分词
网易	AND,OR,NOT	不支持	不支持	网站/网页/新闻/股票/软件	“”	中英文	支持	+,-,相关网页,可储存网页的快照
Google	AND,OR,NOT	不支持	不支持	Title/Link/域名、图像文件类型选择、颜色选择/日期/语种/站点类型等	“”	支持	不支持	+,-,语音搜索,相关网页,可储存网页的快照

表 4-4 搜索引擎检索技术的比较

搜索引擎	布尔逻辑运算	邻近位置	截词检索	字段限制检索	精确检索	模糊检索
AltaVista	支持	支持	支持	支持	支持	支持
Infoseek	不支持	不支持	支持	支持	支持	支持
Excite	支持	不支持	不支持	支持	支持	支持
HotBot	部分支持	不支持	支持	支持	支持	支持
Lycos	部分支持	不支持	支持	支持	支持	支持
WedCrawler	支持	支持	支持	支持	支持	支持
Google	支持	不支持	不支持	支持	支持	不支持
Yahoo!	部分支持	不支持	支持	支持	支持	不支持
Baidu	支持	不支持	支持	支持	支持	不支持
搜狐	支持	不支持	支持	支持	支持	不支持
天网	支持	不支持	不支持	支持	支持	不支持
新浪	支持	不支持	不支持	支持	支持	支持
网易	支持	不支持	不支持	不支持	支持	不支持

第四节 重要搜索引擎分类

一、新闻搜索引擎

Google 新闻资讯中国版 http://news. google. cn/:从全球 1 000 多个英语资讯来源中收集资讯报道,然后进行自动排列,相关性最强的资讯呈现在首位。资讯主题每 15 分钟更新一次。

百度新闻资讯搜索 http://news. baidu. com/:实地反映每时每刻的新闻热点,突出新闻的客观性和完整性。

雅虎新闻资讯搜索 http://cn. news. yahoo. com/。

新华网搜索 http://search. xinhuanet. com/search/index. html。

中央电视台新闻中心 http://www. cctv. com/news/。

新华网新华社官方新闻中心 http://www. xinhuanet. com/。

人民日报人民网新闻 http://www. peopledaily. com. cn/。

中国新闻网中新社 http://www. chinanews. com. cn/。

新浪网新闻中心 http://news. sina. com. cn/。

搜狐新闻中心 http://news. sohu. com/。

二、音乐 MP3 搜索引擎

百度 MP3 搜索 http://mp3. baidu. com/:在天天更新的 8 亿中文网页中提取 MP3 链接从而建立的庞大 MP3 歌曲链接库。

雅虎 MP3 搜索 http://music. yahoo. com. cn/: 是雅虎的音乐搜索频道,具有海量的歌曲索引数据库。

搜狗音乐搜索 http://d. sogou. com/。

三、中文学术搜索引擎

Google 学术搜索 http://scholar. google. com :2006 年 1 月 11 日,Google 公司宣布将 Google 学术搜索(Google Scholar)扩展至中文学术文献领域。Google 学术搜索是一项免费服务,可以帮助快速寻找学术资料,如专家评审文献、论文、书籍、预印本、摘要以及技术报告。作为此次扩展的一部分,Google 学术搜索在索引中涵盖了来自多方面的信息,信息来源包括万方数据资源系统,维普资讯,主要大学发表的学术期刊、公开的学术期刊、中国大学的论文以及网上可以搜索到的各类文章。Google Scholar 同时提供了中文版界面,供中国用户更方便地搜索全球的学术科研信息。

百度国学搜索 http://guoxue. baidu. com/ :是百度与国学公司合作推出的针对中国传统文化方面的专业搜索,提供了大量的丰富的古典名著、历史资料、人名书名等,为传播中华古代文明和国学研究提供使用的便利。目前已经有 10 多万网页,1. 4 亿字。收录大部分上起先秦、下至清末两千多年的以汉字为载体的历代典籍。

国学宝典普及版 http://so. guoxue. com/ :中华传统文化检索引擎。

四、中文地图搜索

Google 地图搜索 http://ditu. google. cn/。

搜狗地图 http://maps. sogou. com/ :含有 300 多万条地图数据,覆盖全国 200 多个大、中城市及热点旅游城市,数据包括高速公路、国道等 5 级路网,查询时可以精准到乡镇甚至街道,同时还能提供城市与城市间的行车路线服务。

百度地图 http://map. baidu. com/ ：是百度联合国内知名的电子地图服务提供商 MAPBAR. COM 推出的本地化地图搜索服务。通过百度地图搜索,可以找到指定的城市、城区、街道、建筑物等所在的地理位置,还可以提供路线查询功能。

爱问本地搜索 http://bendi. iask. com/ :能查找所在城市(或某个位置附近)的餐馆、超市、商业公司等当地资料,包括联系方式、简介、地图等信息,并提供目的地的智能公交换乘或驾车路线规划。

我要地图网 http://www. 51ditu. com/ :提供本地信息搜索,位置搜索,地图搜索,驾驶导航,电子地图,地图黄页等查询服务,地图服务覆盖全国所有大中城市。具有线上高速浏览、高速查询、海量数据、路线精确等显著特点,是大众出行,生活信息搜索,企业地址查询的最佳工具。

微软虚拟地球 Live 地图搜索 http://local. live. com 。

五、图片搜索引擎

百度图片搜索 http://image. baidu. com/ :是世界上最大的中文图片搜索引擎,从中文新闻网页中实时提取新闻图片,它具有新闻性、实时性、更新快等特点。

Google 图片搜索 http://images. google. cn :图像搜索是其四大功能模块之一。可以搜索超过 3.9 亿个图像。搜索结果提供了一个很直观的缩略图版以及对这个缩略图片的简单描述,比如图像文件的大小、名称等。

雅虎图片搜索 http://image. yahoo. com. cn/ ：搜索超过 16 亿全球图片。

中搜图片搜索 http://img. zhongsou. com/ :从 2 亿中文网页中提取各类图片,建立了完善的中文图片库。

六、社区论坛搜索引擎

奇虎·论坛社区搜索 http://search. qihoo. com/:目前最好的论坛搜索引擎。收录论坛数量多,索引范围广。

大旗网 chinabbs. com 论坛搜索 http://search. daqi. com :全球中文论坛网提供的找帖子功能。能够按照标题和作者来查询帖子。非全文索引。

Teein 中文论坛搜索引擎 http://www. teein. com/ :有高级搜索选项,功能强大。页面布局合理,有不少贴心的小功能。

中搜论坛 http://bbs. zhongsou. com/。

七、中文博客搜索引擎

Google 博客搜索 http://blogsearch. google. com/。

百度博客搜索(测试版)http://blogsearch. baidu. com/。

奇酷博客搜索 http://blog. qikoo. com。

Souyo 博客搜索 http://www. souyo. com。

有道博客搜索 http://blog. yodao. com/。

博搜博客搜索 http://www. booso. com/。

八、软件搜索引擎

海量软件搜索引擎 http://www. digdig. com. cn/:由海量科技研发的软件搜索引擎,该搜索引擎集中了互联网上的大多数软件下载资源,完整、系统地向用户提供常用软件的档案,包括它们的下载服务。

搜狗软件搜索 http://soft. sogou. com/。

华军软件搜索 http://search. onlinedown. net/searchfull. asp。

天空软件搜索 http://www. skycn. com/h_search. php? sor = 00。

太平洋软件搜索 http://dlc. pconline. com. cn/search. jsp。

驱动搜索引擎 http://www. mydrivers. com/powersearch. htm。

九、搜人网、人物搜索引擎

chianren 中国人同学录搜索 http://alumni. chinaren. com/。

5460 中国同学录搜索 http://search. 5460. net/。

百度空间搜人找人 http://hi. baidu. com/sys/uquery。

Ucloo 搜人 http://www. ucloo. com/。

搜人网 http://www. sooren. cn/。

十、工作搜索、职位搜索引擎

搜职网 http://www. globehr. com:帮助求职者搜索、浏览发布在国内各大人才网站上的最新招聘信息。

奇酷招聘搜索 http://zhaopin. qikoo. com:奇虎旗下的招聘求职搜索引擎。

深度工作搜索引擎 http://www. deepdo. com/:工作搜索引擎。

51job 前程无忧职位搜索引擎 http://www. 51job. com/default_search. php。

职友集 http://www. jobui. com/:搜索各大个人才网站的工作信息。

01hr 工作职通车垂直搜索 http://www. 01hr. com。

热职职位搜索引擎 http://www. rezhi. com:提供全国范围内的职位信息搜索。

十一、本地搜索、本地公司搜索、公交换乘查询

Google 本地搜索 http://bendi. google. com/:本地搜索现在包括 77 个城市的地图信息和多于 100 个城市的黄页信息。

新浪爱问本地搜索 http://local. iask. com/:查找所在城市(或某个位置附近)的餐馆、超市、商业公司等当地资料,包括联系方式、简介、地图等信息,并为您提供目的地的智能公交换乘或驾车路线规划。

新浪本地搜索使用指南 http://www. mapabc. com:研发了“Mapabc 地理信息系统软件”,有效地解决了在单一平台下为互联网和移动终端提供地图应用的难题。

搜狗地图 http://maps. sogou. com/ :查找所在城市中某个位置附近的设施和场所,并结合电子地图系统,提供乘车路线、距离计算等多种功能。

百度地图 http://map. baidu. com/。

☞ 思考题

1. 有人要去 ATLANTA,GEORGIA 做公务旅行,要求提供餐馆指南,请上网查询相关情况。

2. 查一个机构“Star Trek Forum”的官方名称和 official homepage。

3. 找供应宠物食品的公司的网站。

4. 音乐迷想了解滚石乐队(Rolling Stones)本年度或下年度巡回演出的地点和购票网站。

5. 找到宾夕法尼亚大学癌症治疗中心的关于乳腺癌的治疗的网站。

6. 在网上找到 Felten & Wallach 关于 Java Script 的安全性文章。

7. 关于各种媒体的稳定性(Media Stability)的论述,有一个机构 National Media Laboratory 专门针对此问题设立了网站,请查找该网站。

8. 找 Dialog 系统中某些数据库的概况。

☞ 参考文献

[1]樊爱国,薛德钧. 现代信息检索[M]. 北京:北京大学出版社,2006.

[2]彭奇志. 信息检索与利用教程[M]. 北京:中国轻工业出版社,2006.

[3]谢新洲. 网络信息检索技术与案例[M]. 北京:北京图书馆出版社,2005.

[4]孙建军,成颖,等. 信息检索技术[M]. 北京:科学出版社,2004.

[5]陈雅芝,等. 信息检索[M]. 北京:清华大学出版社,2006.

[6]黄文忠. 网络搜索引擎 GOOGLE 和 BAIDU 的比较研究[J]. 农业图书情报学刊,2006,5:65.

[7]宋雅君. 图书馆网络与搜索引擎[J]. 黑龙江水专学报,2005,3:78-81.

[8]邰峻. 网络搜索引擎的评价与选择[J]. 科学之友,2006,2:85-87.

[9]杨丽萍,马继涛,张虹霞. 网络搜索引擎分类与发展[J]. 情报学报,2006,10:421-424.

第五章 电子图书检索

电子图书(e - Book)是指所有以电子数据的形式把文字、图像、声音和动画等多种形式的信息存储在光、磁等非印刷纸质的载体中，并通过网络通信、计算机或终端等方式再现出来的一种电子信息资源,也就是能在计算机或便携式阅读器上阅读的,经过某种程序整理后组合在一起的信息。

在网络时代的今天,电子图书给传统图书带来了巨大挑战,信息的传播和记载不再局限于传统的纸张,电子化生产、流通、存储信息将成为现代图书的不可阻挡的趋势。传统图书在延续上千年后,遭遇了电子图书、在线阅读、网上书店、数字图书馆的冲击。由于多媒体技术和超文本技术广泛应用于电子信息的处理中,致使电子图书赢得了更多的读者,使电子图书具有“图、文、声并茂”的特征,同时也具有亲切的感受力、强大的检索功能、资源的共享、性能的稳定等特点。

目前,因特网上的电子图书有三种运营形式。

(1)提供收费电子版图书的数字图书馆,如超星数字图书馆、书生之家数字图书馆和北大方正数字图书馆等,它们一般依托丰富的馆藏资源而建立数字化的图书检索和阅览系统,必须依靠相应的浏览器才能阅读或下载,提供的图书学科门类齐全,数量庞大。一般个人可以通过买读书卡阅读,机构可以购买其整个图书数据库。

(2)网上书店形式,如亚马逊网上书店(http://www. amazon. com)、当当网上书店(http://www. dangdang. com)和中国图书网(http://www. bookschina. com)等,这类网上书店的付费方式比较灵活,购得的图书可以是电子版的,也可以是印刷版的,是电子商务的模式。

(3)免费电子图书形式,如黄金书屋(http://www. jdslsn. com/dlwz/Index2. asp)、时代书城(http://www. mypcera. com/book)、亦凡公益图书馆(http://www. shuku. net)、综合网站的读书专栏如新浪网的读书频道等,这类免费图书的网站提供的图书主要以文学类图书为主。

第一节 超星数字图书馆

一、资源介绍

超星数字图书馆(http://www. ssreader. com)是由北京超星公司与广东中山图书馆合作制作。超星数字图书馆自 2000 年 1 月正式开通,同年 6 月入选国家 863 计划中国数字图书馆示范工程,2001 年 11 月荣获“中国优秀文化网站”称号。

超星数字图书馆为目前全球最大的中文在线数字图书馆,数字资源已经积累了 100 多万种图书,包括中图图全部22个大类,全文总量4亿余页,数据总量30 000GB,并且拥有新书精品库、独家专业图书资源等,数量最多、种类配比合理、更新迅速及时。超星数字图书馆已经成为一个由各大图书馆、档案馆和出版社支持的庞大数字图书展示推广平台,极大地推动了中国数字图书馆事业的发展。超星图书馆的首页如图5-1所示。

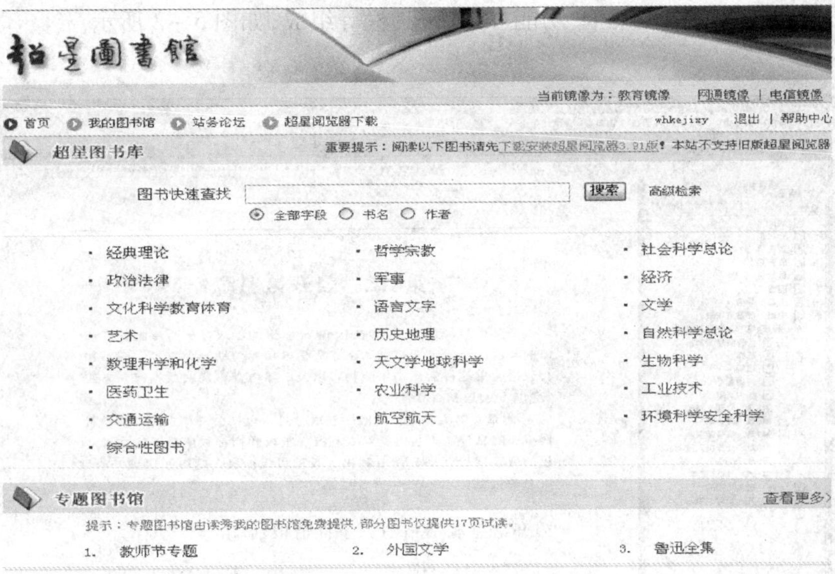

图5-1 超星数字图书馆首页

二、超星阅览器

超星阅览器(SSReader)是超星公司拥有自主知识产权的图书阅览器,是专门针对数字图书的阅览、下载、打印、版权保护和下载计费而研究开发的。经过多年不断改进,SSReader现已发展到3.8版本,下载量已经突破1 500万次,是国内外用户数量最多的专用图书阅览器之一。

超星数字图书馆的用户在下载、安装超星阅览器后,方可浏览超星数字图书馆中的全文资源。通过超星阅览器,用户还可进行在线注册、登陆、读书卡充值、软件版本升级等操作。

1. 超星阅览器的下载及安装

超星阅览器提供了标准版和增强版两个安装版本,标准版提供了书籍阅读的基本功能,增强版提供了OCR文字识别和个人扫描等完整功能。已经安装了标准版本的用户可以通过运行智能升级程序来增加文字识别和个人扫描功能。

(1)下载。点击下载地址,在弹出的文件下载窗口中选择"将该程序保存到磁盘",然后点击确定。

(2)安装。超星阅览器安装程序下载完毕后,双击安装程序将进入自动安装向导,向导会引导用户完成超星阅览器的安装。

2. 新用户注册

在使用超星资料之前新用户必须经过主页或在超星阅览器的“注册”菜单中，选择“新用户注册”申请注册，获得注册后的会员名和密码，一个会员名只属于一个读者，同一时间只能在一台机器上使用，并且一周内不能在超过7台不同的机器上注册。

3. 超星阅览器的界面

超星阅览器的界面由主菜单、功能耳朵、工具栏等组成，如图5－2所示。

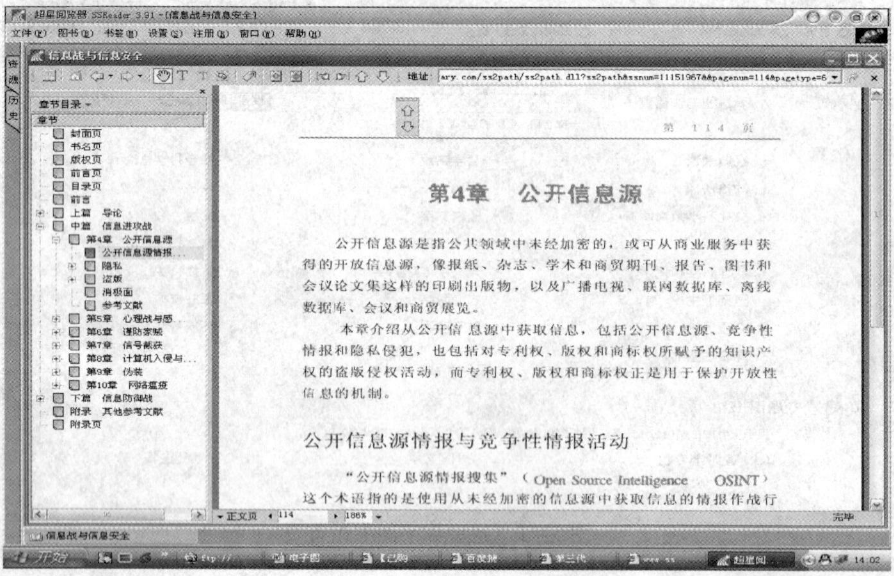

图5－2 超星阅览器的界面

(1)主菜单。主菜单位于阅览器的上方，提供超星阅览器的所有功能，包括文件、资源、书签、设置、注册、窗口和帮助等。

①资源：该项因浏览内容不同而异，当浏览图书时，该项为“图书”；当浏览网络资源时，该项为“网页”；当进行采集时，该项为“采集”。

②注册：提供给用户注册使用。

③设置：给用户提供相关功能的设置选项。

④窗口：提供书籍下载监视、资源列表以及阅读文档的显示方式转换。

(2)功能耳朵。功能耳朵位于超星阅览器的左侧，包括资源管理和历史显示两大功能。

①资源管理：提供给用户管理数字图书资源。用户可以看到我的图书馆、光盘、数字图书馆、互联网资源、出版社数字图书馆专卖店、上传资源站点。用户还可以点击鼠标右键刷新数字图书馆、互联网资源、出版社数字图书馆专卖店、上传资源站点等远程资源；并可对远程资源进行复制、粘贴和传递到“我的图书馆”。

②历史显示：显示用户通过阅览器访问资源的历史记录。历史记录可按照周和天显示，或按照资源显示。

(3)工具栏。工具栏位于主菜单的下方,提供了常用命令的快捷功能按钮。

三、检索方法和检索技术

1. 快速检索

(1)检索特点。快速检索支持一个检索条件的检索。利用快速检索能够实现图书的书名、作者或全部字段的单项模糊查询。对于一些目的范围较大的查询,建议使用该检索方案。在超星图书馆的首页上可以直接进行快速检索。

(2)检索步骤。

①分析课题,找出课题给出的检索条件。

②选择检索字段,输入检索词。

③执行检索。

④选择需要的图书进行阅读。

⑤如果检索结果过多,可以"在结果中搜索"。

2. 分类检索

(1)检索特点。超星图书馆对所收录的图书全部进行了分类,提供从学科专业角度浏览和选择图书的途径,还可以在这个图书分类的范围内进行快速检索。超星图书馆在首页上通过分类导航提供分类检索。

(2)检索步骤。

①分析课题,对照超星图书馆的分类表,确定所要查阅的图书所属类别。

②点击所需检索的类目,得到该类所有图书的目录。

③选择所需图书,点击该图书下方的阅读按钮进入阅读状态。

④如果该类目下图书数量过多不便选择,可以"在结果中搜索"。

3. 高级检索

(1)检索特点。利用高级检索可以实现图书的多条件查询。在高级检索界面(图5-3)下,系统提供了书名、作者、主题词和年代等检索字段。

(2)检索步骤。

①分析课题,找出课题给出的检索条件。

②选择检索字段,输入对应的检索词。

③执行检索。

④选择需要的图书进行阅读。

⑤如果检索结果过多,可以"在结果中搜索"。

4. 检索技术

超星图书馆支持使用通配符:用?,表示任意的一个字符串的截词检索;用%,表示一个或多个任意的字符串的截词检索。

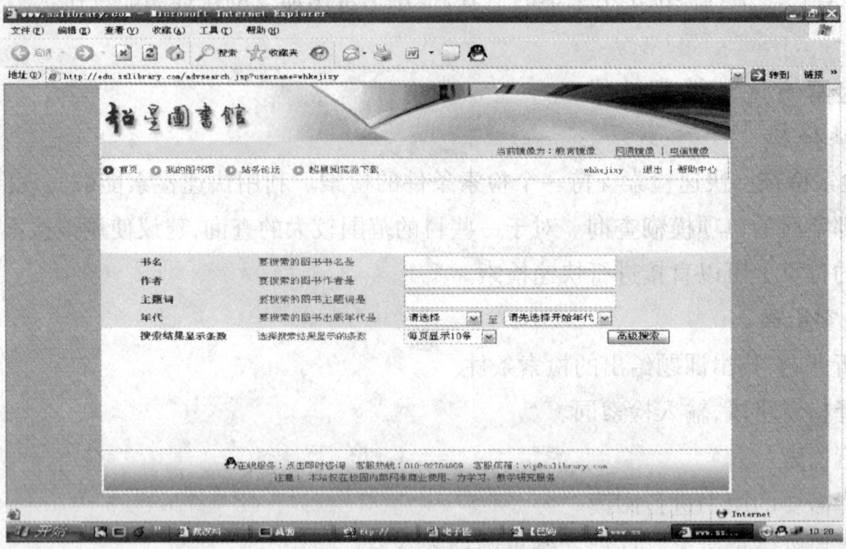

图 5－3　超星数字图书馆高级检索界面

四、检索结果处理

1. 结果显示

检索结果以列表的形式显示，如图 5－4 所示。在检索结果列表中除提供了命中图书的书目信息外，还提供了该书的部分目录。

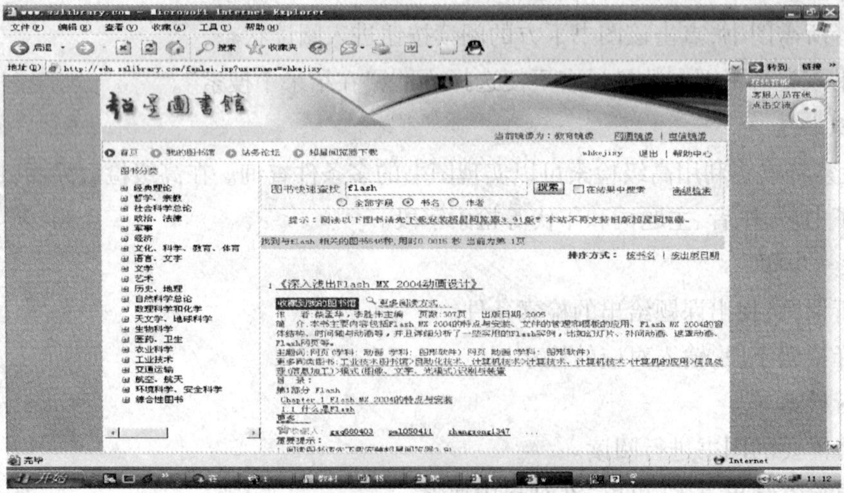

图 5－4　超星数字图书馆检索结果显示界面

2. 二次检索

二次检索是在前一次检索的结果中，针对给出的新的检索条件进行的检索，即“在结果中搜索”。旨在缩小检索范围，提高检索的准确度。如果第一次检索的结果过多，可进行二次检索。

3. 图书阅读

利用超星阅览器可以阅读超星数字图书馆里的图书全文,通过阅览器的菜单栏、快捷按钮还可以对电子图书进行标注、文字识别、放大比例、书签等操作。

(1)文字识别。阅读超星 PDG 图像格式的图书时,可以使用文字识别功能将 PDG 转换为 TXT 格式的文本保存。在阅读书籍页面点击鼠标右键选择"文字识别",然后按住鼠标左键任意拖动为一个矩形框,其中的文字全部被识别,识别结果在弹出的一个面板中显示,识别结果可以直接进行编辑、导入采集窗口或者保存为 TXT 文本文件。

(2)剪贴图像。利用"剪贴图像"可以对所需图像另行保存。点击鼠标右键选择"剪贴图像",然后按住鼠标左键拖动为一个矩形框,将所要剪贴的图像全部包围进矩形框中,松开鼠标阅览器弹出提示框,就可以直接将剪切的图像保存为 BMP 格式的图片。同时,剪切的图像被放入了系统的剪贴板中,也可以粘贴到图像处理软件或 Word 文档中保存。

(3)标注。在阅读书籍时对需要重点标示的内容做标记。标注形式有批注、铅笔、直线、圈、高亮和链接等。

(4)书签。书签内容包括网页链接和书籍链接。利用"添加书签"可以将当前页面信息添加到书签管理器中,并可以在将来调用。在书签管理器中,还可以对书签进行修改和删除等操作。

(5)发表。发表自己的文章,与其他会员分享。在"采集"菜单中选择"发表当前页到读书社区"可以将自己的文章发表到超星网上读书社区的"读书笔记"栏目中。

4. 图书下载及打印

(1)下载图书。阅读时在图书阅读页面上点击鼠标右键选择"下载"菜单,下载这本书。

(2)打印。在线阅读的图书或已下载到本地的图书均可打印到纸张进行保存。

五、检索实例

1. 课题一

查询有关 Web 方面的图书。

(1)分析课题。课题给出的检索条件只有一个,检索词是"Web"。

(2)选择检索方法。根据以上的分析,可以选择快速检索。

(3)选择检索字段。由于课题给出的检索条件中没有明确检索字段,所以可以选择"全部字段"或"书名"字段。以"全部字段"为例,输入检索词。

(4)执行检索。执行检索,得到相关的书目信息列表。

(5)进行二次检索。选择"书名"字段,输入"Web","在结果中检索"。得到相关图书信息。

(6)阅读图书。浏览并选择合适的图书进行阅读。

2. 课题二

查询陈国庆写的法律文书方面的图书。

(1)分析课题。该课题给出了两个检索条件,分别是作者陈国庆,书籍内容是关于法律文书方面的。

(2)选择检索方法。根据以上分析,需要进行高级检索。

(3)选择检索字段。该课题涉及两个检索字段。作者字段是课题中明确了的,还有一个字段要在书名和主题词之间任选一个(以书名字段为例)。输入对应的检索词。

(4)执行检索。执行检索,得到相关图书 2 本。

(5)阅读图书。点击书名,阅读图书。

第二节 书生之家数字图书馆

一、资源介绍

书生之家数字图书馆是 2000 年 4 月由北京书生公司与中国新闻出版界、图书情报界等共同建立的。

书生之家数字图书馆集成了图书、期刊、报纸、论文、CD 等,从载体上说囊括了印刷版、光盘版、网络版等各种载体的资源。下设中华图书网、中华期刊网、中华报纸网、中华资讯网和中华 CD 网等子网。目前拥有数字化图书 10 万多种,文献按月更新。

书生之家数字图书馆的图书采用全息数字化技术处理,保持了原出版物的全部信息和原始版面。利用它的阅读器,可以任意缩放版面显示,并可直接从版面上选取、拷贝文字和图像。书生之家数字图书馆图书检索主页如图 5-5 所示。

图 5-5 书生之家数字图书馆图书检索主页

读者可以在线阅览、选取内容编辑、打印,但不支持整本图书下载。

二、书生阅读器

书生阅读器用于阅读、打印书生电子出版物,包括电子图书、电子期刊和电子报纸等。书生电子出版物完全忠实于原始印刷版的出版物,保留原印刷版的全部信息,包括文字、图表、公式、脚注、字体字号、修饰符号和版式位置等,同时增加了各种检索信息以及导读、超文本链接等信息。书生阅读器具有显示、放大、缩小、拖动版面、提供栏目导航、顺序阅读和热区跳转等高级功能。

1. 书生阅读器的下载与安装

书生之家数字图书馆的用户必须先下载安装书生阅读器后,才能浏览和阅读书生之家的全文资源。

(1)下载。在书生之家数字图书馆图书检索的界面上,系统给出了一个操作指南,操作指南的第一条就提供了阅读器下载。

(2)安装。下载完毕后,双击安装程序将进入自动安装向导,向导会引导用户完成阅读器的安装。

2. 新用户注册

第一次使用“书生之家数字图书借阅系统”的时候,要先进行注册并提供一些个人资料后,才能以合法身份登录本系统。在本系统首页的页面左侧,点击“注册”按钮,或在“个人管理”模块首页的页面左侧导航栏上点击“注册新用户”。在“用户注册”页面,输入个人资料,点击“马上提交”按钮或“提交完整信息”按钮。验证通过后,即成功注册。

3. 书生阅读器的界面

书生阅读器的界面由菜单栏、任务条、读书界面、读书及数据状态栏组成如图 5-6 所示。

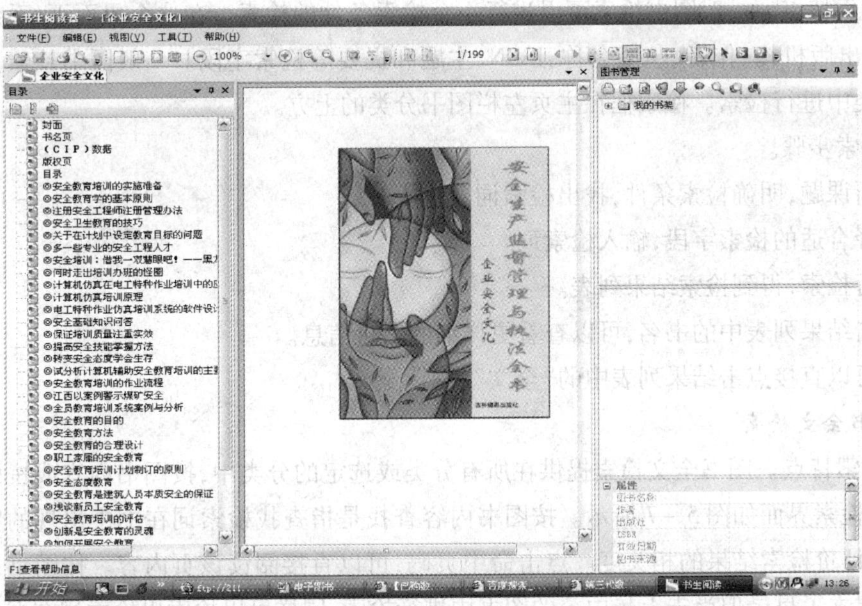

图 5-6 书生阅读器的界面

(1)菜单栏。菜单栏位于阅读器的上方,提供书生阅读器的全部功能,包括文件、查看、视图、工具、收藏和帮助等。

(2)任务条。任务条位于菜单栏的下方,提供快捷方式,直接点击就可进行某些操作,包括打开本地文档、打印、全屏显示、选中、放大、缩小、拾取文本、后退、第一页、上一页、下一页、最后一页、查找、原文大小、显示整页等功能。

(3)阅读界面。阅读界面位于阅读器的中部。左边是书籍的目录,最多可分四级。点击相应目录,则在右侧显示该目录内容的起始页。

三、检索方法

书生之家数字图书馆提供了分类检索、一般图书检索、图书全文检索、组合检索和高级全文检索等。

1. 分类检索

(1)检索特点。书生之家数字图书馆将全部电子图书按《中国图书馆分类法》分成31个大类,每一大类下又划分子类,子类下又有子类的子类,共4级类目,用户可逐级检索。图书分类表在主页左栏。

(2)检索步骤。

①分析课题,对照书生数字图书馆的图书分类表,确定类目。

②在主页左栏的图书分类中打开所需的子类。

③在图书列表中,单击"全文",即可阅读所需要的图书。

2. 一般图书检索

(1)检索特点。一般图书检索可以进行一个检索条件的检索。在这个界面下,系统提供了图书名称、出版机构、作者、丛书名称、ISBN、主题和提要等检索字段。一般图书检索只能在全部图书分类中进行检索。检索框在主页左栏图书分类的上方。

(2)检索步骤。

①分析课题,明确检索条件,找出检索词。

②选择合适的检索字段,输入检索词。

③执行检索,得到检索结果列表。

④点击结果列表中的书名,可以查看更详细的书目信息。

⑤也可以直接点击结果列表中的"全文",阅读全文。

3. 图书全文检索

(1)检索特点。图书全文检索提供在所有分类或选定的分类中,按图书内容或按图书目录的查找,其检索界面如图5-7所示。按图书内容查找是指查找检索词在书中出现的频率和页码,可用来评价检索结果的相关度。点击命中页码,可以直接阅读该页内容。按图书目录查找是在已经建立了目录但尚未上传内容的图书中进行检索,同样可以检索出检索词在书中出现的频率和页码。

(2)检索步骤。

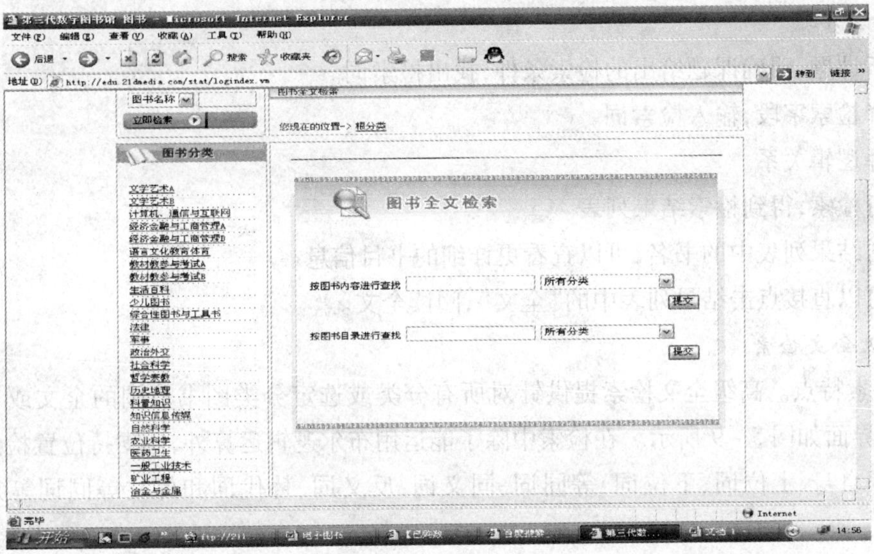

图 5－7　书生之家数字图书馆图书全文检索界面

①分析课题，找出检索词。

②根据课题的情况，输入检索词，选择按图书内容或按图书目录查找。

③执行检索，得到检索结果列表。

④在检索结果中选择命中图书或命中图书页码阅读。

4. 组合检索

(1)检索特点。组合检索通过检索表框提供检索，支持多个检索条件的检索，其检索界面如图 5－8 所示。系统在这个界面下提供的检索字段与一般图书检索界面相同。

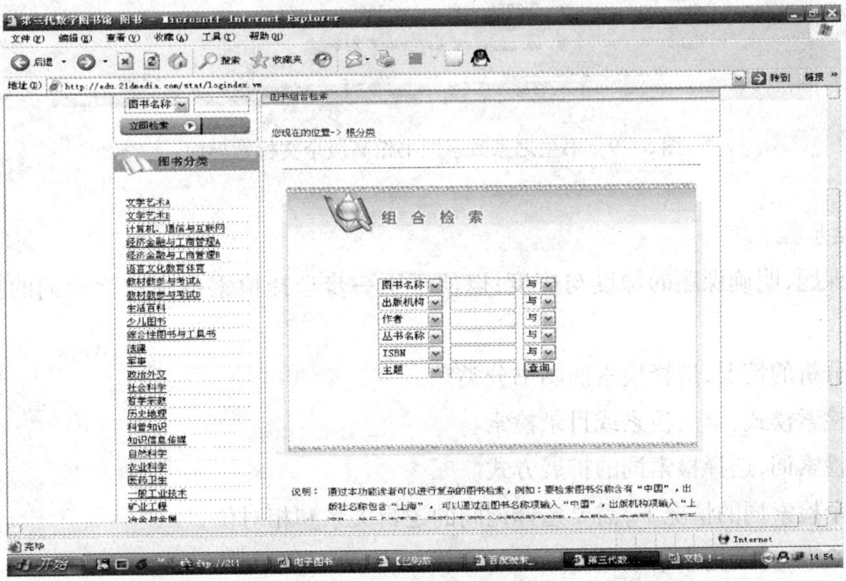

图 5－8　书生之家数字图书馆组合检索界面

(2)检索步骤。

①分析课题,明确课题给出的检索条件,找出检索词。

②选择检索字段,输入检索词。

③选择逻辑关系。

④执行检索,得到检索结果列表。

⑤点击结果列表中的书名,可以查看更详细的书目信息。

⑥也可以直接点击结果列表中的“全文”,阅读全文。

5. 高级全文检索

(1)检索特点。高级全文检索提供针对所有分类或选定分类图书范围的全文或目录的检索,其检索界面如图5-9所示。在检索中除了能运用布尔逻辑运算外,还支持位置检索。对检索词给出了自身、上位词、下位词、等同词、同义词、反义词、替代词和外文等同词等几种扩展选择。

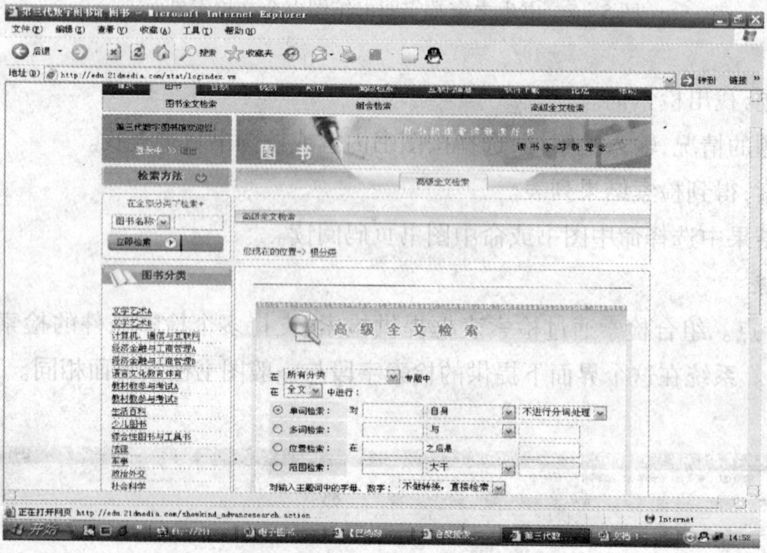

图5-9　书生之家数字图书馆高级全文检索界面

(2)检索步骤。

①分析课题,明确课题的深度与广度,以便于下一步选择检索范围和检索词的扩展功能。找出检索词。

②根据分析的情况,选择检索的图书分类。

③选择检索模式:全文检索或目录检索。

④输入检索词,选择检索词的扩展方式。

⑤有多个检索词的情况下,需要选择词间的逻辑关系和相对位置。

⑥执行检索,得到检索结果。

⑦点击结果列表中的书名,可以查看更详细的书目信息。

⑧也可以直接点击结果列表中的“全文”,阅读全文。

四、检索结果处理

1. 结果显示

检索结果列表显示出命中图书的书名、作者和出版社等信息,如图5-10所示。点击书名,即可阅读图书全文。

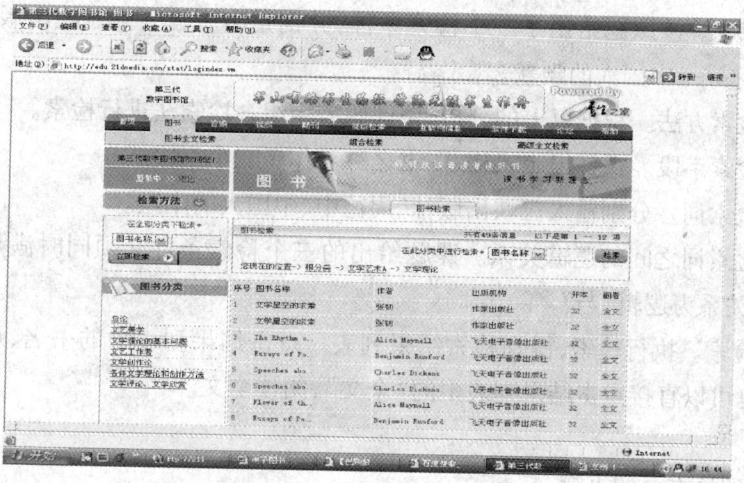

图5-10 书生之家数字图书馆检索结果显示界面

2. 图书阅读

不用人工干预即可自动找到下一屏或上一屏的版面,能够自动换栏、自动转版,提供导读标志。在左侧导航窗口中点击某一标题,右侧版面窗口将显示相应文章;在一篇文章内单击鼠标左键,即可阅读文章的下一块,重复以上操作,直到读完这篇文章的所有块后,自动转到该文章的下一篇文章。

3. 文字识别及查找功能

当用户需要对某段文字进行摘录时,在任务条中选中“OCR”按钮,对用户选中的某段文字进行识别。在“编辑”菜单下的“查找”下拉列表框内输入关键词,可对正在阅读的图书进行相关搜索。

4. 打印功能

需要打印时,选中任务栏中的打印按钮,即可打印当前页。

五、检索实例

1. 课题一

查找书名中有“电子商务”的书籍。

(1)分析课题。该课题只有一个检索条件,即书名包含电子商务。

(2)选择检索方法。针对课题的具体情况,可选择一般图书检索。

(3)选择检索字段。选择图书名称字段。

(4)输入检索词。输入“电子商务”。

(5)执行检索。执行检索,得到检索结果列表。点击结果列表中的书名,可以查看更详细的书目信息,也可以直接点击结果列表中的“全文”,阅读全文。

2. 课题二

查找由三峡出版社出版、周德中写的《中国人的幽默》。

(1)分析课题。该课题给出了三个检索条件,分别是出版社——三峡出版社、作者——周德中和图书名称——中国人的幽默。

(2)选择检索方法。根据以上的分析,该课题需用组合检索法进行检索。

(3)选择检索字段。选择出版机构、图书名称和作者三个字段。

(4)输入检索词。分别输入三峡出版社、周德中、中国人的幽默。

(5)选择检索词之间的逻辑关系。课题给出的三个检索条件必须同时满足,因此,检索条件之间的逻辑关系为逻辑“与”。

(6)执行检索。执行检索,得到检索结果列表。点击结果列表中的书名,可以查看更详细的书目信息;也可以直接点击结果列表中的“全文”,阅读全文。

3. 课题三

查找文学理论方面的书籍。

(1)分析课题。该课题只有一个检索条件,而且是个比较笼统的条件。

(2)选择检索方法。根据课题的实际情况,考虑选择分类检索法。

(3)选择图书分类。文学理论属于书生图书分类体系中的“文学艺术 A”。

(4)点击“文学艺术 A”子类目——“文学理论”,得到 39 本相关图书信息的列表。点击结果列表中的书名,可以查看更详细的书目信息;也可以直接点击结果列表中的“全文”,阅读全文。

第三节　北大方正数字图书馆

一、资源介绍

方正 Apabi 数字图书馆是由北京大学图书馆和北大方正联合推出的,其首页如图 5－11 所示。北大方正提供数字图书馆的软件支持,北京大学图书馆提供服务。

方正 Apabi 数字图书馆目前已能提供十几万种中国出版的电子新书,内容主要包括社会科学、计算机类和精品畅销书籍,学科涉及文学艺术、语言、历史、经济、法律、政治、哲学和计算机等多个类别。此外,它还可提供电子书城、出版社电子书专卖店和免费下载等服务。

下载到本地的电子书一般有效期限为 2 周,2 周后电子书自动失效,需要续借或到 Apabi 数字图书馆中重新下载。

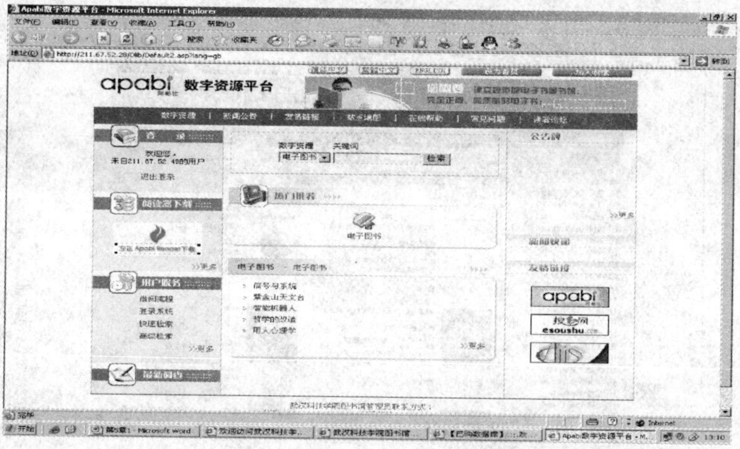

图 5－11　方正 Apabi 数字图书馆首页

二、方正 Apabi 阅读器

方正 Apabi 阅读器(简称 Apabi Reader)是用于阅读电子书(eBook)、电子公文等各式电子文档的阅读软件,支持 CEB、XEB、PDF、HTML、TXT 等多种文件格式。Apabi Reader 的界面友好,最大限度地保留了纸书阅读的习惯:任意翻页、灵活设置书签、添加标注等,还具备书架管理功能。而且常用的中英文电子词典软件,可以通过屏幕取词,对 Apabi Reader 中的词进行翻译。

1. Apabi Reader 的下载与安装

在方正 Apabi 数字图书馆主页左上角提供 Apabi Reader 的下载。安装程序下载完毕后,双击安装程序将进入自动安装向导,向导会引导完成 Apabi Reader 的安装。

2. Apabi Reader 的界面

Apabi Reader 的界面由工具条和阅读显示组成。工具条自上而下包括翻页按钮、放大缩小按钮、快照按钮、目录、书签、阅读器、菜单、藏书阁和书店等。

(1)阅读器。用于电子图书的阅读。

(2)藏书阁。对下载的图书进行管理。

(3)书店。提供电子图书的书店及出版社的链接。

三、检索方法

方正 Apabi 数字图书馆提供分类导航、简单检索和高级检索等功能。针对检索结果过多的情况,系统还提供了二次检索的功能。

1. 分类导航

(1)检索特点。方正 Apabi 数字图书馆将所有的入藏图书严格按照《中国图书馆分类法》进行了分类,并在分类导航中提供了比较详尽的类目表,检索时只需要点击选中的类目,即可得到该类的图书的书目信息和封面。方正 Apabi 数字图书馆分类检索界面如图 5－12 所示。

(2)检索步骤。

①分析课题,确定要查找的图书所属类别。

图 5-12 方正 Apabi 数字图书馆分类检索界面

②在分类导航的类目表中查找并选中该类目。

③点击该类目即可得到该类目的图书书目信息和封面。

④如果检索结果过多,可以进行二次检索。

2. 快速检索

(1)检索特点。方正 Apabi 数字图书馆提供的快速检索功能只能进行关键词的检索。快速检索在方正 Apabi 数字图书馆首页进行。

(2)检索步骤。

①分析课题,确定关键词。

②输入关键词。

③执行检索。

④如果检索结果过多,可进行二次检索。

3. 高级检索

(1)检索特点。方正 Apabi 数字图书馆的高级检索可进行多个检索条件的复合检索,在这个界面下,系统提供了 30 多个检索字段,包括书名、责任者、主题和关键词等字段。不同检索条件之间的逻辑关系,系统提供"与"和"或"两种逻辑关系的选择。方正 Apabi 数字图书馆高级检索界面如图 5-13 所示。

(2)检索步骤。

①分析课题,找出课题给出的检索条件及检索词。

②选择检索字段。

③输入对应的检索词。

④选择检索字段之间的逻辑关系。

⑤执行检索,得到命中图书的书目信息和封面。

⑥如果检索结果过多,可进行二次检索。

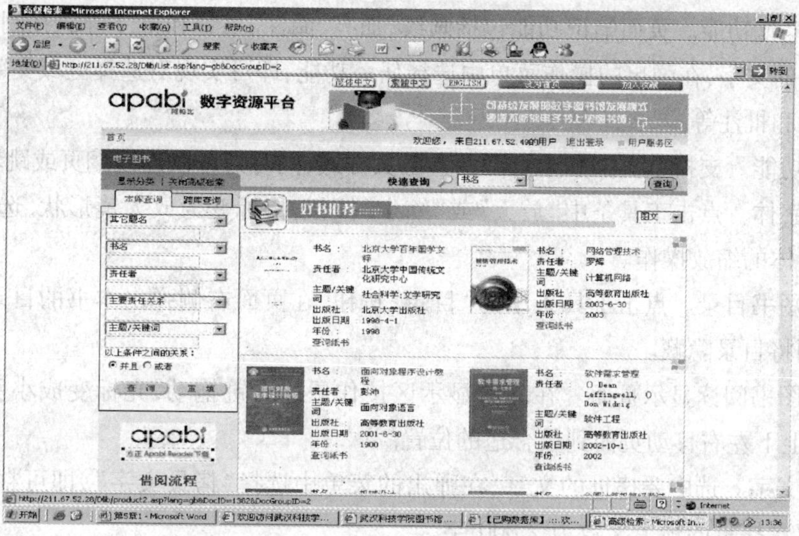

图 5－13 方正 Apabi 数字图书馆高级检索界面

四、检索结果处理

1. 结果显示

检索结果列表显示出了命中图书的详细书目信息和该书的封面信息，如图 5－14 所示。点击书名，可以阅读图书全文。

图 5－14 方正 Apabi 数字图书馆结果显示界面

2. 二次检索

如果检索结果过多，可利用“结果中查”进行二次检索，以缩小检索范围。

3. 图书阅读

在阅读时，方正 Apabi 数字图书馆提供了以下相关功能。

(1)页面笔记功能。页面笔记功能包括画线、加亮、圈注、书签和批注等。在阅读显示区选中要进行标记的文字,在弹出的操作菜单中选择任一功能,即可实现对选择区域文字的画线、加亮、圈注、书签和批注等。

(2)翻页功能。支持全页翻和半页翻两种翻页方式,同时又可以连续翻页或跳转翻页。

(3)缩放字体。点击工具条中"放大"或"缩小"按钮,鼠标变为放大镜形状,选择页面的范围即可进行字体的缩放操作。

(4)显示图书目录。点击工具条中的"目录"按钮,在页面右侧弹出本书的目录窗口,再次点击该按钮则将目录隐藏。

(5)移动图书阅读显示页面。在阅读显示区按住鼠标右键拖动,光标变成小手形状,可在一定范围内,上下左右移动页面到最合适的位置。

(6)拷贝文字。选中要拷贝的文字,在弹出的菜单中选择"拷贝文字",即可粘贴到其他文档中。一般每次拷贝的最大字数为 2 000 字。

(7)快照功能。点击工具条中的小相机按钮,光标变成十字形,用光标选择拍照范围的同时即完成拍照。拍好的快照可以用画图等工具进行编辑和存储。

(8)打印电子图书。点击"菜单→打印",在弹出的打印设置对话框中选择打印机和打印份数等,点击"确定"即完成对未加密的 CEB、PDF 格式的图书打印。

(9)个人图书馆管理。个人图书馆管理包括图书分类和排序等。藏书阁提供这项功能。

五、检索实例

课题

借阅由中国经济出版社出版、毛增余撰写的《与中国著名经济学家对话》一书。

(1)分析课题。课题给出的检索条件有三个:出版社——中国经济出版社、责任者——毛增余、书名——《与中国著名经济学家对话》。

(2)选择检索方法。根据课题的情况,选择高级检索。

(3)选择检索字段。选择出版社、责任者和书名字段。

(4)输入对应的检索词。分别输入中国经济出版社、毛增余、与中国著名经济学家对话。

(5)选择逻辑关系。课题给出的检索条件必须同时满足,所以检索条件之间的逻辑关系是"与"。

(6)执行检索。执行检索,得到命中图书的书目信息与封面。点击"资源可借"链接,完成借阅。

第四节　网上书店

一、网上书店概述

随着因特网的发展和电子商务的兴起,网上书店应运而生。在图书营销中,为人们提供广泛、方便、快捷的图书信息服务,吸引着越来越多的读者,而日益受到业界的重视。

网上书店主要是指有自己的网站,并在互联网上进行出版物购销活动或提供出版物信息及相关服务的经营单位。

与出版机构网站不同,网上书店是一个可以无限伸展的书库,可以容纳无限的图书或图样乃至于内容,检索查询不受时间空间的限制;网上书店在网上发布的图书信息并不限于一家出版社,而是提供很多出版机构信息;网上书店的图书不受上架周期的限制;从信息资源检索的角度来看,网上书店能够帮助用户检索到特定图书出版的信息,在某种程度上起到联机书目的作用;有的书店还提供书评信息以及绝版图书的信息,并提供二手书供应渠道信息,扩大了传统书目的功能。

网上书店的崛起对传统的图书流通体系产生了强烈的冲击,有效地缩短了图书流通发行环节,将广大读者、图书、出版者和发行者紧密地结合在一起,大大提高了图书流通率。20 世纪 90 年代是网上书店快速发展的时期,1997 年全世界图书销售中,每 5 本书就有 1 本是通过网上书店销售的,占全世界图书销售总量的 20% 以上。世界第一家网上书店——美国西雅图的亚马逊网上书店创立于 1995 年,目前网上提供的书目已达 110 余万种,图书品种达 310 万册。与国外网上书店相比,我国网上书店起步较晚,但发展十分迅速。1997 年 4 月杭州新华书店建立了新华书店系统的第一个网上书店。1997 年 5 月 28 日,中国现代书店(亚太网络)在美国纽约国际互联网上开通,成为第一家面向世界直销中文出版物的中国网上书店。目前,当当书店、中国寻书网、上海书城网上书店、博库和全国购书网等五家网上书店分列网上书店总体竞争力的五强。

网上书店具有图书新、品种全、数量多、书目信息丰富、检索方便的优势。经销图书品种数量之多、品种之全,令许多传统书店望尘莫及。目前从网上可以获取的中文书目数据,几乎可以包括全国所有出版社的所有出版物。

二、网上书店的类型

网上书店种类繁多,目前按照经营思路划分主要有四种分类方法。

1. 以售书营利为目的的网上书店

这种书店利用网络提供大量的书目,读者可以进行查询、选择,然后在网上直接订购,结算方式以信用卡结算为主,也可采用邮购和电汇等方式,书店确认读者已付款后,就通过自己的配送体系,把图书送到读者手中。这是最简单、最直观的网上书店经营模式,实际上它只是传统书店在互联网上的延伸。它的优点是能提供大量书目,读者选择面大,购书效率高,但是它的不足也是明显的,它必须有大量的网上购书者、先进方便的结算方式、完善的配送体系、较高的折扣率等条件支持。国内现有的网上书店绝大部分都是这种类型的。

2. 以提供信息服务为主的网上书店

这种书店以图书销售为核心,提供各种类型的信息服务。例如,开展不同类型、不同层次的图书评论;提供世界各地的出版发行动态、新闻、知识和趣闻等;介绍国内外知名作家;提供国内或国际上著名的出版社、图书馆、书店情况介绍;推荐世界畅销书;创办读者俱乐部,围绕着图书开展各类活动等。如800网上书店。

这种运营方式下，图书销售不是它的全部目标，通过信息服务把读者的注意力集中过来，以服务为纽带，把作者、出版社、书商、书店及读者紧密的联系起来。

3. 以专业性为特点的网上书店

前面所述的两种类型的书店主要是综合型的书店，它依靠书目全、服务好、信息量大取胜，一般经营者需要具备相当的实力，比如新华书店。而对于实力较弱的经营者，可采取“以专取胜”的策略。一是书籍内容专，二是销售对象专，三是书籍类型专，四是出版单位专。如中国寻书网和化工书店等。

4. 以电子版图书为主的网上书店

电子版图书按载体可以分为两大类，一种是有具体载体的，如光盘版；另一种是以网络为载体的网络版。随着网络的普及和其他信息技术的发展，图书发行电子化将是一个必然趋势，尤其是网络版的图书，由于它可以在网络方便、快速的传递，省去了图书配送这一重要而又难度很大的环节。为解决这类图书的阅读问题，国外一些公司已经研制出了电子图书阅读器，例如，SoftBook Press公司的SoftBook。但是这些阅读器都还是针对英文的，中文电子图书阅览器有超星阅览器SSReader和方正阅读器Apabi Reader等。目前，中国的第一笔电子版图书交易在网上完成，相信将来随着电子版图书发行量的增大，这种销售方式也将成为一种趋势，并有望成为销售盈利的突破口。

三、几种常用的网上书店

1. 比较著名的网上书店

(1)当当网上书店(http://www.dangdang.com)。当当公司于1997年成立。当当网上书店目前是国内最大的网上书店。当当网上书店的数据信息十分丰富，而且具有标准化规范的数据库结构，它的网络服务包括图书查询、分类浏览、当当书摘、畅销排行、新书情报、特价书、计算机、经济、文学、少儿、英语、传记、社科、科普、订单查询和购书指南等。

(2)800图书网(http://www.book800.com)。800图书网是一个集出版信息、图书展示、质量评定、网上销售和读者交流为一体的综合性图书电子商务网站，也是北京市新闻出版局批准备案的第一家网上书店。它以先进网络技术将数据库、电子商务系统以及多媒体展示结合起来，向全球中文读者展示、评介和销售国内500多家出版社出版的30余万个图书品种，是目前国内可供图书品种最多的网上书店 。它的图书按主题分12大类700多个子类提供浏览，分类详尽，提供书名、作者、出版社、ISBN、出版日期、开本、页数、版次和定价等信息，也有摘要或简介。该网上书店还提供关键词、书名、书号、作者和出版社等项目的检索。

(3)中国图书网(http://www.bookschina.com)。中国图书网是北京英典电子商务有限公司的主要网站，北京英典电子商务有限公司是由一家传统图书经营公司转型的公司，已有8年图书经营经验，在全国几十个中心城市拥有自己的配送中心。该网上书店可提供近60万种图书。除图书外，中国图书网还经营曲艺的CD和VCD，其内容全是评书、相声等中国传统文化的内容，这也成了中国图书网的特色之一。

(4)中国古典诗词(http://www. sysu. edu. cn/popms)。该网书店销售的图书种类主要有诗经、楚辞、唐诗、宋词、元曲等。

(5)亚马逊网上书店(http://www. amazon. com)。亚马逊书店是世界上最大的网上书店,经营范围已由因特网上销售图书发展成全球头号图书、影音制品、电子读物的网络零售商。

亚马逊书店网站的特色不仅仅是查询快捷、订购简便,还刊载各种媒介上的书评,书的作者把有关自己的访谈录放到网站上;网站还邀请读者撰写自己的读后感,在网站上还能找到许多书的节选及相关材料的链接,亚马逊通过这些途径分析读者的购书习惯并向他们推荐书目。在主页"Search"框输入关键词,可以获得大量书名供挑选;在"Amazon. com. 100hot Books"栏目,亚马逊根据历来的购书记录为用户筛选新推出的产品,每小时都有资料供参考。

(6)巴诺网上书店(Barnes and Noble)(http://www. bn. com)。巴诺网上书店创办于1997年,主要销售图书、音乐制品、软件、杂志、印刷品及相关产品,现为网上第二大书店,是网上图书销售增长最快的书店。与亚马逊书店不同的是巴诺网上书店同时拥有数百家连锁实体书店的支持。巴诺网上书店现可搜索上百万种新版和绝版图书,17 大类 1000 个子类的音乐制品,1 万多种装饰画、招贴画、海报类图片,几万本相册,2 万多本艺术家自传。书店还提供成千上万种图书宣传品、专家推荐资料,甚至网上读者论坛,以作图书购买参考之用。巴诺网上书店是世界上现存库量种数最大的书店。

(7)鲍德斯网上书店(http://www. borders. com)。鲍德斯于 1971 年成立于美国密歇根州,在世界上许多国家建有连锁店,是国际上著名的精品书店。1997 年推出了网络版。2001 年与亚马逊网上书店联手,开发了更为先进的鲍德斯网络版。它们的结合可以说是强强联合,通过共享数据库、零售商店等资源,使它们很容易在同类书店中脱颖而出。

2. 提供免费电子图书的网上书店

(1)北极星书库(http://www. ebook007. com)。北极星书库收录网上流传的众多电子书籍,包括中华古籍、各类文学作品、科普著作、宗教哲学历史和学术名著、经济贸易、传记和英文原著等。

(2)清韵书院(http://www. qingyun. com)。清韵书院可提供文学、艺术、饮食、科幻等类作品。

(3)亦凡公益图书馆(http://www. shuku. net)。亦凡公益图书馆前身为亦凡书库,收录大量中文图书,包括畅销图书、现当代文学作品、古典文学作品、计算机类图书和英文经典作品等。

(4)Lycos 黄金书屋(http://goldnets. myrice. com)。它由 Lycos 亚洲公司创办,包括文学艺术、电脑书籍、哲学宗教、历史作品、教育、财经、军事、科普和英文经典作品等。

(5)大唐中文(http://www. dtnets. com)。大唐中文收集网上免费链接的各类文学和社会科学书籍,包括古典文学、现代文学、儿童作品、文学理论以及政治、哲学、宗教、历史、经济、电脑和社会理论方面的作品。

3. 读书频道

除了上述的一些网上书店外,还有一些专门的读书网站和综合网站上的读书专栏如读书频道,可提供更多关于网络电子图书的各类信息与资源。

(1)新浪读书频道(http://book. sina. com. cn)。它为读者提供最及时全面的图书资讯,第一时间奉献最新图书连载,为文学爱好者搭建华文最具影响力的网络原创平台和交流社区。

(2)CSDN 读书频道(http://book. csdn. net)。它是中国最大的 IT 人专有读书平台,提供最新热点图书的连载,章节试读,提供书友会,读者可以在浏览图书的同时,以书会友建立出版圈子,实时讨论出版热点,建立 IT 图书交流社区。

(3)腾讯读书频道(http://book. qq. com)。它包括读书周刊、新书订阅、艺术欣赏、小说快递、人文历史、美容生活、明星写真、畅销文本、杂志阅读、视觉图库、两性情感、武侠玄幻和纪实传记等。

(4)搜狐读书频道(http://book. sohu. com/)。它提供历史、新闻和生活等各类电子图书。其原创子频道,为网友提供一个更方便简洁的作品发布平台。该平台主要针对长篇原创作品,有短篇作品的则可以使用该平台创作成散文集和杂文集等。

四、检索方法

网上书店(读书频道)一般都提供了分类检索、简单检索等检索功能。针对检索结果过多的情况,提供了二次检索功能。

1. 分类导航

检索的一般特点是根据网上书店对所收藏图书的分类,层层点击选中的类目,即可获得相关的书目信息。

2. 简单检索

检索的一般特点是根据网上书店提供的诸如图书名称、ISBN 号、出版机构和作者等检索字段进行单一字段的检索。

五、检索实例

1. 课题一

查找冰心的诗集《繁星》。

这本书可以在多家网上书店中查找,现以当当网上书店为例。进入当当网上书店网站(www. dangdang. com. cn/#book)。

(1)分析课题。该课题给出了两个检索条件:书名——《繁星》、作者——冰心。

(2)选择检索方法。根据当当网提供的检索方法,选择简单检索。

(3)选择检索字段。当当网上书店提供的检索字段有书名、作者、出版社和全文等字段。该课题可以选择书名或作者字段。由于冰心还有其他著作,为了检索的准确性,在这里选择书名字段进行检索。

(4)输入检索词。输入繁星。

(5)执行检索。执行检索,得到命中书籍的题录信息和封面信息。

2. 课题二

免费阅读目前的畅销图书。

提供电子图书免费阅读的途径有很多，在这里以新浪读书频道为例。进入新浪读书频道（http://book.sina.com.cn）。

（1）点击网页上方的“畅销”按钮，即可进入畅销图书的界面。

（2）显示检索结果。

（3）在检索结果中，点击每一条记录，可以得到每一图书的全记录，在每一图书的全记录中，可以发表评论、推荐给朋友、与同时访问此页面的网友聊天，可在线阅读，也可下载到自己的计算机上阅读、浏览。

第五节　CALIS 联合目录公共检索系统

一、资源介绍

CALIS，全称中国高等教育文献保障系统（China Academic Library & Information System），是由国家经费支持的中国高校图书馆联盟。CALIS 的宗旨是建设以中国高等教育数字图书馆为核心的教育文献联合保障体系，实现信息资源共建、共知、共享，以发挥最大的社会效益和经济效益，为中国的高等教育服务。CALIS 管理中心设在北京大学，下设了文理、工程、农学和医学四个全国文献信息服务中心，华东北、华东南、华中、华南、西北、西南、东北七个地区文献信息服务中心和一个东北地区国防文献信息服务中心，发展了 500 多家成员馆。

CALIS 联合目录公共检索系统（Online Public Access Catalogs System，以下简称 OPAC）（http://opac.calis.edu.cn）建设始于 1997 年。到 2004 年 10 月止，联合目录数据库已经积累了 160 余万条书目记录，馆藏信息达 600 余万条。目录数据库涵盖印刷型图书和连续出版物、电子期刊和古籍等多种文献类型；覆盖中文、西文和日文等语种；书目内容囊括了教育部颁发的关于高校学科建设的全部 71 个二级学科，226 个三级学科（占全部 249 个三级学科的 90.8%）。应用该数据库，用户可查询各高校的馆藏书目。它的主要任务是建立多语种书刊联合目录数据库和联机合作编目、资源共享系统，为全国高校的教学科研提供书刊文献资源网络公共查询，支持高校图书馆系统的联机合作编目，为成员馆之间实现馆藏资源共享、馆际互借和文献传递奠定基础。

CALIS 开发共建的数据库包括中文现刊目次库、西文期刊目次库（CCC）、联合目录（中文）库、联合目录（英文）库、联合目录（日文）库、学位论文库、会议论文库。

二、检索方法

CALIS 联合目录公共检索系统采用 Web 方式，提供查询、浏览、简单检索和高级检索等检索方法。由于该系统还提供了基于异构系统的资源跨库检索服务，用户可按学科、数据库名称和文种同时检索多个系统中的多种资源，包括数据库、电子期刊和电子图书。输入一个检索式，便可以看到多个数据库的查询结果，并可进一步得到详细记录和下载全文。与此同时，读者也可选择单个数据库，针对某种具体资源进行个性化检索。检索数据范围包括中文、西班牙语、日语和俄语所有数据。

1. 浏览

(1)检索特点。该系统提供对题名、责任者、主题和四部类目等浏览项的浏览,其浏览检索界面如图 5－15 所示。

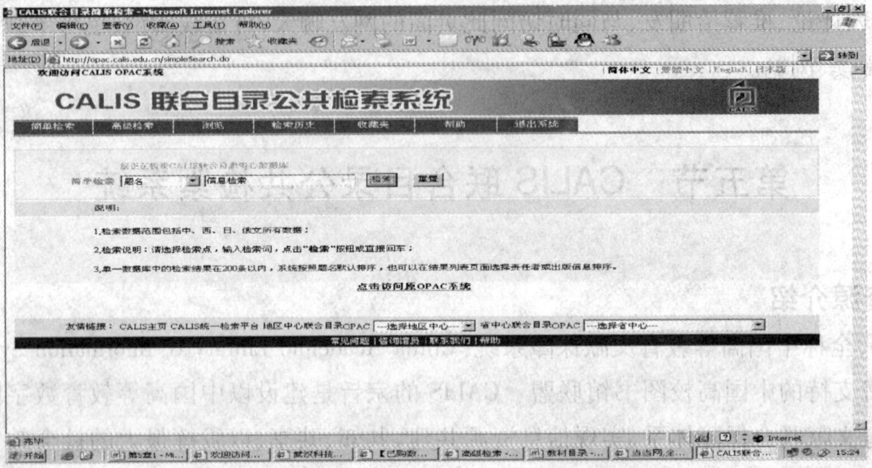

图 5－15　CALIS OPAC 的浏览检索界面

(2)检索步骤。

①分析课题,找出课题给出的检索条件。

②选择浏览项。

③输入检索词。

④执行检索,得到检索结果(检索结果自动按照检索词出现的频率排序)。

2. 简单检索

(1)检索特点。系统支持一个检索条件的检索。系统提供的检索字段有题名、作者、主题、ISSN、ISBN、分类号、记录控制号和全面检索等,其简单检索界面如图 5－16 所示。

(2)检索步骤。

①分析课题,找出课题给出的检索条件。

②选择检索字段。

③输入检索词。

④执行检索,得到检索结果。

⑤选中篇名,即可查看其书目信息和馆藏信息。

⑥如果检索结果过多,可进行二次检索。

3. 高级检索

(1)检索特点。在这个界面(图 5－17)下,系统提供了题名、作者、丛编题名、主题、订购号和 ISBN 等 17 个检索字段,可一次进行三个检索条件的复合检索,各检索条件之间的

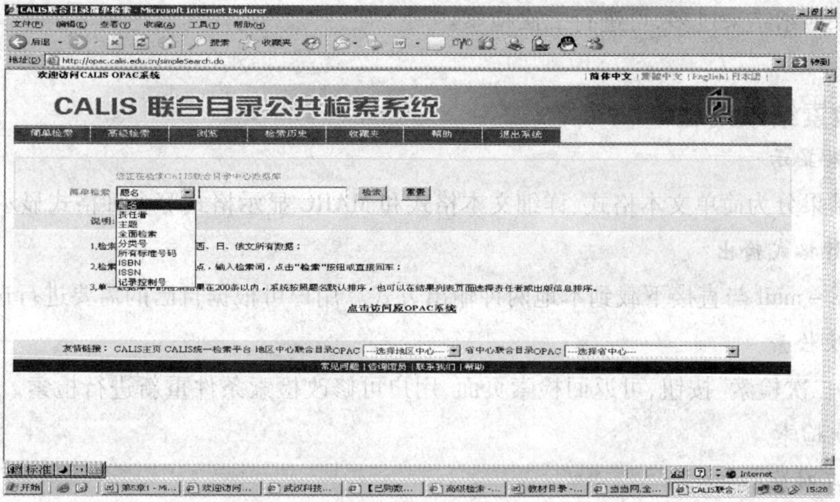

图 5－16　CALIS OPAC 的简单检索界面

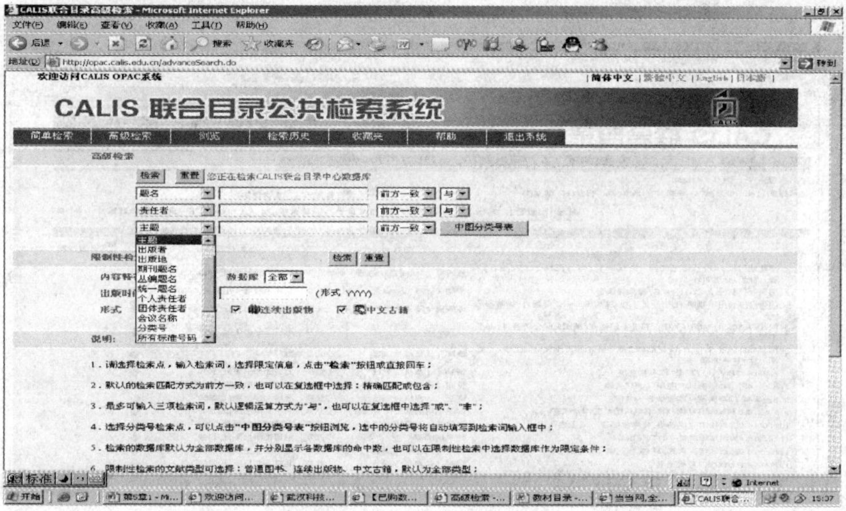

图 5－17　CALIS OPAC 的高级检索界面

组配关系包括“与”、“或”、“非”。高级检索还可从资料类型、语言和出版年方面等进行进一步限制。

(2)检索步骤。

①分析课题，找出课题给出的检索条件以及各检索条件之间的逻辑关系。

②选择检索字段。

③输入对应的检索词。

④根据课题要求进行资料类型、出版形式以及时间的限制。

⑤执行检索，得到检索结果列表。

⑥选中篇名，即可查看其书目信息和馆藏信息。

⑦如果检索结果过多,可进行二次检索。

三、检索结果处理

1. 结果显示

检索结果分为简单文本格式、详细文本格式和 MARC 显示格式等多种格式显示。

2. 多种格式输出

提供 E - mail 与直接下载到本地两种输出方式。用户可根据自己的需要进行选择。

3. 二次检索

点击“二次检索”按钮,可返回检索页面,用户可修改检索条件重新进行检索。不提供对结果集的二次检索。

4. 排序功能

检索结果分库显示,单一数据库中的检索结果少于 200 条,才提供排序,默认的排序优先顺序是题名、作者和出版社,如图 5 - 18 所示。检索结果超过 200 条则不提供排序功能。

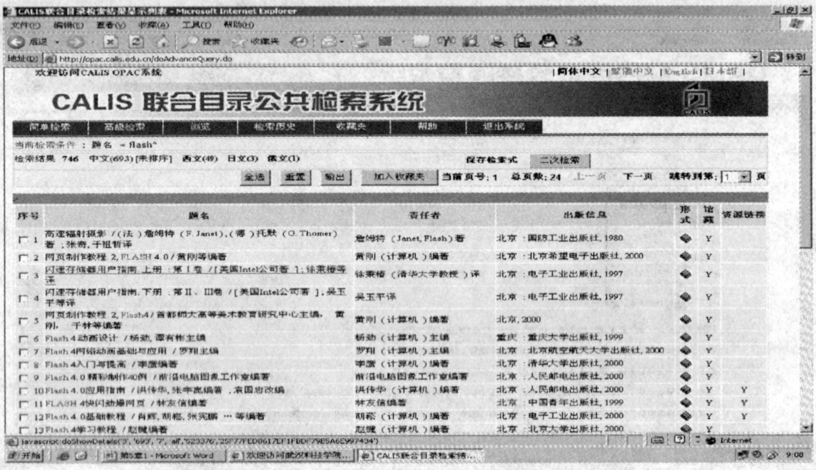

图 5 - 18　CALIS OPAC 的检索结果显示界面

四、辅助功能

1. 检索历史

保留用户发出的最后 10 个检索请求,用户关闭浏览器后,检索历史将清空。

2. 收藏夹功能

对有权限的用户提供保存用户的检索式与记录列表,目前该功能不对普通用户开放。

3. 馆际互借

OPAC 系统提供用户直接发送请求到本馆的馆际互借网关,用户无需填写书目信息。

五、检索实例

课题

查找商务印书馆出版、萨缪尔森著的《经济学》一书。

(1)分析课题。课题给出了三个检索条件,分别是出版社——商务印书馆、责任者——萨缪尔森、题名——经济学,三个条件在检索结果中必须同时满足。

(2)选择检索方法。根据课题的情况,应选择高级检索。

(3)选择检索字段。选择题名、责任者和出版者三个字段。

(4)输入检索词。分别输入对应的检索词。

(5)选择检索条件之间的逻辑关系。根据以上的课题分析情况,这三个检索条件之间的逻辑关系为逻辑"与"。

(6)执行检索。执行检索,得到检索结果列表。选中其中一条记录,可以查看其书目信息和馆藏信息。

思考题

1. 试述电子图书的特点。
2. 检索斯蒂芬·霍金的新书。
3. 检索网页制作 Dreamweaver 的图书。
4. 检索自己的专业课教学参考书。
5. 检索旅游业市场调查的书籍。
6. 试述网上书店的特点。
7. 在读书频道中查询爱尔兰作家约翰·班维尔的作品《海》。
8. 用 CALIS 联合目录公共检索系统(OPAC)查找所学的专业书的馆藏地址。
9. 在 CALIS 联合目录公共检索系统(OPAC)中查找王安忆著《窗外与窗里》(沈阳出版社,2002),列出哪些图书馆提供馆际互借服务,哪些图书馆提供文献传递服务。

参考文献

[1]张辉. 信息检索与利用[M]. 济南:山东人民出版社,2006.

[2]沈固朝. 网络信息检索:工具·方法·实践[M]. 北京:高等教育出版社,2004.

[3]张永忠. 数字图书馆操作与实务[M]. 上海:复旦大学出版社,2005.

[4]罗志尧,胡优新,张永红,等. 文献信息检索与利用[M]. 北京:科学技术文献出版社,2004.

[5]王国良,等. 信息资源检索与利用[M]. 北京:兵器工业出版社,2005.

[6]朱江岭,等. 虚拟图书馆与网上信息检索[M]. 北京:海洋出版社,2005.

[7]彭奇志. 信息检索与利用教程[M]. 北京:中国轻工业出版社,2006.

[8]http://www. ssreader. com.

[9] http://www.21dmedia.com.
[10] http://www.apabi.com.
[11] http://www.dangdang.com.
[12] http://www.book800.com.
[13] http://www.bookschina.com.
[14] http://www.xishu.com.cn.
[15] http://www.zhbook.com.
[16] http://www.sysu.edu.cn/popms.
[17] http://www.amazon.com.
[18] http://www.bn.com.
[19] http://www.borders.com.
[20] http://www.ebook007.com.
[21] http://www.qingyun.net.
[22] http://www.shuku.net.
[23] http://goldnets.myrice.com.
[24] http://www.dtnets.com.
[25] http://book.sina.com.cn.
[26] http://book.csdn.net.
[27] http://book.qq.com.
[28] http://book.sohu.com.
[29] http://opac.calis.edu.cn.

第六章　电子期刊检索

电子期刊(e－journal),指以数字(或称电子)形式出版发行的期刊。电子期刊最早产生于20世纪80年代中期,进入90年代以后发展迅速,成为电子出版物中的后起之秀。电子期刊有多种类型,按照载体形式分,有联机型、光盘型和网络型;按出版的方式分有印刷型期刊的电子版和只在互联网上发行的纯电子期刊;按表达方式分为目录型、摘要型、全文型;按内容性质分为报道型和学术研究型;按收费形式还可分为完全免费型、部分免费型和完全收费型。与传统的纸本印刷型期刊相比,电子期刊具有发行成本低、价格便宜、信息量大、检索功能强、传递速度快,信息传播及时、交互智能及界面友好等特点。由于电子期刊的诸多特点使其得到了很快的发展。据有关文献报道,在欧洲出版市场,电子出版业营业额占到整个市场的份额的5%～15%。美国10万种期刊中就有3 000种能够从电子途径获得。中国的电子期刊起步虽然较晚,但发展很快,从1994年第一种中文网络电子期刊《华夏文摘》上网至今,已有千余种网络电子期刊同步上网,并实现了规范化、数字化和市场化的运作服务。随着信息技术的发展和计算机应用的普及,电子期刊将会以其发行方式简便、超文本链信息映射、检索高效和可提供"搭载信息"等功能和优点,越来越显示出旺盛的生命力。本章主要介绍目前常用的国内外电子期刊数据库资源。

第一节　中国期刊全文数据库

一、资源介绍

中国期刊全文数据库是清华同方制作的中国知识资源总库(图6－1)的子系统,为目前世界上最大的连续动态更新的中国电子期刊全文数据库。收录我国1994年以来国内公开出版的7 400余种核心期刊与专业特色期刊的题录和全文。内容涵盖自然科学、工程技术和人文社科等各个学科领域。分理工A(数理科学)、理工B(化学化工能源与材料)、理工C(工业技术)、农业、医药卫生、文史哲、经济、政治、法律、教育与社会科学、电子技术与信息科学等。收录年限题录从1994年起,全文从1997年起;截止2006年年底已积累全文文献共2 200多万篇,题录1 500余万条,分九大专辑,126个专题文献数据库。该数据库海量数据的高度整合,集题录、文摘、全文文献信息于一体,实现一站式文献信息检索(One－stop Access);参照国内外通行的知识分类体系组织知识内容,该数据库具有知识分类导航功能;设有包括全文检索在内的众多检索入口,全文信息完全数字化,通过免费下载的最先进的浏览器,可实现期刊论文原始版面结构与样式不失真的显示与打印;数据库内的每篇论文都获得清晰的电子出版授权。该数据库使用通过包库、镜像和个人用户卡等形式，登录成功的正式用户方能浏览和下载全文。第一次使用须下载安装 CAJ 或 PDF 全文浏览器。

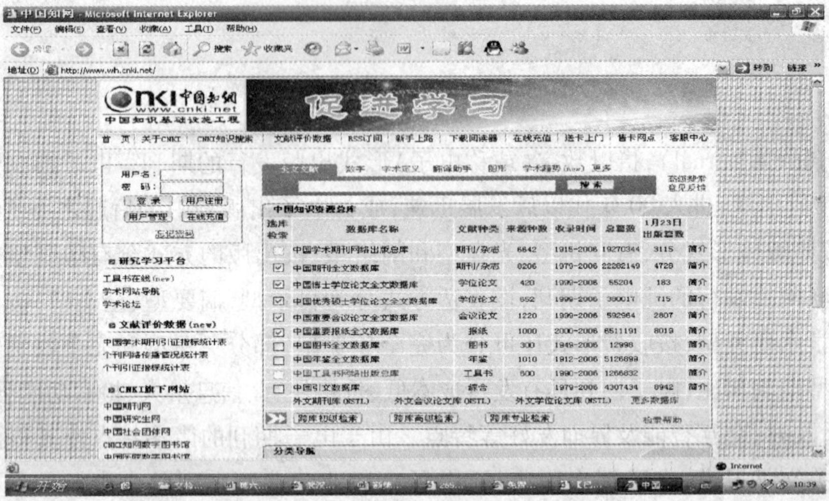

图 6－1　中国知识资源总库首页

二、检索方法

1. 初级检索

（1）检索特点。初级检索是中国期刊全文数据库检索系统默认的检索方式，即在指定的范围内，按单一的检索项检索，其界面如图 6－2 所示。对于一些简单查询，一般使用该检索系统，优点是方便快速，执行效率较高，但查询结果有很大的冗余。如果能在检索结果中进行二次检索，则检索命中率会大大提高。

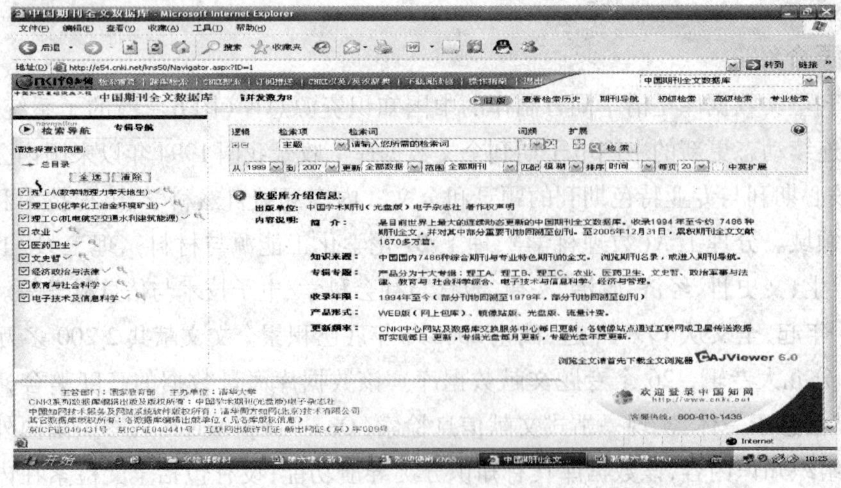

图 6－2　中国期刊全文数据库初级检索界面

(2)检索步骤。

①选择检索范围。在检索导航的总目录下选择检索范围,可根据需要全选,也可选一个或几个专题;还可进一步选择某个专题下的子专题目录及更细分的目录,直到得到该类下的全文文献。

②选择检索字段、检索时间范围和排序方式等检索条件。中国期刊全文数据库共提供了题名、关键词、摘要、全文、作者、第一作者、作者单位、来源、主题、基金和参考文献等10多个检索字段供用户选择;检索时间跨度为1997～2007年,用户可根据课题需要选择检索时间;排序方式确定检索结果的显示顺序,数据库提供了相关度和时间两种排序方式供用户选择。

③在检索框输入检索词。

④按检索键执行检索,显示检索结果。

⑤二次检索。首次检索后,可再次输入检索词,选择在"在检索结果中"检索,进行二次检索,使结果进一步精确,并且可多次使用。

2. 高级检索

(1)检索特点。高级检索是一种比初级检索要复杂一些的检索方式,可进行多项、双词和逻辑组合检索,其界面如图6-3所示。多项是指可选择多个检索项。双词是指一个检索项中可输入两个检索词(在两个输入框中输入),每个检索项中的两个词之间可进行五种组合:并且、或者、不包含、同句、同段,每个检索项中的两个检索词可分别使用词频、最近词和扩展词。逻辑是指每一检索项之间可使用逻辑与、逻辑或、逻辑非进行项间组合。优点是查询结果冗余少,命中率高。对于命中率要求较高的查询,一般使用该检索方法。

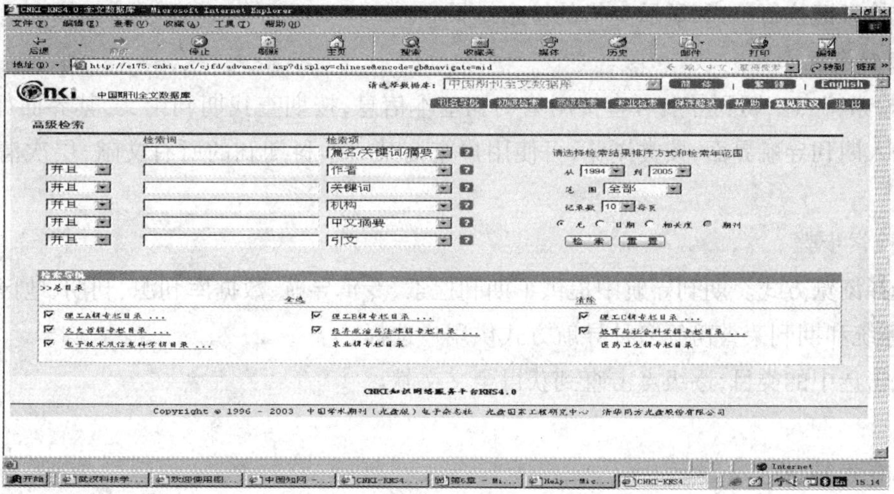

图6-3　中国期刊全文数据库高级检索界面

(2)检索步骤。

①选择检索范围。同初级检索在检索导航总目录下选择检索范围。

②在高级检索列表框中选择多个检索字段,输入各自的检索词,再选择检索词间和检索项

间的逻辑关系。

③选择检索时间和排序方式等检索要求。

④按检索键执行检索,显示比较专指的检索结果。

3. 专业检索

(1)检索特点。专业检索比高级检索功能更强大,但需要检索人员根据系统的检索语法编制检索表达式进行检索。适用于熟练掌握检索技术的专业检索人员。专业检索支持逻辑“与、或、非”运算和括号运算。专业检索的界面如图6-4所示。

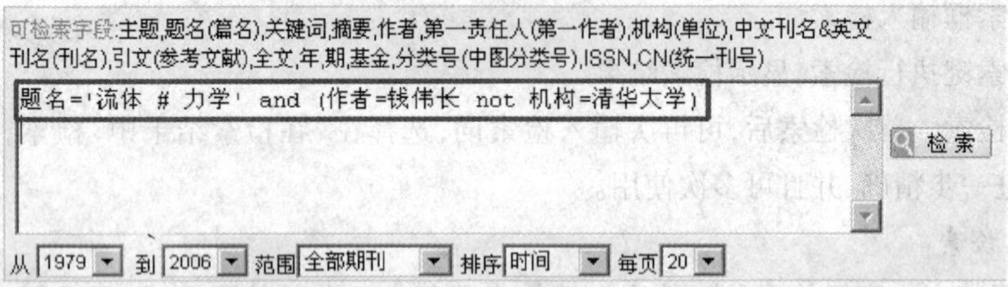

图6-4 中国期刊全文数据库专业检索界面

(2)检索步骤。

①选择检索范围,同初级和高级检索。

②在专业检索框里输入检索表达式。

③选择时间、范围、记录数和排序方式,执行检索。

④按检索键执行检索,显示专指的检索结果。

4. 期刊导航

(1)检索特点。期刊导航可直接浏览期刊基本信息,按期查找期刊论文,其界面如图6-5所示。进入期刊导航界面,按类浏览,可使用户查询某一学科期刊的所有文献,层次清晰,方便快捷。

(2)检索步骤。

①选择浏览方式。期刊导航中提供了期刊检索、专辑导航、数据库刊源、刊期、地区、主办单位、发行系统和期刊荣誉榜等多种导航方式供用户选择。

②点击选中的类目,逐级点击直到获得全文文献。

三、检索技术

1. 布尔逻辑算符

系统支持布尔逻辑算符:逻辑与为“AND”或“ * ”号,逻辑或为“OR”或“ + ”号,逻辑非为“ - ”号。但如果词与词之间不加任何逻辑算符,则系统默认为全部匹配。

2. 截词符

可以使用“%”作为截词算符,例如在刊名检索中使用“情报%”,可以检索出“情报学报”、

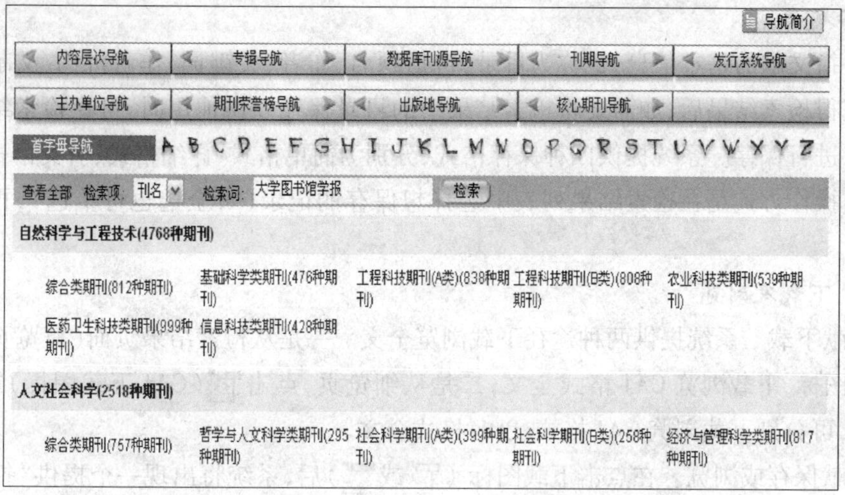

图6-5 中国期刊全文数据库期刊导航检索界面

"情报理论与实践"、"现代情报"等刊物。

四、检索结果处理

1. 相关检索

中国期刊全文数据库的检索结果以列表显示，如图6-6所示。在结果显示列表中，系统提供了文献的篇名、作者、刊名、年/期的信息。点击"篇名"，可获得该文献更多的相关信息，如作者单位、刊名、关键词、摘要、光盘号、参考文献、共引文献、二级参考文献、相关研究机构、文献分类导航、相关期刊等，除了摘要和光盘号外，其他的信息都有关联链接，可以根据需要点击查看进行相关检索。

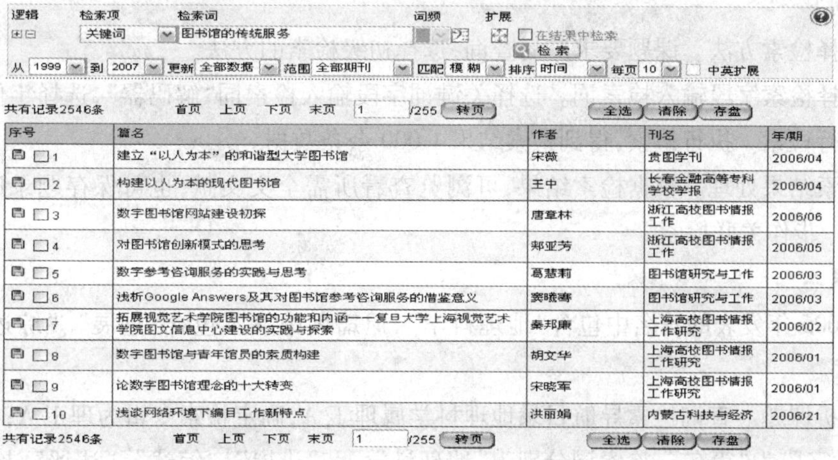

图6-6 中国期刊全文数据库检索结果显示界面

2. 保存题录

题录是指文献的基本信息，也称为目录，包括题名、作者、关键词、作者机构、文献来源和摘要等。当获得检索结果后，如需要将检索结果中的目录保存以供他用时，可在检索结果显示界面选择条目进行保存。系统提供四种保存格式，分别为简单格式、详细格式、引文格式和自定义格式。具体操作方式是在检索结果列表中选择想保存的记录（可全选也可单选），再点击保存即可。

3. 全文下载及浏览

（1）文献下载。系统提供两种途径下载浏览全文。一是从检索结果页面（概览页），点击题名前的图标，下载浏览 CAJ 格式全文；二是从细览页，点击（CAJ 下载图标）或（PDF 下载图标），可分别下载浏览 CAJ 格式、PDF 格式全文。

（2）文献保存或浏览。在点击下载图标（或）后，系统将出现一个提供“打开”或“保存”按钮的窗口。点击“保存”，则系统会引导用户在特定的路径下保存文献全文。

点击“打开”，当系统安装有 CAJ 浏览器时，则系统先打开浏览器，再打开文献，可在此页面浏览全文文献。如认为需要保存，可点击页面左上方的“文件”下的“另存为”来保存文件。

（3）文本处理。通过“CAJ 全文浏览器”、“PDF 阅读器”打开的全文，均可通过文本选择功能和图形选择功能方便地对其进行文本或图像摘录，摘录结果可以方便的粘贴到 WPS、WORD 等文本编辑软件中进行编辑，也可通过邮件发送或直接打印输出。

五、检索实例

1. 课题一

检索 2000 ~ 2002 年发表在各杂志上的有关解码器的文章。

（1）分析课题。解码器属于电子类产品，查询检索导航目录选择检索范围在电子技术及信息科学专辑；检索字段可选择主题词也可选择关键词；检索词为解码器；年代要求为 2000 ~ 2002 年之间。

（2）选择检索方法。课题要求广泛查询，选择初级检索的方法。

（3）选择检索字段输入检索词。选择关键词字段输入检索词“解码器”，选择年代范围。

（4）执行检索。执行检索，得到检索结果 1 000 余条数据。

（5）检索结果处理。根据检索结果，可浏览查看所需全文文献，也可保存题录以便以后查询，还可进一步作关联检索。

2. 课题二

检索 2005 年发表的篇名中包含“地理科学”，但篇名中又不包含“进展”、“综述”、“述评”的期刊文章。

（1）分析课题。查询检索导航目录地理科学属理工 A，确定检索专辑为理工 A；根据检索要求确定检索字段为“篇名”，检索词分别为“地理科学”和“进展”、“综述”、“述评”；检索 2005 年发表的论文，检索年代应为 2005 ~ 2006 年。

（2）选择检索方法。根据以上的分析，该课题选择高级检索的多项、双词和逻辑组合检索。

(3) 选择检索字段输入检索词。在高级检索的导航检索框中,三行检索项均选择“篇名”、三行第一个检索词框中均输入“地理科学”;三行第二个检索词框中分别输入“进展”、“综述”、“述评”;同行中双词之间的逻辑关系选择“不包含”、三行的逻辑关系均选择“并且”;选择检索控制条件:2005~2006 年。

(4)执行检索。执行检索得到 25 条记录。

(5)检索结果处理。根据检索结果,可浏览查看所需全文文献,也可保存题录以便以后查询,还可进一步作关联检索。

第二节　中文科技期刊数据库

一、资源介绍

中文科技期刊全文数据库由重庆维普资讯公司推出,是一个检索功能强大的中文科技期刊数据库,其首页界面如图 6-7 所示。该数据库收录了 1989 年至今的近 9000 余种中文科技期刊刊载的 1 250 余万篇文献,并以每年 250 万篇的速度递增。(其中核心期刊 1539 种),涵盖社会科学、自然科学、工程技术、农业科学、医药卫生、经济管理、教育科学和图书情报等八大专辑 28 个专题。

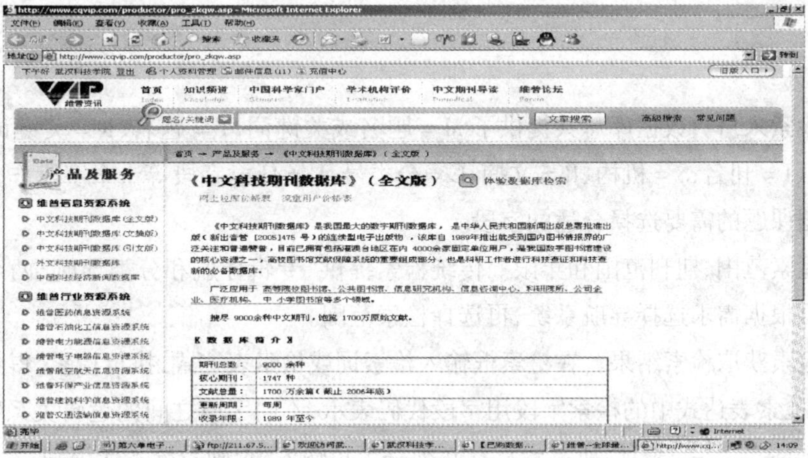

图 6-7　中文科技期刊全文数据库首页

该数据库使用通过包库、镜像和个人用户卡等形式,登录成功的正式用户方能浏览和下载全文。第一次使用需下载安装 PDF 和 VIP 全文浏览器。浏览器内嵌北京汉王 OCR 识别技术,能直接把图像文件转换成文本格式进行编辑;对于无法转换成文字的图形、表格、公式等部分,可通过“区域识别”和“复制”功能把图像粘贴到 Word 或其他文档中。

二、检索方法

1. 传统检索

(1)检索特点。用户登录中文科技期刊全文数据库首页,在数据库检索区,通过点击“传统检索”,即可进入传统检索页面。传统检索界面分为检索区域、导航区、概览区、细阅区和功能限定区,如图6-8所示。在传统检索界面中除了能进行单一字段的检索,还可以输入检索表达式进行复合检索,并对检索结果提供二次检索。

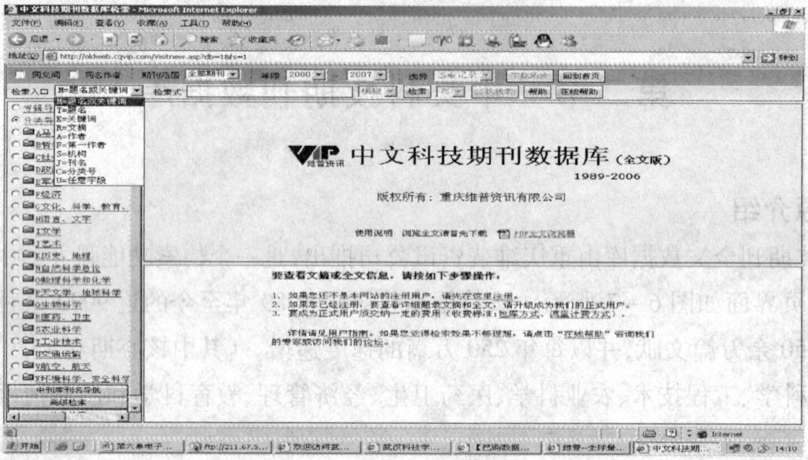

图6-8　中文科技期刊全文数据库传统检索界面

(2)检索步骤。

①选择检索入口。数据库总共提供了M=题名或关键词、T=题名、K=关键词、A=作者、F=第一作者、J=刊名、S=机构、R=文摘、C=分类号、U=任意字段等十个字段作为检索入口,用户可以根据课题的需要选择合适的字段。

②选择检索范围、期刊范围和年限。传统检索提供“专辑导航和分类导航”两个导航系统,用户检索时可根据需求选择导航系统,再选择检索范围。

③执行检索获取检索结果。在检索框输入检索词或检索表达式,执行检索,得到检索结果。需注意的是,检索表达式中的检索字段用字段代码表示,不同字段之间的逻辑关系“与”、“或”、“非”用“*”、“+”、“-”表示,所有的算符必须是半角输入,否则系统不能识别。

④二次检索。检索结果界面设置有“二次检索”的按钮,在检索结果界面上,输入新的检索词或检索表达式,按“二次检索”按钮,执行检索,可以缩小检索范围,提高检索的准确度。

2. 高级检索

(1)检索特点。用户登录中文科技期刊全文数据库首页,在数据库检索区,通过点击“高级检索”,即可进入高级检索页面。高级检索能够一次检索出同时满足多个检索条件的文献。中文科技期刊全文数据库的高级检索有检索表框检索和检索表达式检索两种方式。

(2)检索步骤。

①检索表框检索(图6-9)的检索步骤。

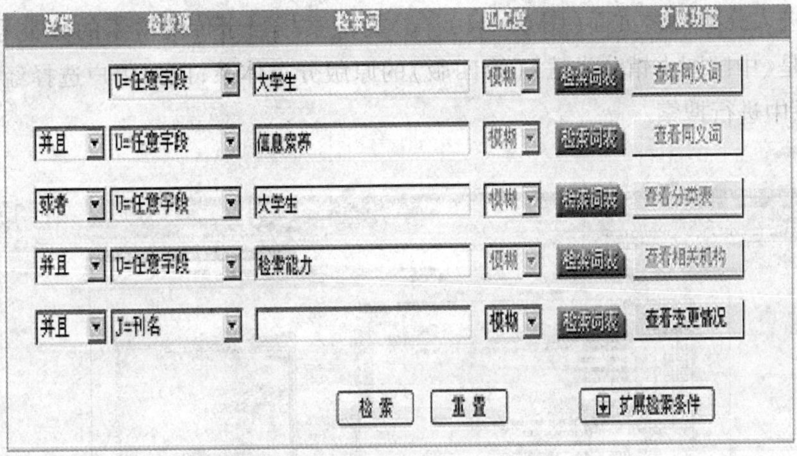

图6-9　中文科技期刊全文数据库高级检索的检索表框检索界面

a. 根据课题需要,同时在检索表框中选择多个检索字段,输入对应的检索词。
b. 选择检索字段之间的逻辑关系,选择匹配模式。
c. 还可进行相应字段扩展信息的限定,最大限度地提高"检准率"。
d. 执行检索获取检索结果。
② 检索表达式检索(图6-10)的检索步骤。

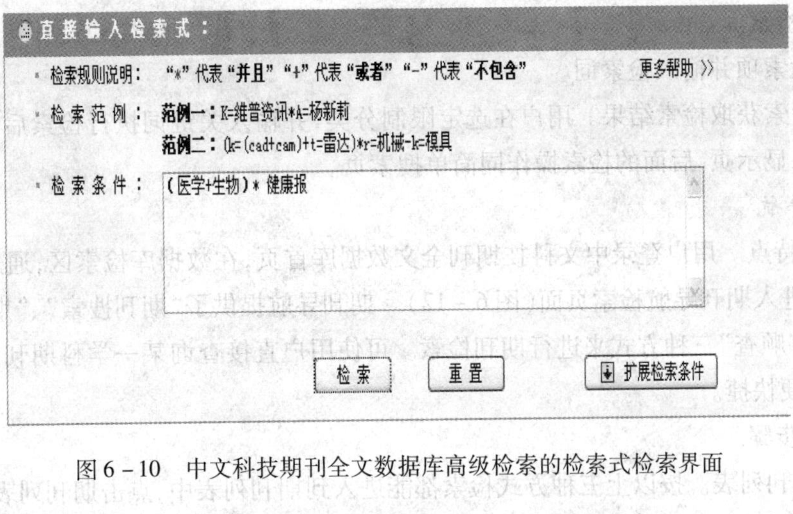

图6-10　中文科技期刊全文数据库高级检索的检索式检索界面

a. 根据课题提供的检索条件,运用布尔逻辑算符构造检索表达式。
b. 输入检索表达式。
c. 还可点击"扩展检索条件"对相关检索条件进行限制。
d. 执行检索获取检索结果。

3. 分类检索

(1)检索特点。用户登录中文科技期刊全文数据库首页,在数据库检索区,通过点击“分类检索”,即可进入分类检索页面(图6-11)。分类检索相当于传统检索的分类号导航限制检索,不同之处是《中国图书馆分类法》(第四版)的原版分类体系,比如用户选择经济分类,即只在经济类记录中进行搜索。

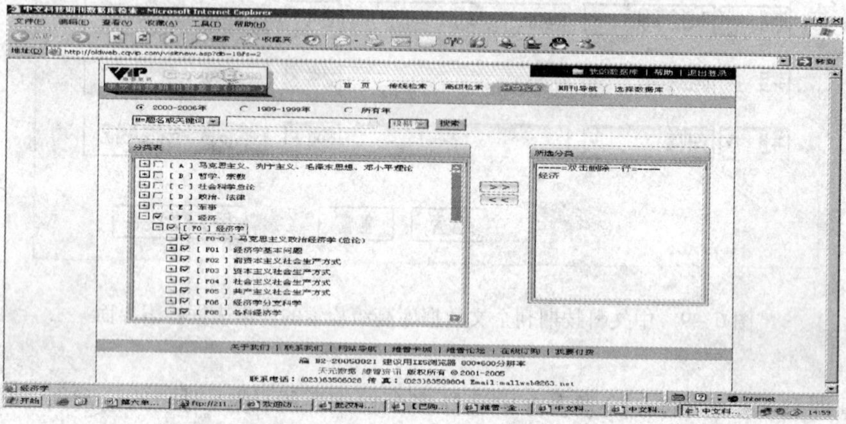

图6-11　中文科技期刊全文数据库分类检索界面

(2)检索步骤。

①勾取类别。在分类检索界面直接在左边的分类列表中按照学科类别勾取并可逐级点开,双击 >> 则添加到右边的分类限制,双击 << 则可删除分类限制。如果用户不勾选任何分类,则不能检索。

②选择检索项并输入检索词。

③执行检索获取检索结果。用户在选定限制分类,并输入关键词执行检索后,页面自动跳转到检索结果显示页,后面的检索操作同简单搜索页。

4. 期刊导航

(1)检索特点。用户登录中文科技期刊全文数据库首页,在数据库检索区,通过点击“期刊导航”,即可进入期刊导航检索页面(图6-12)。期刊导航提供了“期刊搜索”、“期刊学科分类导航”和“按字顺查”三种方式来进行期刊检索。可使用户直接查询某一学科期刊的所有文献,层次清晰,方便快捷。

(2)检索步骤。

①进入期刊列表。按以上三种方式检索都能进入到期刊列表中,点击期刊列表页面上的期刊名称,进入单个期刊的整刊浏览页面。

②文章浏览。可选择刊期直接浏览整刊,也可在“本刊检索框”输入检索词检索某一具体文章,还可点击“检索”进入初级检索界面,等同于初级检索的方式进行检索。

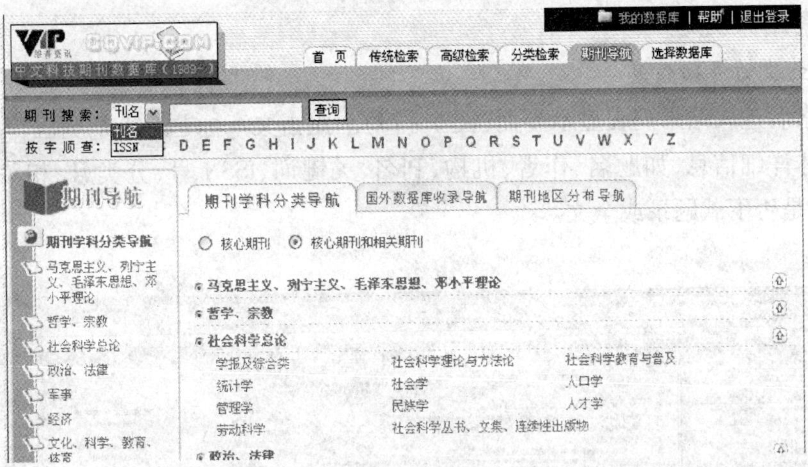

图 6－12　中文科技期刊全文数据库期刊导航界面

三、检索技术

1. 布尔逻辑检索

系统支持布尔逻辑运算，逻辑与用“ * ”表达、逻辑或用“ + ”号表达、逻辑非用“ - ”号表达。如果词与词之间不加任何逻辑算符，则系统默认为全部匹配。

2. 扩展检索

（1）查看同义词。传统检索和高级检索均提供了查看同义词扩展检索功能，用户在扩展按钮前面的输入框中输入“土豆”，点击查看同义词，既可检索出土豆的同义词，如马铃薯、洋芋，用户可以全选，以扩大搜索范围。

（2）查看同名作者。传统检索和高级检索均提供了查看同义词扩展检索功能，用户在扩展按钮前面的输入框中输入用户名，点击查看同名作者，即可以列表形式显示不同单位同名作者，用户选择作者单位来限制同名作者范围。为了保证检索操作的正常进行，系统对该项进行了一定的限制，最多勾选数据不超过 5 个。

（3）查看分类表。高级检索提供了查看分类表扩展检索功能，用户在扩展按钮前面的输入框中输入分类号点击按钮，会弹出分类《中国图书馆分类法》表页，可查看或添加分类号，操作方法同分类检索。

（4）查看期刊变更情况。高级检索提供了查看期刊变更扩展检索功能，如用户在扩展按钮前面的输入框中输入刊名“移动信息”，点击查看变更情况，系统会显示出该期刊的创刊名“新能源”和曾用刊名“移动信息 · 新网络”，使用户可以获得更多的信息。但需注意的是，只有输入准确的刊名才能查看期刊的变更情况。

（5）查看相关机构。高级检索提供了查看相关机构扩展检索功能，如用户在扩展按钮前面的输入框中输入“中华医学会”，点击查看相关机构，即可显示以中华医学会为主办（管）机构的所属期刊社列表。

四、检索结果处理

1. 查看文献的详细信息

执行检索后进入结果列表显示界面(图 6－13)。点击文章标题进入细览区,可以查看到该篇文章的具体详细信息,如题名、作者、机构、刊名、关键词、ISSN 号、分类号、相关文献和文摘等,从而确定是否下载题录或全文。

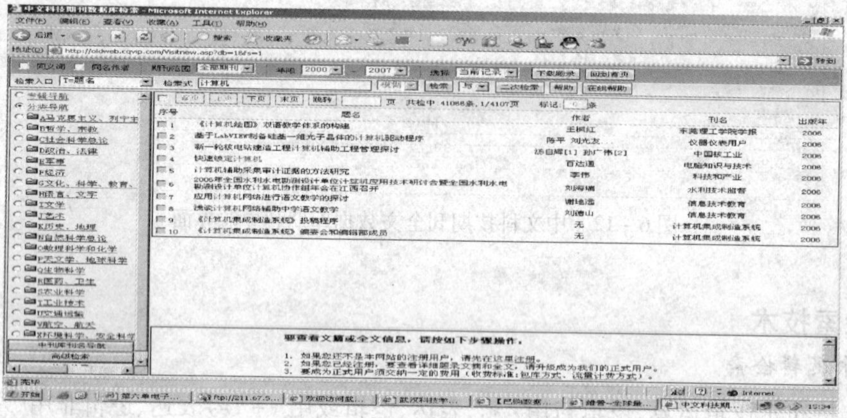

图 6－13　中文科技期刊全文数据库检索结果界面

2. 关联检索

在检索结果细览区,系统提供作者、机构、刊名、关键词和分类号等字段的关联检索功能,可根据课题的需要,针对作者、机构、刊名、关键词和分类号等字段进行关联检索,查看一些相似度较高,具有一定相关性的文献。

3. 全文下载及浏览

(1)文献保存。

①批量下载。在检索结果页面勾取多篇文献,点击工具栏上的“下载”、“打印”、“E－mail”可进行批量下载、打印和发送到邮箱里。

②单篇下载。可在检索结果页面文献列表区点击篇名细览后下载或阅读,也可直接点击文献列表区右边的“阅读”和“下载”,阅读或下载全文。

(2)文本处理。通过“VIP 全文浏览器”、“PDF 阅读器”打开的全文,均可通过文本选择功能和图形选择功能方便地对其进行文本或图像摘录。摘录结果可以方便地粘贴到 WPS、WORD 等文本编辑软件中进行编辑,也可通过邮件发送,或直接打印输出。

五、检索实例

课题

检索徐卫林有关羊毛织物防毡缩整理的研究。

(1)分析课题。根据课题检索要求,确定检索词为徐卫林、羊毛织物和防毡缩。

(2)选择检索方法。根据以上分析,该课题可以用传统检索和高级检索两种检索方法进行检索。

①传统检索。

a. 构造检索表达式。因有多个检索词,可构造检索表达式:A = 徐卫林 * K = (羊毛织物 * 防毡缩),一次完成检索。

b. 选择检索字段输入检索表达式。选择“关键词”字段,输入检索表达式:A = 徐卫林 * K = (羊毛织物 * 防毡缩)。

c. 执行检索。执行检索,获得 2 条记录。

②高级检索。

a. 选择检索字段输入检索词。在高级检索的检索表框选择检索字段为“作者”和“关键词”,分别输入相应的检索词:徐卫林、羊毛织物、防毡缩。

b. 选择逻辑关系。各检索条件之间的逻辑关系是逻辑“与”。

c. 执行检索. 执行检索,获得相同的 2 条检索结果。

第三节 万方数字化期刊全文数据库

一、资源介绍

万方数字化期刊全文数据库是万方数据资源系统的重要组成部分,由万方数据股份有限公司制作。它基本包括了我国文献计量单位中自然科学类统计源刊和社会科学类核心源期刊的全文资源,是了解 Internet 上中文期刊的重要窗口。该库内容采用国际流行的 HTML 格式和 PDF 格式制作上网,整体数字化期刊遵循电子期刊以刊为单位的原则,按理、工、农、医、人文排列,交叉入类、刊名查询,非常符合普通人的阅读习惯,可以多角度、全方位地进入期刊主页浏览,具备了网上期刊资源门户的特征。万方数据库期刊数据库使用采用包库、镜像及个人用户卡方式,登录成功的正式用户方能浏览和下载全文。第一次使用须安装 PDF 文档浏览器。万方数字化期刊全数据库首页如图 6 – 14 所示。

二、检索方法

1. 期刊分类浏览

(1)检索特点。万方数字化期刊全文数据库首页,提供有三种期刊分类浏览方式,分别是按学科分类浏览、按首字母浏览和按地区浏览,可以多角度、全方位地分类浏览期刊。

(2)浏览步骤。

①按期刊的学科浏览。在“首页 > > 资源浏览 > > 按期刊浏览”栏目中选择“按学科”选项,系统将显示期刊的按学科树型结构图,可逐级点击直到期刊文献,也可在此页面右边的快速检索入口输入检索词在限定的学科类检索资源。

②在“首页 > > 资源浏览 > > 按期刊浏览”栏目中选择“按地区”选项,系统将显示期刊

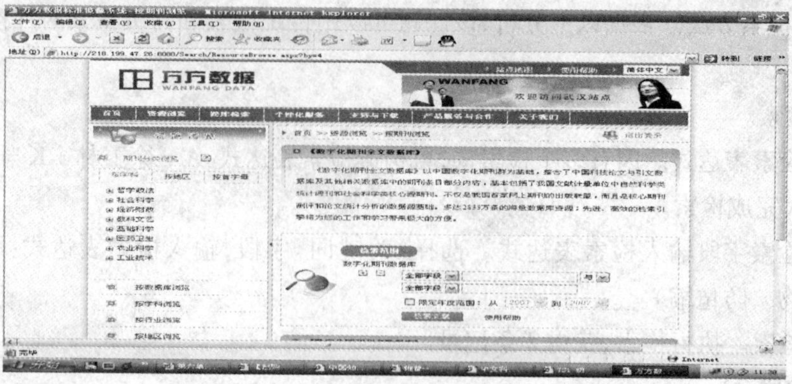

图 6－14　万方数字化期刊全文数据库首页

的按地区分类树，在“按地区”的分类树中用鼠标选择某个地区，系统列出此地区期刊所有刊名信息，用户可以进入某个期刊详细查看，也可在此页面上的右边的快速检索入口输入检索词在限定地区的期刊中检索满足条件的资源。

③在“首页 >> 资源浏览 >> 按期刊浏览”栏目中选择“按首字母”选项，系统将显示期刊的按首字母分类树，在“按首字母”的分类树中用鼠标选择某个字母，将显示该字母的所有期刊信息点击查看，也可在此页面的快速检索入口输入检索词在限定首字母的期刊中检索资源。

2. 期刊论文检索

(1)检索特点。数字化期刊数据库首页提供了一个期刊论文检索表框，既可进行简单检索也可完成同时满足多个条件的复杂检索。

(2)检索步骤。

①选择检索字段。点击检索项的下拉列表，选择按哪一个字段(如论文题名、关键词和作者等)来检索。

②输入检索词。在文本框中输入所需的检索词。

③选择逻辑运算符。用于确定检索词之间的关系。选项有“与”、“或”、“非”。

④选择年限。勾选限定年限范围前的复选框，点击年限下拉列表框，选择起始年份，使其在限定的年份范围内检索(只有当数据库中有“年”这个字段时，选择年限的复选框才可用)。

⑤执行检索。点击“检索文章”按钮，执行检索，得到检索结果。

⑥二次检索。如对一次检索结果不满意，可重新输入检索词选择在“结果中检索”检索，进行二次检索，可反复使用直到满意为止。

三、检索技术

1. 布尔运算符

系统支持布尔逻辑运算，逻辑与用“AND”表达、逻辑或用“OR”号表达、逻辑非用“NOT”号表达。

2. 匹配模式的表达方法

检索结果与检索词"精确匹配",须将检索词用半角双引号引起来。若检索词没有用半角双引号引起来,为"模糊匹配"检索。

四、检索结果处理

1. 查看文献的详细信息

执行检索后进入结果列表显示界面(图6-15)。点击文章标题进入细览区,可以查看到该篇文章的具体详细信息,如题名、作者、机构、刊名、关键词、ISSN号、分类号、相关文献和文摘等,从而确定是否下载题录或全文。

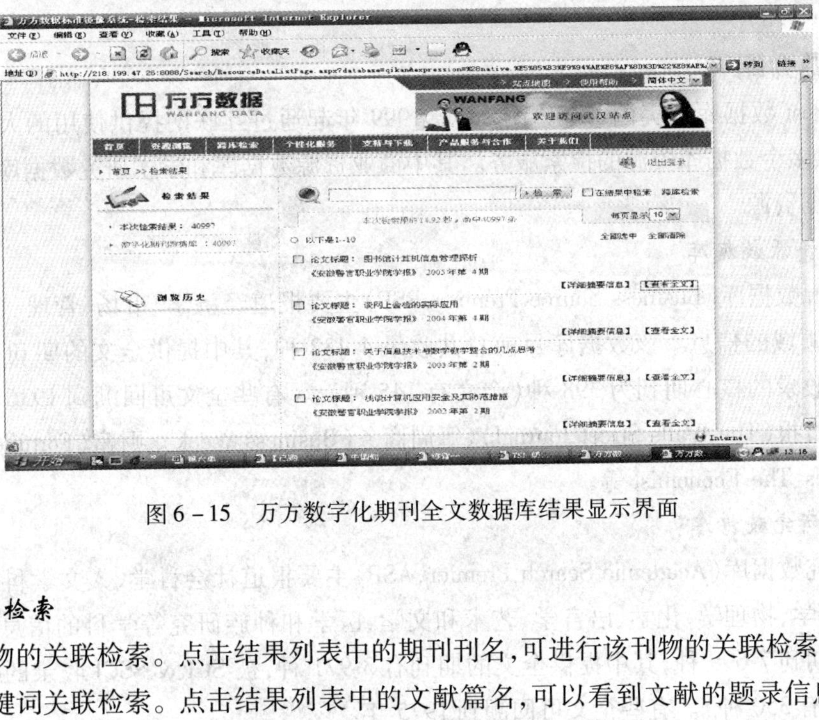

图6-15 万方数字化期刊全文数据库结果显示界面

2. 关联检索

(1)刊物的关联检索。点击结果列表中的期刊刊名,可进行该刊物的关联检索。

(2)关键词关联检索。点击结果列表中的文献篇名,可以看到文献的题录信息,在题录信息界面上,系统通过"hotlink"键提供了各个关键词的关联检索。

3. 查看全文

直接点击结果列表中的"查看全文"按钮,可以打开文献的全文。

五、检索实例

课题

检索艾滋病治疗近十年国内研究进展。

(1)分析课题。艾滋病又称为获得性免疫缺陷综合征,确定检索词:艾滋病、获得性免疫缺陷综合征、治疗。

(2)选择检索方法。选择期刊论文检索的高级检索方法。

(3)选择字段、输入检索词。在下拉框中均选择检索字段为"任意字段",分别输入检索词"艾滋病"、"获得性免疫缺陷综合征"。

(4)选择逻辑关系与期刊文献年代范围。逻辑关系分别选择"或",期刊文献年代范围为1998~2007年。

(5)执行检索。执行检索,获得检索结果。

(6)二次检索。选择检索词"治疗",在检索结果中检索。

(7)查看全文。

第四节 EBSCOhost 数据库

一、资源介绍

EBSCOhost 数据库是美国 EBSCO 公司于 1999 年起通过互联网提供使用的大型期刊全文数据库,提供多个数据库资源的检索服务。其中商业资源数据库和学术研究数据库是两个最重要的全文数据资源。

1. 商业资源数据库

商业资源数据库(Business Source Premier,BSP)主要报道经济学、市场、管理、金融、会计及国际商务等领域的信息。该数据库目前总共收录 4 432 种,其中提供全文的期刊有 3 606 种,SCI & SSCI 收录的核心期刊为 398 种(全文有 145 种)。有些全文可回溯到 1936 年。较著名的有华尔街日报(The Walls Street Journal)、每周商务(Business Week)、财富(Fortune)、American Banker、Forbes、The Economist 等。

2. 学术研究数据库

学术研究数据库(Academic Search Premier,ASP)主要报道社会科学、人文学科、教育、计算机科学、工程学、物理学、化学、语言学、艺术和文学、医学和种族研究等学科的信息。目前该数据库总收录期刊 7 699 种,其中提供全文的期刊有 3 971 种,被 SCI & SSCI 收录的核心期刊为 993 种(全文有 350 种)。有些全文可回溯到 1975 年。

3. 其他主要数据库

(1)EBSCO Animals:提供自然与动物方面的文献。

(2)ERIC:教育资源文摘数据库,提供 2 200 余种文摘刊物和 980 余种教育相关期刊的文摘以及引用信息。

(3)MEDLINE:医学资源文摘数据库,提供 4 600 余种生物和医学期刊的文摘。

(4)Newspaper Source:报纸资源全文数据库,选择性提供 180 余种报刊全文,每日更新。

(5)Professional Development Collection:提供 550 多种教育核心期刊全文数据库。

(6)Regional Business News:75 种美国区域商业文献全文数据库。

(7)World Magazine Bank:250 种主要英语国家的出版物全文汇总。

(8)Communication & Mass Media Complete:通讯和大众传媒全文库。

(9) American Humanities Index :1 000 多种美国人文学科文献索引。

EBSCOhost 数据库资料每日更新,全文输出提供 PDF 格式,并提供多种语言(如中文)的检索界面(图 6 - 16),需要注意的是无论在什么语种的界面检索,检索词必须是英文。用户使用一般采取包库,登录成功的正式用户方能浏览和下载全文。登录系统后为数据库列表界面,选择数据库可以单选,也可以复选。如果要对某个数据库单独进行检索,只需用鼠标点击这个数据库的名称。如果需要同时选择多个数据库,则可以在多个数据库前的方框内打钩"√",然后点击"Continue"按钮进入检索界面。

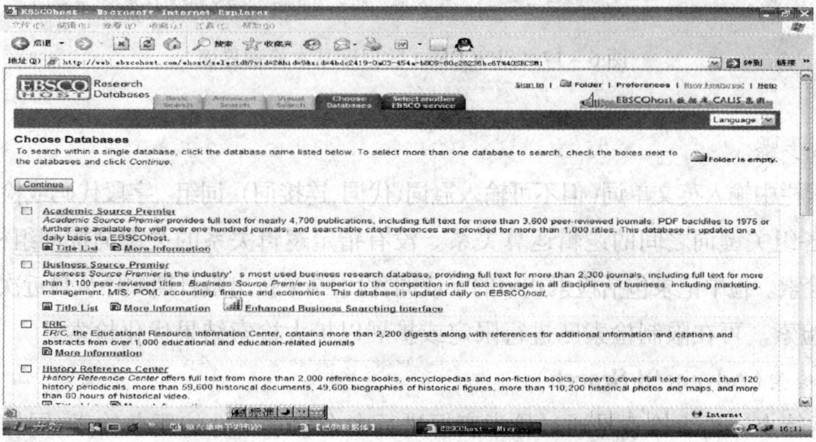

图 6 - 16 EBSCOhost 数据库数据库列表界面

二、检索方法

1. 基本检索(Basic Search)

(1)检索特点。基本检索是系统默认的检索方式,即在指定的范围内,按单一的检索项检索,系统默认用关键词进行检索,输入的词越多,检索越准确,关键词之间的逻辑关系用"AND、OR、NOT"表达。系统提供的主要检索字段有:

TX:All Text(所有文本);

AU:Author(责任者);

TI:Title(题名);

SU:Subject(主题词);

AB:Abstract or Author - Supplied Abstract(文摘或作者提供文摘);

KW:Author Supplied Keywords(作者提供关键字);

IS:ISSN(国际标准刊号);

SO:Journal Name(刊名);

AN:Accession Number(索取号)。

基本检索界面(图 6 - 17)分为上下两部分,上方是检索文本输入框,用于输入检索内容。下方是检索条件限制选项和检索词扩展选项,用于进一步限定和扩大检索选项。

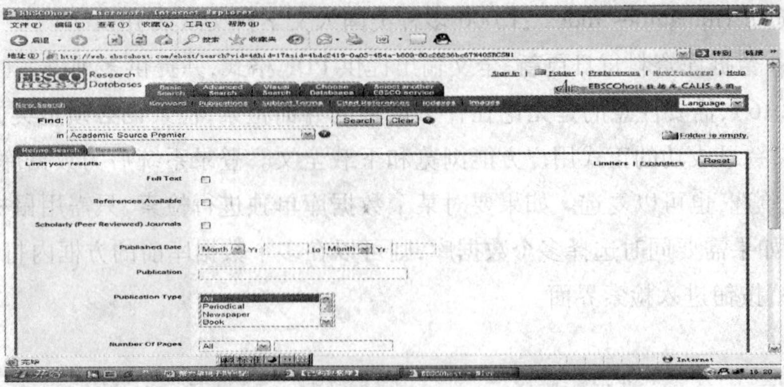

图 6-17　EBSCOhost 数据库基本检索界面

(2)检索步骤。

①在检索栏中输入英文单词(但不可输入冠词、代词、连接词)、词组 、字段代码或检索表达式。

②指定各组关键词之间的逻辑运算关系。没有指定逻辑关系的关键词按词组检索。

③执行检索。检中记录包括检索式中的字或词,检索结果按出版日期顺序从最近次开始排列。

④优化检索。可在限制检索区进行限定或扩展以扩大检索结果优化检索。

2. 高级检索(Advanced Search)

(1)检索特点。高级检索是通过检索表框进行多个检索条件的复杂检索,同样可以利用限制结果选项和扩展检索选项,其中限制结果选项比基本检索的增加了两项:cover story(在期刊封面上检索),document type(限定检索文献类型)。高级检索可检索的字段同基本检索。

EBSCOhost 数据库的高级检索与其他数据库高级检索不同的是,它有一个检索历史记录表,每次在高级检索中点击"Search"按钮进行新的检索,都会在历史记录表中产生一条新的检索历史记录;每一条历史记录有一个编号,可以用这个编号代替检索命令用于构建检索表达式;用历史记录构建表达式也会在历史记录表中产生一条新的历史记录;可以打印和保存历史记录表,以便再次检索时使用。点击工具栏上的高级检索(Advanced Search)按钮,进入高级检索界面(图 6-18)。

(2)检索步骤。

①在检索框中根据需要选择检索字段,输入检索词。

②使用下拉菜单选择逻辑算符,进行逻辑组配。

③按检索键执行检索。高级检索同样可以利用限制检索和扩展检索优化检索。

3. 辅助检索

(1)关键词检索。通过题名、文摘、全文等当中的任意词汇作为检索词进行检索。点击"keyword", 可以输入关键词,也可以输入词组,关键词或词组之间最好根据逻辑关系加入布尔逻辑算符(AND,OR,NOT),输入的词越多,检索的越准确。

(2)主题检索。利用规范化主题词检索,检索效率高,相关性大。但输入的检索词不是任意自定,需用系统规定的主题词。因此,首先要检索系统的相关主题,再实施正式检索。可供选

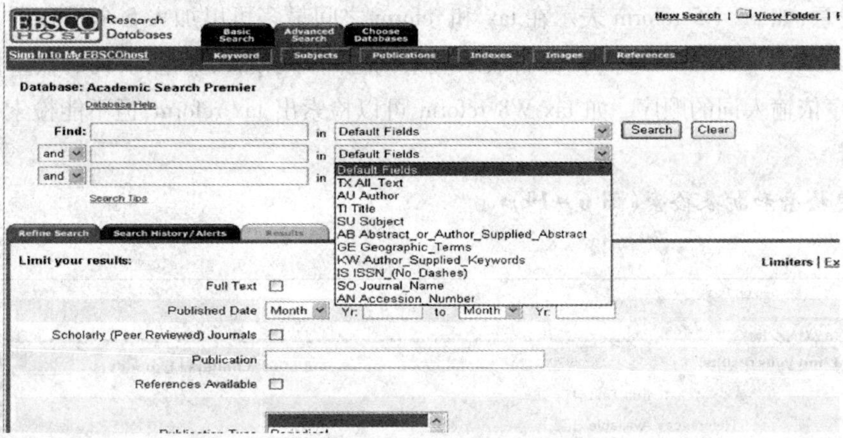

图 6-18　EBSCOhost 数据库高级检索界面

择的主题分类领域有 All(所有的主题)、People(人物)、Products & Books(产品与图书)、Companies(公司企业)、Subjects(主题词)。

①输入检索词,点击“Browse”,系统自动查询以检索词为首或包含此词或与此词最相关的主题词。

②选择合适的主题词,可以浏览到此主题词的上位词、下位词;点击“Add”按钮,将选择好的主题词进行检索。

(3)出版物检索。出版物检索直接以出版物名称进行检索,可以按首字母顺序、任意词和词组匹配三种方式对出版物名称进行检索。检索结果是期刊名称、刊号、出版周期、出版者和刊物报道范围等,对熟悉各种出版物的用户特别方便。

(4)索引检索。从作者、刊名、ISSN、语种和主题词等方面列出数据库收录的所有该范围的条目,可以选中一个或多个条目做进一步检索。

(5)图像检索。图像检索可进行特定种类图像的检索,实现人物、自然科学、地址、历史、地图和旗帜等方面图像的检索。

(6)参考文献检索。能检索出某篇文章、某位作者、某个出版物、某一段时间内甚至数据库中所有的参考文献的全文或全文链接。

三、检索技术

1. 布尔逻辑算符

系统支持布尔逻辑算符 AND(与)、OR(或)、NOT(非)。

2. 截词检索

截词检索使用通配符“?”和“*”。“?”只替代一个字符,如输入 wom?n 可检索出 woman、women 等;“*”可以替代一个字符串,如输入 comput*,可检索出 computer,computing 等。

3. 位置检索

位置算符有“N”、“W”。N 算符表示检索词之间可以加入其他词,词的数量根据需要而定,词的顺序任意,如 tax N5 reform 表示在 tax 和 reform 之间最多可以加入 5 个任意词,检索出 tax reform 和 reform of income tax 等;W 算符表示检索词之间可以加入其他词,词的数量根据需要而定,词的顺序依输入词的顺序, 如 tax W8 reform 可以检索出 tax reform,但不能检索出 reform of income tax。

4. 限定检索和扩展检索(图 6－19)

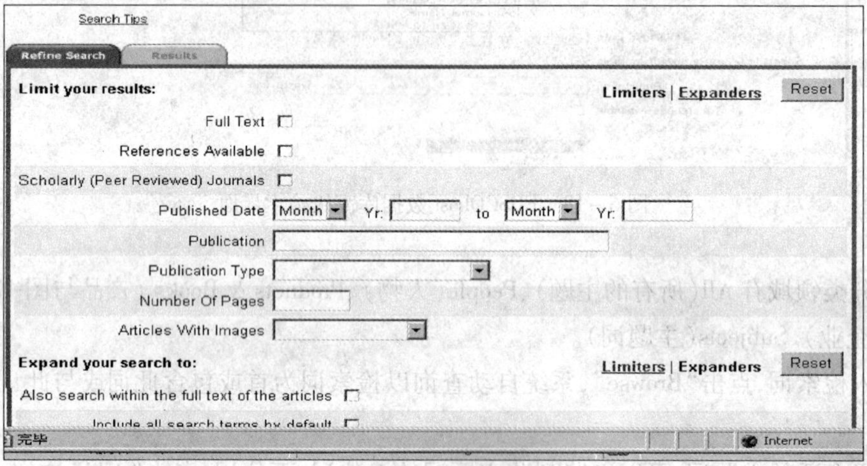

图 6－19　EBSCOhost 数据库限定检索与扩展检索界面

(1)限定检索。限定检索功能是“基本检索”和“高级检索”通用,表示在一定的范围内检索,以下为常用的限定选项。

①全文(Full Text):表示只检索有全文的文章,没有全文的文章则不会在检索结果中出现。

②学术期刊[Scholarly(Peer　Reviewed)Journals]:有专家评审的期刊中的文章。

③出版时间(Published Date):限定文章的出版时间范围。起止时间可以填一个也可以两个都填,分别表示在一个时间之前、在一个时间之后、在两个时间之间。

④出版物(Publication):在限定的出版物中检索。

⑤出版物类型(Publication Type):用于限定出版物的类型,如期刊、报纸和图书等。

(2)扩展检索。扩展检索使检索结果变多。扩展检索功能是“基本检索”和“高级检索”通用。以下为常用扩展选项。

①检索相关词(Also search for related words):相关词指同义词,选定此项后可检索出检索词的同义词,如“bike,bicycle”。

②在默认和全文字段中检索(Also search within the full text of the articles):未选定此项的情况下,系统会在文章名、作者、期刊名、摘要等默认检索字段中做检索,选定此项后,系统会在默认检索字段和全文(如果有全文)中都检索。

③自动进行逻辑“与”运算(Automatically“and” search terms):选定此项后,如果有两个及以上的检索,可自动进行逻辑“与”运算。

四、检索结果处理

1. 检索结果显示

系统以题录方式显示检索结果清单,包括记录总数和本页记录。每一个记录显示文章篇名、作者、刊名、出版日期、卷期和页数,并用三种图标显示是否有全文、图像或 PDF 文件。点击文献篇名或图标,即可看到带文摘或全文的记录。每条记录右侧有一个"Add"按钮,用于添加记录到文件夹内。收藏夹在检索结果清单的右上角"Folder is empty",当添加记录后,它就变成"Folder has items";每条题录下有"国内馆藏及全文链接"按钮。若有全文,则还有"HTML Full Text"或"PDF Full Text"全文链接点。点击它们,分别能阅读 HTML 或 PDF 格式全文。检索结果界面如图 6－20 所示。

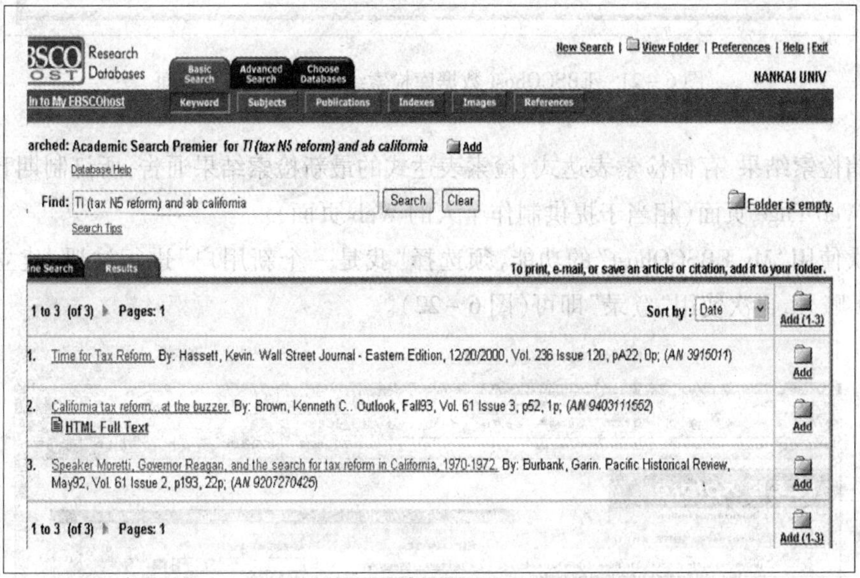

图 6－20　EBSCOhost 数据库检索结果显示界面

2. 检索结果下载与保存(图 6－21)

EBSCOhost 检索系统提供三种检索结果处理方式,即联机打印(Print)、电子邮件传递(E—mail)和存盘保存(Save manage)。在检索结果文摘显示页面或在全文显示页面上端均有这三个图标。不管实现哪一种检索结果处理方式,都可选择三种输出方式,即题录索引、简单题录加文摘、详细题录加文摘。此外,如果有全文,可输出 HTML 格式的全文。需要注意的是存盘后的内容将显示在浏览器页面,需利用浏览器的"另存为",保存到自己所需的路径下。

3. 全文浏览

系统提供两种格式的文件供全文浏览:HTML 格式、PDF 格式。浏览 PDF 格式文件时所需的软件 Adobe Acrobat Reader 为 3.0 以上版本。

4. 个性化设置(My EBSCOhost)

My EBSCOhost 是 EBSCOhost 数据库提供的为注册用户免费服务的个性化的服务功能,服

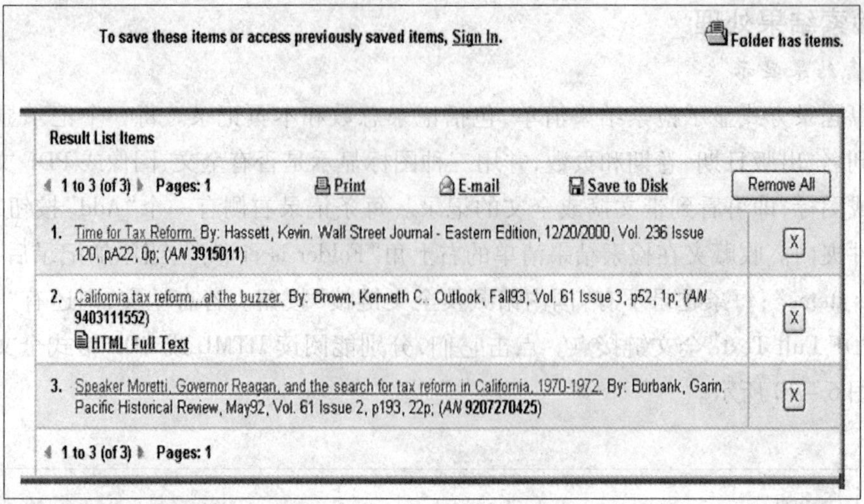

图 6－21　EBSCOhost 数据库检索结果下载与保存界面

务包括存储检索结果、存储检索表达式、检索表达式的最新检索结果通告，所订制期刊的最新目次和个人 Web Page 页面（相当于提供制作个人的 Web 页面）。

第一次使用“My EBSCOhost”的功能，须选择“我是一个新用户”进行注册，建立一个我的 EBSCOhost 账号，再次使用“登录”即可（图 6－22）。

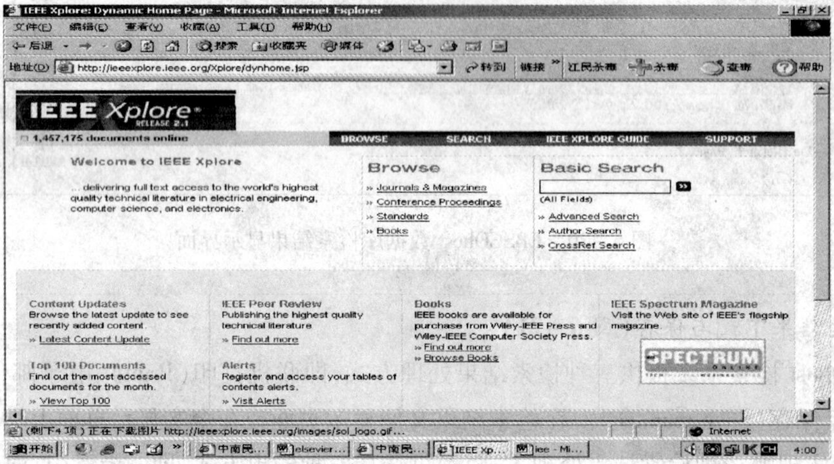

图 6－22　EBSCOhost 数据库 My EBSCOhost 登录界面

五、检索实例

课题

检索发表在“International Jounal of Technology Managemennt”中的文章，要求篇名中出现“e－commerce”的文章。

(1)分析课题。根据检索要求,确定检索字段。检索字段分别为 TI(题名)、SO(刊名),检索词分别为 e - commerce、International Journal of Technology Management。

(2)选择检索方法。根据检索内容,选择基本检索方法。

(3)输入检索表达式。TI:“e - commerce” and SO:“International Journal of Technology Management”。

(4)执行检索。执行检索,共检索到 9 条记录。

(5)查看原文。浏览题录,查看全文。

第五节　其他电子期刊检索

一、人大复印资料全文数据库

人大复印资料全文数据库是由中国人民大学资料中心从全国几千种报刊上精选出人文和社会科学论文的全文,按专题分类编辑制作的电子期刊数据库。收录了 1995 年以来印刷本《复印报刊资料》百余种专题刊物的全部原文,文献分为教育、文史、经济和政治四大类,内容涵盖人文和社会科学各个领域,数据按季度更新,信息量大。数据库全文检索系统由浙江天宇信息技术有限公司开发制作,检索主界面分为数据库列表区、库命中结果区、检索区、检索结果显示区四个区,操作简单,只需要使用 IE 浏览器就可进行操作,初学者很容易掌握。登录成功的正式用户方能浏览和下载全文。其主界面如图 6 - 23 所示。

图 6 - 23　人大复印资料全文数据库主界面

二、Elsevier Science 全文电子期刊

荷兰 Elsevier Science 公司是世界上知名的出版商,其出版的期刊是世界上公认的高品位学术期刊。Elsevier Science 全文数据库大多数都是核心期刊,并且被世界上许多著名的二次文献数据库所收录。近几年该公司将其出版的 1 800 多种期刊全部数字化,即 ScienceDirect 全文数

据库,并通过网络提供服务。它涉及计算机科学、工程技术、能源科学、环境科学、材料科学、数学、物理、化学、天文学、医学、生命科学、商业及经济管理、社会科学等众多学科。Elsevier Science 全文电子期刊的首页如图 6-24 所示。

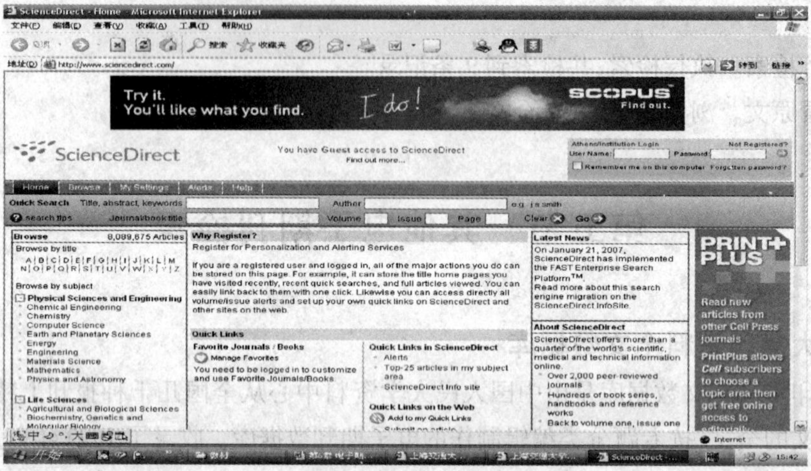

图 6-24　Elsevier Science 全文电子期刊的首页

Elsevier Science 的 1 800 多种全文电子期刊的学科分类如下:

Chemistry and Chemical Engineering(化学和化工)	(189 种)
Clinical Medicine(临床医学)	(232 种)
Computer Science(计算机科学)	(102 种)
Earth and Planetary Science(地球和行星科学)	(80 种)
Economics, Business and Management(经济学、商业和管理)	(115 种)
Engineering, Energy and Technology(工程、动力和技术)	(223 种)
Environmental Science and Technology(环境科学和技术)	(68 种)
Life Science(生命科学)	(339 种)
Materials Science(材料科学)	(116 种)
Mathematics(数学)	(45 种)
Physics and Astronomy(物理学和天文学)	(133 种)
Social Sciences(社会科学)	(189 种)

网上浏览期刊全文(PDF 格式)需要使用 Acrobat Reader 软件。利用 Acrobat Reader 可以将阅览到的全文直接打印和存盘。存盘的文件仍需要用 Acrobat Reader 软件浏览。

三、IEEE/IEE Electronic Library 数据库

IEEE/IEE Electronic Library (IEL) 数据库提供美国电气电子工程师学会(IEEE)和英国电气工程师学会(IEE)出版的 205 种期刊、6 500 余种会议录、1 480 余种标准的全文信息。多数

出版物提供 1988 年以后的全文数据，但有 IEEE 学会下属的 13 个技术学会的 18 种出版物可以看到更早的全文。用户通过检索可以浏览、下载或打印与原出版物版面完全相同的文字、图表、图像和照片的全文信息（浏览全文需要下载、安装 Acrobat Reader 软件）。直接输入服务器网址：http://ieeexplore. ieee. org 即可进入该数据库的主页面（图 6－25）。

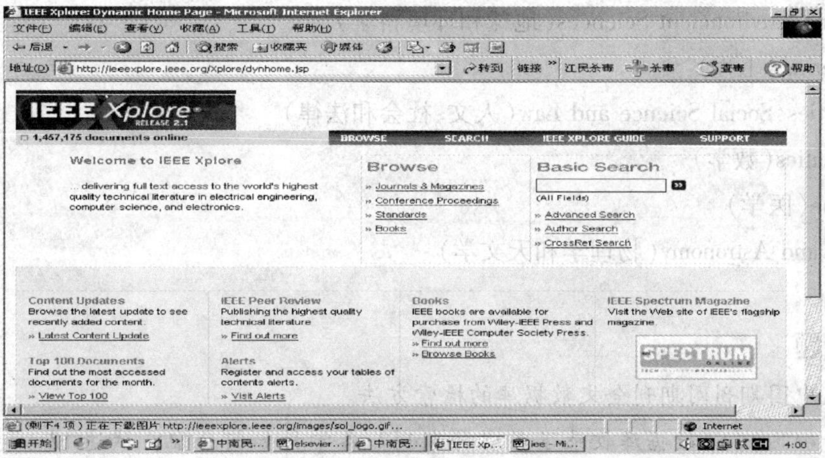

图 6－25　IEL 数据库的首页

四、Springer Link 数据库

Springer Link 数据库是由世界著名的科技出版集团德国的施普林格（Springer Verlag）出版公司提供的学术期刊及电子图书的在线服务，其首页如图 6－26 所示。Springer Link 数据库共包含 1 400 多种电子学术期刊，其中绝大多数是英文期刊，涉及 11 个学科的内容，具体分布情况大致如下：

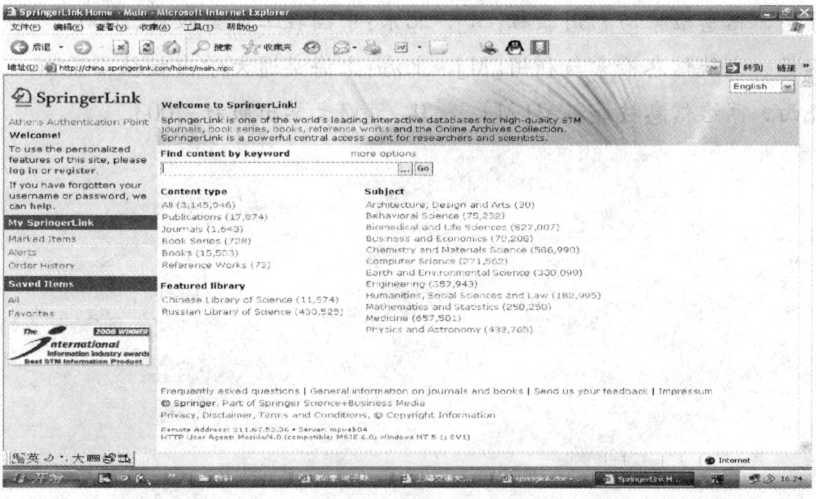

图 6－26　Springer link 数据库的首页

Behavioral Science(行为科学) (90 种)
Biomedical and Life Science(生物和生命科学) (240 种)
Business and Economics(商业和经济学) (100 种)
Chemistry and Materials Sciences(化学和材料科学) (130 种)
Computer Science(计算机科学) (140 种)
Earth and Environment Sciences(地球和环境科学) (147 种)
Engineering(工程) (130 种)
Humanities, Social Science and Law(人文、社会和法律) (240 种)
Mathematics(数学) (140 种)
Medicine(医学) (220 种)
Physics and Astronomy(物理学和天文学) (110 种)

思考题

1. 试述中国期刊网期刊全文数据库的检索方法。

2. Elsevier Science 数据库收录了多少种期刊？各学科如何分配？试述 Elsevier Science 数据库的检索方法。

3. 检索曾庆福发表的废水处理方面的期刊论文。

4. 检索自己的一个专业课老师发表的专业期刊论文。

5. 检索教育改革方面的中英文期刊论文。

6. 检索发表在“ELT Journal”上刊登的“翻译教学”方面的文章。

7. 检索电子仪器方面的英文期刊文献。

参考文献

[1]彭奇志. 信息检索与利用教程[M]. 北京:中国轻工业出版社,2006.
[2]陈冬花. 文献信息检索与利用[M]. 上海:上海交通大学出版社,2005.
[3]崔晓西. 网络信息技能教程[M]. 福建:厦门大学出版社,2003.

第七章　学位论文检索

随着各国教育的不断发展，产生了大量的博硕士学位论文，这些论文大多数都及时并较系统地反映了当时某项课题的最新研究成果或是最新的研究动态等，对现代的教学和科研等有着非常重要的借鉴作用，是目前非常重要的一种信息资源。

对于学位论文的定义，每个时期，每个国家都有不同的理解。在我国，人们比较习惯于将学士学位所要求的论文称之为毕业论文，将学位论文专指研究生为获取学位而撰写的论文。在国外，研究生学位论文的术语用“dissertation”或者“thesis”来表示。一般英国和美国的一些大学用“dissertation”表示博士学位论文，用“thesis”表示硕士学位论文，但两者之间并无严格的区分，许多的大学两个词互用。因此，在本书中所说的学位论文不包括本科生为获取学位而提交的论文，而专指博士和硕士研究生为取得学位资格而提交的学术研究论文。

学位论文作为一种特殊文献，具有以下特点。

(1)论文质量有保障。每位研究生在选题时都得从课题的先进性、创新性、实用性及可行性等方面进行论证，同时还要经过导师的严格指导并最终通过专家组的评审答辩后才能通过。因此，学位论文的质量得到了很好的保障，特别是博士学位论文，系统性非常强，往往会在某一专业领域产生较大的影响。

(2)专业性强，内容新颖，具有较高的学术研究价值和使用价值。如中国的很多博士、硕士学位论文的选题直接来源于国家各部委的科学基金、国家科技攻关、“863”高科技等项目，从而保证了选题的新颖性和独创性。

(3)参考文献多、全面，是难得的二次信息源。

(4)出版、流动方式特殊，使得学位论文存放分散，难以获取。但是由于目前数字化时代的到来，版权问题得到了很好的解决，出现了许多文摘或全文学位论文数据库，为广大学生和科研工作者提供了方便。

第一节　中国优秀博硕士学位论文全文数据库

一、资源介绍

中国优秀博硕士学位论文全文数据库(简称为 CDMD)是国家新闻出版总署批准创办的第一部以全文数据库形式编辑出版我国优秀博士、硕士学位论文的连续电子出版物期刊。它由清华大学主办、国家教育部主管、中国学术期刊(光盘版)电子杂志社编辑出版，是目前国内相关资源最完备、高质量、连续动态更新的中国优秀博硕士学位论文全文数据库。

中国优秀博硕士学位论文数据库以专题数据库的形式设计 CNKI 知识仓库分类导航体系，将各学科各门类的知识分为 10 个专辑共 168 个专题文献数据库，兼顾了各学科之间的内在联系和交叉渗透。它的十个专辑分别为理工 A、理工 B、理工 C、农业、医药卫生、文史哲、政治军事与法律、教育与社会科学综合、电子技术与信息科学、经济与管理。截止 2006 年 12 月 31 日，该数据库收录了 1999 年以来的全国 652 家博硕士培养单位的优秀博硕士学位论文 37 万多篇。该数据库首页如图 7－1 所示。

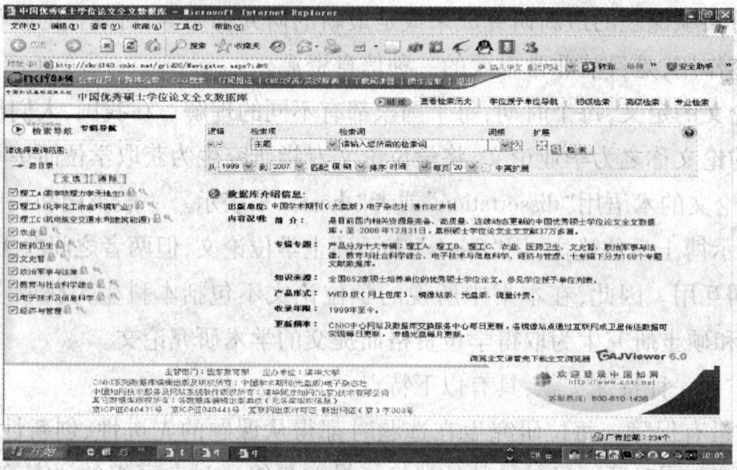

图 7－1　中国优秀博硕士学位论文全文数据库首页

二、检索方法

CNKI 检索系统为中国优秀博硕士学位论文全文数据库提供了初级检索、高级检索和专业检索三种检索方法。下面以 CNKI 检索系统提供的单库检索方法分别介绍这三种检索方法的使用及其规则。如果需要了解跨库检索相关方法，请参照相关跨库检索帮助。

1. 初级检索

(1) 检索特点。初级检索是一种简单检索。只需要在检索词输入框中输入检索词，然后检索条件进行相应的限定，点击检索按钮即可得出相应的检索结果。在初级检索中提供了词频控制、最近词、词扩展、中英扩展和时间范围等限定条件，同时还提供了多项单词逻辑组合检索功能。多项单词逻辑组合检索是指利用逻辑"＋"、"－"进行增加或减少检索项，并用"并且、或者、不包含"表示"逻辑与、逻辑或、逻辑非"，然后输入检索词进行组合检索。初级检索在数据库首页进行。

(2) 检索步骤。

①分析课题，找出课题给出的检索条件。

②选择检索范围。在目录导航工具条中选择检索目录，可根据需要"全选"，也可选一个或几个专题，还可选择某个专题下的子专题及更细分的目录，直到得到该类下的文章。

③选择检索字段。CNKI 检索系统为中国优秀博硕士学位论文全文数据库提供了中文题名、

副题名、中文摘要、中文目录、作者姓名、导师、中文详细摘要、全文、引文、论文级别、学科专业名称、学位授予单位、论文提交日期、英文关键词、英文题名、英文副题名和英文摘要等检索字段。

④选择检索时间范围、排序方式等检索条件。可以对学位论文提交时间、匹配方式(模糊与精确两种)、检索结果的排序方式(无、时间和相关度三种)、词频、中英扩展等进行限定,以达到精确检索结果的目的。

⑤在检索框输入检索词,执行检索即可得到相应的检索结果。

⑥如果初级检索结果达不到预期效果,可以使用二次检索缩小或扩大检索范围。二次检索可以根据需要多次使用。

2. 高级检索

(1)检索特点。高级检索是一种比初级检索要复杂一些的检索方法,但也可以进行简单检索,其界面如图 7－2 所示。高级检索的特有功能有多项、双词和逻辑组合检索和双词频控制。每一检索项之间的逻辑关系可使用"逻辑与、逻辑或、逻辑非"表达。

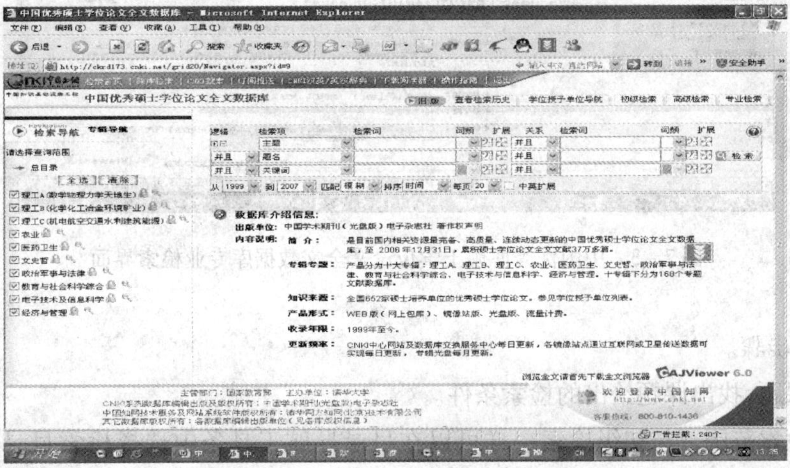

图 7－2　中国优秀博硕士学位论文全文数据库高级检索界面

(2)检索步骤。

①分析课题,找出课题给出的检索条件。

②选择检索范围。与初级检索一样,高级检索可以在目录导航工具条中选择检索目录,可根据需要"全选",也可选一个或几个专题,还可选择某个专题下的子专题及更细分的目录,直到得到该类下的文章。

③选择检索字段、逻辑关系,检索时间范围、排序方式等检索条件。高级检索界面下为每个检索项中的两个词之间提供了并且、或者、不包含、同句、同段五种逻辑关系,并且每个检索项中的两个检索词可分别使用词频、最近词、扩展词功能,同时还为两个检索项之间提供了并且、或者、不包含三种逻辑关系。

④根据需要在检索项中输入一个或多个检索词,并选择相应的限定条件后,即可执行检索并得到相应的检索结果。

3. 专业检索

(1)检索特点。专业检索比高级检索功能更强大,但需要检索人员根据系统的检索语法编制检索式进行检索。检索表达式构造方法为字段名称+“=”+检索词,多个检索词之间用逻辑运算符 AND、OR、NOT 连接。同时要注意,在构造检索表达式时请采用“()”前的检索项名称,而不要用“()”括起来的名称。“()”内的名称是在初级检索、高级检索的下拉检索框中出现的检索项名称,如分类号=TP393 and 题名=通信技术。专业检索界面如图 7-3 所示。

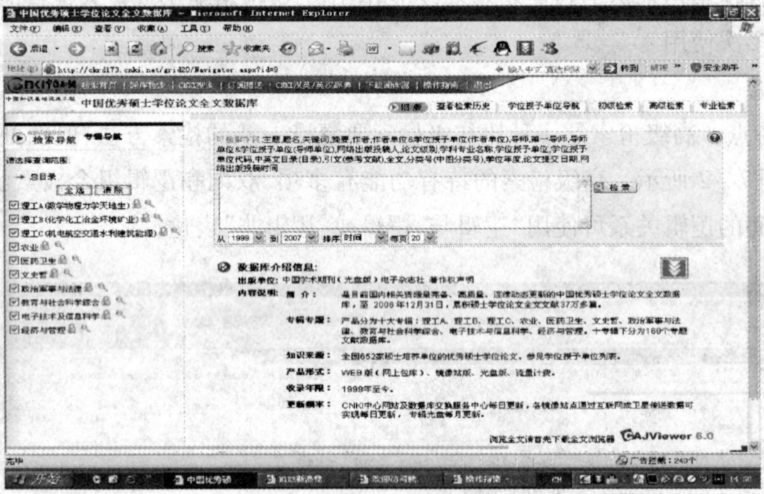

图 7-3　中国优秀博硕士学位论文全文数据库专业检索界面

(2)检索步骤。

①分析课题,找出课题给出的检索条件。

②选择检索范围。与初级检索一样可以在目录导航工具条中选择检索目录,可根据需要“全选”,也可选一个或几个专题,还可选择某个专题下的子专题及更细分的目录,直到得到该类下的文章。

③选择检索时间范围、排序方式等检索条件。与初级检索相比,这一步骤简单得多,只需要选择检索时间范围、排序方式,其余的都在构造检索表达式时完成。

④构造检索表达式进行检索。构造检索表达式的具体方法见下面的辅助功能设置。

三、辅助功能

1. 逻辑组合检索

多个检索项的检索表达式可使用“AND”、“OR”、“NOT”逻辑运算符进行组合，三种逻辑运算符的优先级相同。若要改变组合的顺序,请使用英文半角圆括号“()”将条件括起。

2. 符号规定

针对此数据库,CNKI 检索系统对其相应的符号进行了规定:所有符号和英文字母,都必须使用英文半角字符;逻辑关系符号[与(AND)、或(OR)、非(NOT)]前后要空一个字节;

计算字符时按真实字符(不按字节)计算字符数(即一个全角字符、一个半角字符均算一个字符);使用"同句"、"同段"、"词频"时,要用一组西文单引号将多个检索词及其运算符括起,如"流体 # 力学"。

3. 扩展功能

在 CNKI 检索系统中提供了许多扩展功能,如点击图标将弹出一个窗口,显示以输入词为中心的相关词;在弹出窗口中点击一个相关词前的□,再点击"确定"按钮,则该相关词自动以"逻辑与"的关系增加到检索框中;在弹出窗口中,点击多个相关词前的□,再点击"确定"按钮,则该多个相关词之间以"逻辑或"的关系增加到检索框中;在弹出窗口中,点击所需要的相关词,则该相关词自动进入检索框并取代原先输入词所需要的检索词。

4. 查看检索历史功能

CNKI 检索系统提供了保存检索历史的功能,如果有需要可以回查原来的检索结果,以便节约时间。

5. 学位授予单位导航

该数据库提供学位授予单位导航,导航按照省及地区进行编排。通过此功能,可以很快查出某一单位的博硕士论文被收录的数量。

6. 专辑导航检索

专辑导航是以 CNKI 文献专辑系统的 10 个专辑(理工 A、理工 B、理工 C、农业、医药卫生、文史哲、政治军事与法律、教育与社会科学综合、电子技术与信息科学、经济与管理)类目为导航类目,即 10 个专辑导航系统。逐层点击专辑类目、细目,即可检索到某一细目下的相关文献。

7. 题录保存功能

题录保存是指当获得检索结果后,如需要将检索结果的目录保存以供他用时,可在检索结果的简单页面上选择条目进行保存。系统提供四种保存格式,分别为简单格式、详细格式、引文格式和自定义格式。系统允许在一个题录文件中最多保存 50 条题录。

8. 专业检索语法表(表 7-1)

表 7-1 中国优秀博硕士学位论文全文数据库专业检索语法表

检索项	运算符/式	检索功能	检索含义	备注
学位授予单位代码、学位年度、论文级别、分类号、论文提交日期、网络出版投稿时间	= value	精确	与检索字/词完全相同,不区分大小写	运算符 = 前后不能空格
	= value?	前方一致	与检索字/词前方一致	
	= value? value?	前方一致字距	与检索字/词 1 前方一致,并且检索字/词 1 与检索字/词 2 间相隔一个字	
	= value? .. value?		与检索字/词 1 前方一致,检索字/词 1 与检索字/词 2 间的?,表示其间隔个字数	
	= value? * value?		与检索字/词 1 前方一致,检索字/词 1 与检索字/词 2 间隔任意字数	

续表

检索项	运算符/式	检索功能	检索含义	备注
作者、作者单位、导师、第一导师、导师单位、网络出版投稿人、学科专业名称、学位授予单位、基金	= str	精确	与检索字/词完全相同	运算符/SUB大写,前后至少空一字符
	= 'str/SUB N'	序位精确	第 n 位与检索字/词完全相同	
	% str	包含	包含检索字/词	
	% 'str/ SUB N'	序位包含	第 n 位包含检索字/词	
主题、题名、关键词、摘要、中英文目录、引文、全文	= str	包含	包含检索词	运算符 # % 前后空 1 字符
	% str	模糊	包含检索词及其词素	
	= 'str1#str2'	词距	同句	
	= 'str1%str2'		同句,按词序出现	
	= 'str1/NEAR N str2'		同句,间隔小于 N 词	运算符 $ /NEAR /PREV /SEN 大写,前后空 1 字符
	= 'str1/PREV N str2'		同句,按词序出现,间隔小于 N 词	
	= 'str1/AFT N str2'		同句,按词序出现,间隔大于 N 词	
	= 'str1/SEN N str2'		同段,按词序出现,间隔小于 N 词	
	= 'str1/PEG N str2'		全文,词间隔小于 N 段	
	= 'str1 $N'	词频	检索词出现的次数	

四、检索结果处理

1. 结果显示

检索结果以题名列表的形式显示。

2. 关联检索

选中记录后,可以查看该记录的题录信息并可进行相关字段的关联检索。

3. 查阅全文

该数据库提供了四种全文查看方式,分别为在线浏览、基本下载、分章下载和分页下载,用户可以根据需要选择其中一种进行阅读。

4. 全文打印、保存、文字识别

该数据库的全文为 CAJ 格式,可以直接打印和保存,系统还提供了 OCR 文字识别功能。

五、检索实例

课题

查找东华大学有关针织方面的博士学位论文。

(1) 分析课题。通过对检索课题进行分析,可以分析出课题的主题是有关针织的,论文的级别是博士学位论文,学位授予单位是东华大学。

(2) 检索方法选择。经过对课题的分析,可以选择高级检索进行检索,也可以采用专业检索进行检索。针对此数据库的特点,采用专业检索查找该课题的相关信息。

（3）构造检索表达式。根据对课题的分析，可以依据该数据构造检索表达式的相关规定，构造如下检索表达式：主题 = 针织 AND 学位授予单位 = 东华大学 AND 论文级别 = 博士。

（4）执行检索。在专业检索界面中输入检索表达式，点击检索按钮得到检索结果。

第二节　中国学位论文全文数据库

一、资源介绍

中国学位论文全文数据库是由国家法定学位论文收藏机构中国科技信息研究所提供，并委托万方数据有限公司加工建库，收录了自 1977 年以来我国自然科学领域博士、博士后及硕士研究生论文。中国学位论文全文数据库精选了相关单位近几年来博士、硕士的学位论文。该数据库涵盖了自然科学、数理化、天文、地球、生物、医药、卫生、工业技术、航空、环境、社会科学和人文地理等各学科领域，充分展示了中国研究生教育的庞大阵容。

中国学位论文全文数据库始于 1995 年建设的中国学位论文文摘数据库，到目前为止，收录了我国自然科学领域博士、博士后、硕士研究生优秀论文全文共计 60 万篇，年增全文 15 万余篇，是我国收录数量最多的学位论文全文库。该数据库首页如图 7 - 4 所示。

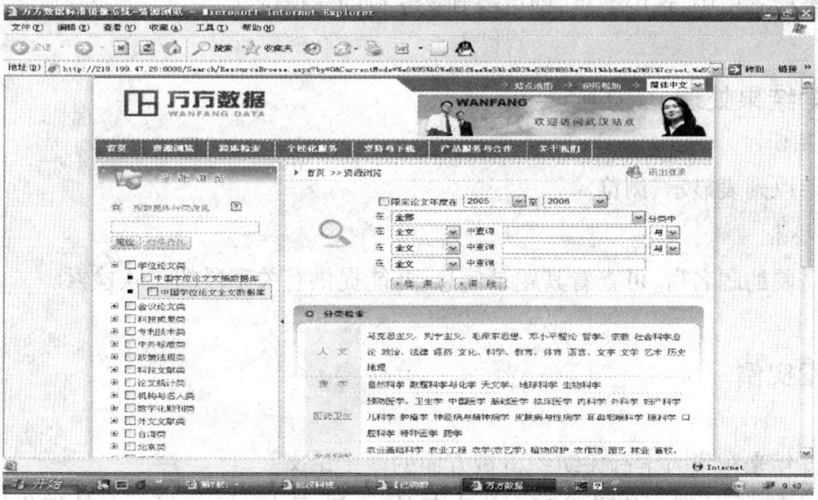

图 7 - 4　中国学位论文全文数据库首页

二、检索方法

中国学位论文全文数据库有基本检索和分类检索两种检索方法。

1. 基本检索

（1）检索特点。基本检索支持一个或多个检索条件的检索。基本检索在数据库首页上进行。

(2)检索步骤。

①分析课题,找出课题给出的检索条件。

②选择检索范围。在检索界面中选择学位论文范围和对论文的年度进行限定。

③选择检索字段,确定检索词之间的逻辑关系、匹配方式等检索条件。中国学位论文全文数据库提供了全文、论文题名、作者、作者专业、导师姓名、授予学位、授予单位、授予时间、分类号、关键词和文摘等检索字段。逻辑关系有"或"、"与"、"非"。匹配方式有模糊、精确和前方一致等。

④在检索栏中输入一个或一个以上的检索词即可得到相应的检索结果。

⑤如果初级检索结果达不到预期效果,可以使用二次检索缩小或扩大检索范围,其检索方法是在检索结果界面中的检索栏中输入检索词进行检索。二次检索可以根据需要多次使用。

2. 分类检索

(1)检索特点。按学科进行分类检索和浏览学位论文。分类检索直接在数据库首页上进行。

(2)检索步骤。

①分析课题,找出课题给出的检索条件。

②根据这些条件,确定课题所属的学科范围。

③在分类检索栏中,选中类目,即可得到该学科的学位论文。

三、检索结果处理

1. 结果显示

检索结果以列表显示、浏览。

2. 关联检索

选中所需要的题名后,可查看其题录信息,并能提供有关字段的关联检索。

四、检索实例

课题

查找近五年来东华大学有关纺织机械方面的博士论文。

(1)分析课题。该课题给出了四个检索条件:关键词或论文标题——纺织机械、论文的级别——博士学位论文、学位授予单位——东华大学、授予时间——2002~2007年。

(2)检索方法选择。经过对课题的分析,应选择基本检索进行检索。

(3)选择检索字段。根据该库字段的设置情况以及课题的实际情况,选择关键词、授予单位、授予学位三个字段。

(4)选择检索时间。限定论文年度:2002~2007年。

(5)输入检索词。

(6)执行检索,得到检索结果。

第三节 PQDD 博硕士论文数据库

一、资源介绍

PQDD(ProQuest Digital Dissertations)博硕士论文数据库是美国 ProQuest 公司[原名 UMI/ELL & Howell 的《国际学位论文文摘》(Dissertation Abstracts International. DAI)]的网络版,收录了全世界 1 000 多所北美地区及部分欧洲、亚洲及大洋洲地区著名大学的人文社会科学和理工科博硕士学位论文 160 多万篇,其中 100 多万篇有全文,学科覆盖了人文、哲学、社会科学、文学、艺术、数学、物理、化学、农业、生物、商业、经济、工程和计算机科学等广泛领域,是目前世界上最大和使用最广泛的国际性学位论文数据库。

PQDD 涵盖了自 1861 年以来,美国通过的博士论文,从 1980 年至今出版的所有论文中都有作者亲自撰写的350 字的摘要,从 1988 年至今出版的所有硕士论文都含有 150 字的摘要的引文。同时,PQDD 为满足国内对博士论文的广泛需求,对非正式用户可以采用以下途径获得一定的使用权,一是在网址 http://wwwlib. global. umi. com/dissertations 提供的 200 多万条目中免费阅读自 1997 年以来出版的论文全文的前 24 页;二是在中国 PQDD 集团联盟站点(如 http://proquest. calis. edu. cn/umi)上注册申请为临时用户,待许可后可以得到相应的数据库使用权限。

二、检索方法

PQDD 提供两种检索方法,一种是基本检索(Search Basic),另一种是高级检索(Search Advanced)。下面分别介绍两种检索方法的使用及相关规则。

1. 基本检索

(1)检索特点。PQDD 提供的基本检索方法相对于其他全文数据库提供的基本检索要复杂一些,它与某些数据库提供的高级检索方法类似,有三个检索词输入框和一个起止时间框,用户可以根据需要输入一个或一个以上的检索项进行检索。基本检索界面如图 7-5 所示。

(2)检索步骤。

①分析课题,找出课题给出的检索条件。

②选择检索字段。PQDD 设有 14 个可检索字段,在缺省字段进行检索时,缺省字段默认为关键词字段即基本索引字段(包括篇名和文摘字段)。字段检索的规则是字段名或字段代码后紧跟括号括起来的词或短语,如 Ti(computer)、SU(education)等。PQDD 中的字段名、字段代码及应用举例见表 7-2。

③选择检索时间范围。用户还可以根据实际需要,在基本检索界面中利用日期范围指定框(degree date from…to…)限定检索日期范围,以提高检索针对性和提高检索效率。

④选择逻辑关系。如果希望几个检索词分别限定在不同的字段中,可在三个输入框中输入检索词及选择其所要限定的字段,并选择逻辑算符将三个输入框中的检索词连接起来,以实现多字段组配检索。

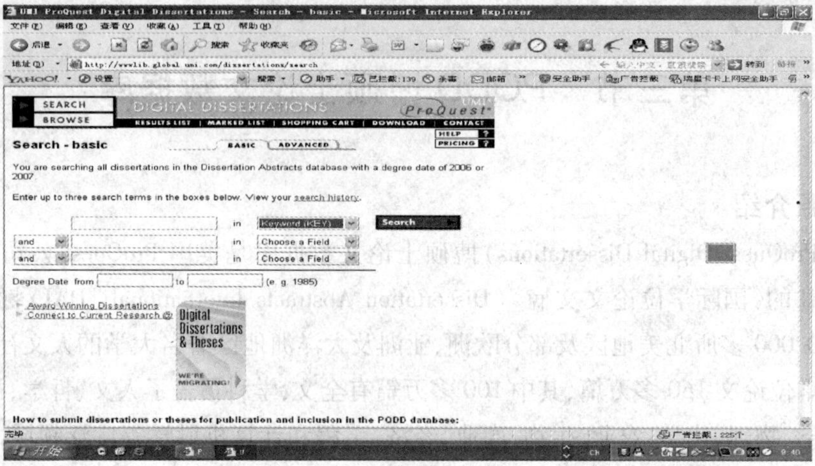

图 7－5　PQDD 数据库的基本检索界面

表 7－2　PQDD 中的字段名、字段代码及应用举例

字 段 名 称		字 段 代 码	实　　例
Abstract	文摘	Ab,abs,abstract	ab(Iowa and caucus?),b(ozone)
Adviser	导师	Ad,adviser,advisor	ad(Kani),adviser(Smith,Ann?)
Author	著者	au, at, author	au(Hart, William)
Degree Date (year)	获学位年	Ddt,da,date,yr,year	DDT(1996),da(<1990),yr(1980:1990)
Degree Awarded	学位	Dg,ddn,degree	DG(PHD),degree(MILS)
Dissertation Database ID	论文对应的刊物	disdb	disdb(DAI),DISDB(MAI)
Dissertation Volume/Issue	论文对应刊物卷期	disvol	disvol(DAI－B 56－02),disvol(B)
ISBN	国际标准书号	isbn	ISBN(91－554－3527－0)
Keyword (Basic Index)	关键词	bi,keyword	bi(mooring?),keyword(Cuba or Haiti)
Language	论文语种	la,language	la(French)
Publication/Order Number	出版物/订购号	pn,no,publication	pn(AAT9634098)
School Name/Code	学校名称/代码	sc,sch,school	sc(Wayne State),SC(0254)
Subject Name/Code	主题名称/代码	su,sub,subject	su(Cinema),su(0900)
Title	篇名	ti,title	TI(Fuzzy logic),ti(NASAAstrophys?)

⑤输入检索词。

⑥执行检索,得到相应的检索结果。

2. 高级检索

(1)检索特点。高级检索支持检索表达式的检索,其界面中有一个检索表达式输入框(图 7－6),用户可使用系统提供的布尔逻辑算符、邻近算符、截词检索和字段限定检索等技术方法构建一个完整的检索表达式进行检索。

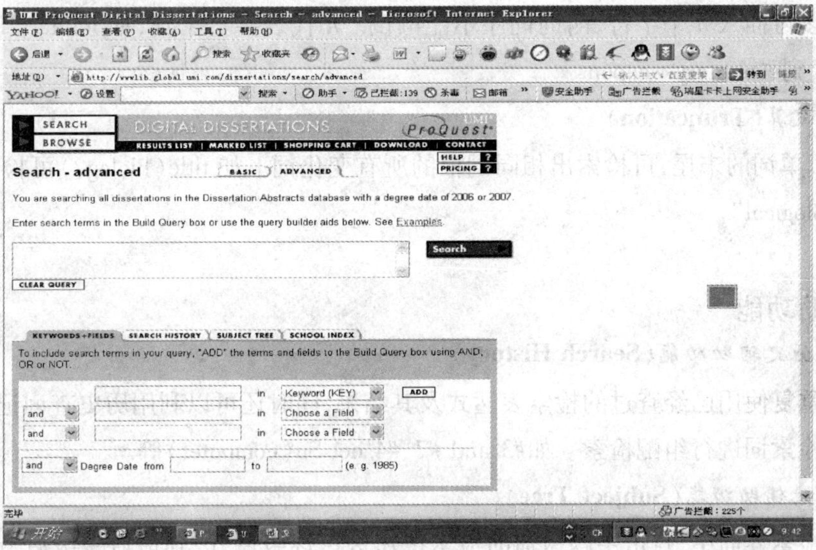

图 7－6　PQDD 的高级检索界面

(2)检索步骤。

①分析课题,找出课题给出的检索条件。

②选择检索字段。检索字段同基本检索。

③构造检索表达式。在进行高级检索时,有两种方法构建检索表达式。第一种方法是直接在输入框中输入检索词、字段代码和逻辑算符等构建一个检索表达式,词与词之间用空格分开,如 TI(education)and AB(manage) and DG(PHD),具体规则见下面的辅助功能设置。第二种是利用高级检索界面下面的 4 种检索辅助框提供的选项帮助构建检索表达式。四种检索辅助选项为 Keyword + Fields、Search History、Subject Tree 和 School Index。在对应检索辅助框中输入相应检索词或选定相应内容,再选定相应检索辅助框上方的布尔逻辑算符,然后点击按钮 ADD,在辅助框中确定的检索表达式会自动调入主检索输入框进行检索。

④输入检索表达式。

⑤执行检索,得到相应的检索结果。

三、检索技术

1. 布尔逻辑运算(Boolean Operators)

PQDD 检索系统使用了 3 种布尔逻辑运算符,分别是 AND、OR、NOT(ANDNOT),其意义为逻辑与、或、非。

2. 邻近运算(Poximity)

邻近运算符有两种。一是 W/n,用于两词之间,表示两个词之间最多可以插入 n 个字符,两词词序可以颠倒。注意:这里表示字符个数,而不是单词个数,如 intelligent W/10 buildings 可检索出“intelligent buildings”和“buildings that are intelligent”。二是 PRE/n,用于两词之间,表示两个词之间最多可插入 n 个字符,两词词序不能颠倒。n 代表字符个数,如 military PRE/1 weapons 只能检索到 “military weapons”。

3. 截词运算(Truncation)

“?”用于单词的末尾,可检索出相同词根的所有变化词。如 title(biolog?)可检索出 “biology” and “biological”。

四、辅助功能

1. 检索历史辅助功能(Search History)

用户可重复使用已经查过的检索表达式及其结果,同时还可以利用历史查询记录号与其历史记录号或检索词进行组配检索。如#3 and #7、#4 not Su(computer)等。

2. 主题树辅助功能(Subject Tree)

在高级检索界面中,点击主题树辅助检索按钮进行逐级展开,到最后一级后,点击 ADD 就可添加到上面的检索框进行检索。

3. 其他辅助功能

除以上辅助检索功能外,还有学校索引(School Index)、浏览检索(Browse)和固定短语检索等。

五、检索实例

课题

查找有关高等教育环境管理策略方面的学位论文。

(1)分析课题。通过对检索课题进行分析,可以分析出课题的主题是有关高等教育、教育环境和管理策略的学位论文,其对应的英文主题词为“higher education”、“enrollment management”和“management strategic”。

(2)检索方法选择。经过对课题的分析,可以直接在基本检索界面中分三栏输入以上三个主题词,并用布尔逻辑运算符 AND 连接,点击 Search 即可;也可以采用高级检索进行检索。针对此数据库的特点,采用高级检索查找该课题的相关信息。

(3)构造检索表达式。根据对课题的分析,可以依据该数据构造检索表达式的相关规定,构造如下检索表达式:TI(higher education) and KEY(enrollment management) and AB(strategic)。

(4)输入检索表达式。

(5)执行检索,得到检索结果。在高级检索界面中输入上面构造的检索表达式,点出检索按钮得到检索结果。

(6)检索结果处理。

第四节　其他学位论文检索

一、CALIS 高校学位论文数据库

CALIS 高校学位论文数据库是我国具有特色的全国性学位论文数据库，它是中国高等教育文献保障系统的子项目之一，由 CALIS 全国工程文献中心（清华大学图书馆）负责组织协调全国各高校合作建设。CALIS 高校学位论文数据库属于资源共享型数据库，采用统一规范，分散加工及集中建库的运作模式。CALIS 高校学位论文数据库于 2000 年 4 月开始向高校用户开放，其内容涵盖了自然科学、社会科学和医学等各个学科领域。到目前为止，收录了包括北京大学、清华大学等全国著名大学在内的 222 个 CALIS 成员馆的博士、硕士学位论文 25 万多篇。

CALIS 高校学位论文数据库提供了简单检索和复杂检索两种检索方法以及学科浏览功能，其检索界面如图 7－7 所示。

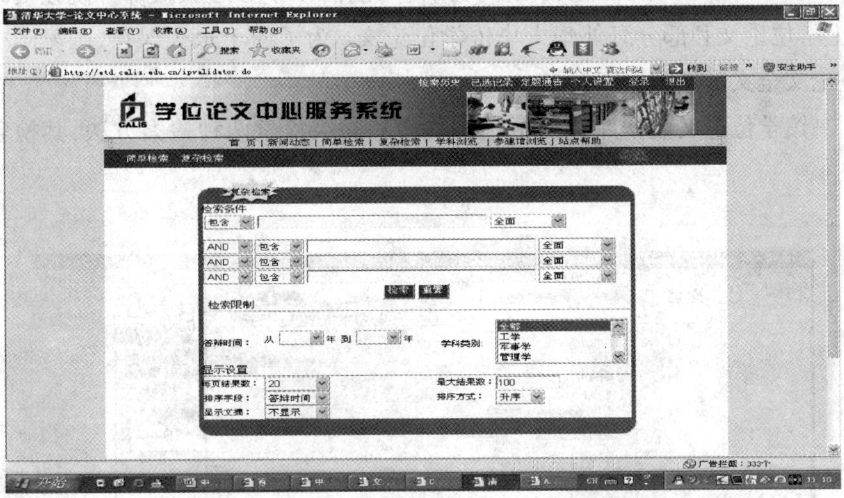

图 7－7　CALIS 高校学位论文数据库检索界面

二、中国科学院学位论文数据库

中国科学院学位论文数据库报道和揭示中国科学院培养毕业学生的硕士博士论文和博士后报告的内容，著录内容有题名、论文作者、学位信息、中英文关键词、作者中英文文摘和导师信息等。该数据库收录年代从 1980 年开始，现有数据 3 万多条。

中国科学院学位论文数据库提供了基本检索、高级检索和分类检索三种检索方法，其检索界面如图 7－8 所示。

三、国家图书馆学位论文数据库

国家图书馆学位论文数据库由国家图书馆学位论文收藏中心建设。国家图书馆学位论文

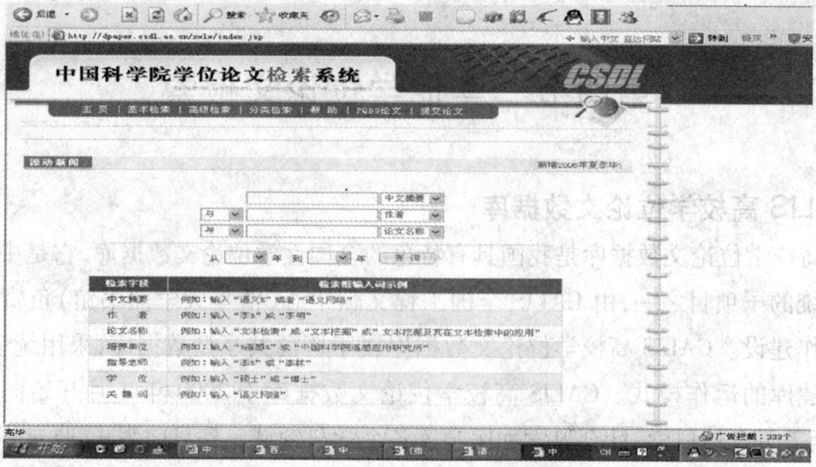

图 7－8　中国科学院学位论文数据库检索界面

收藏中心是国务院学位委员会指定的全国唯一负责全面收藏和整理我国学位论文的专门机构，也是人事部专家司确定的唯一负责全面入藏博士后研究报告的专门机构。20 多年来，国家图书馆学位论文收藏中心收藏博士论文近 12 万种。此外，该中心还收藏部分院校的硕士学位论文、台湾博士学位论文和部分海外华人华侨学位论文。为了便于永久保存，国家图书馆还将着手开始学位论文全文影像数据库建设。

国家图书馆学位论文数据库提供了基本检索和高级检索两种检索方法，其检索界面如图 7－9 所示。

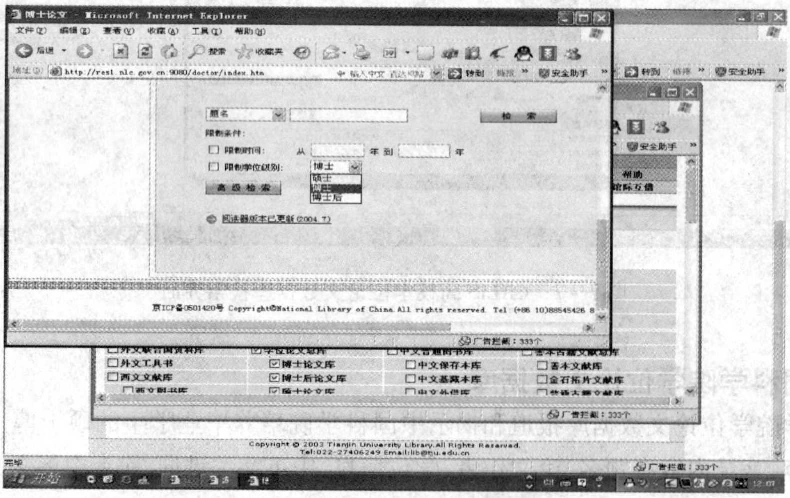

图 7－9　国家图书馆学位论文数据库检索界面

四、台湾博硕士论文数据库

台湾博硕士论文数据库即台湾博硕士论文咨询网，提供网上博硕士论文摘要检索系统服务。大部分论文作者提供论文的目录及参考文献资料等。从 1998 年以后凡经作者授权的论文皆可在网上浏览全文。其检索界面如图 7－10 所示。

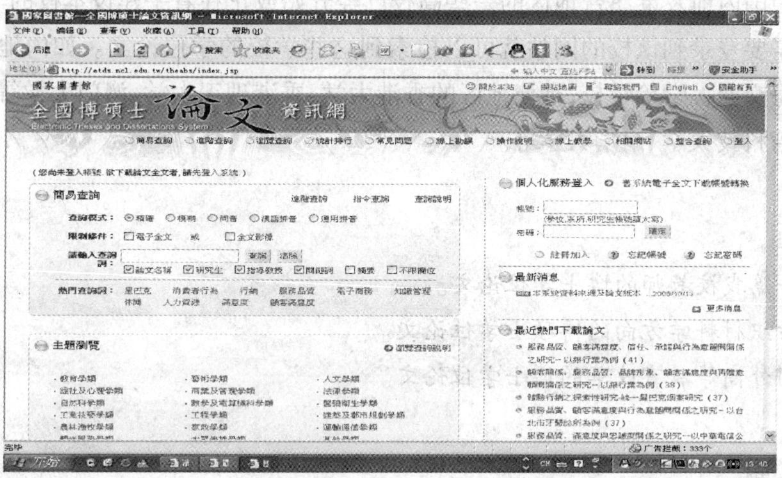

图 7－10 台湾博硕士论文数据库检索界面

五、NDLTD 学位论文数据库

NDLTD 全称是 Networked Digital Library of Theses and Dissertations，是由美国国家自然科学基金支持的一个网上学位论文共建共享项目，为用户提供免费的学位论文文摘，还有部分可获取的免费学位论文全文（根据作者的要求，NDLTD 文摘数据库链接到的部分全文分为无限制下载、有限制下载和不能下载几种方式），以便加速研究生研究成果的利用。

目前全球有 170 多家图书馆、7 个图书馆联盟、20 多个专业研究所加入了 NDLTD，其中 20 多所成员已提供学位论文文摘数据库 7 万条，可以链接到的论文全文大约有 3 万篇。

NDLTD 学位论文数据库提供的检索方式有快速检索和浏览检索两种检索方法，其检索界面如图 7－11 所示。

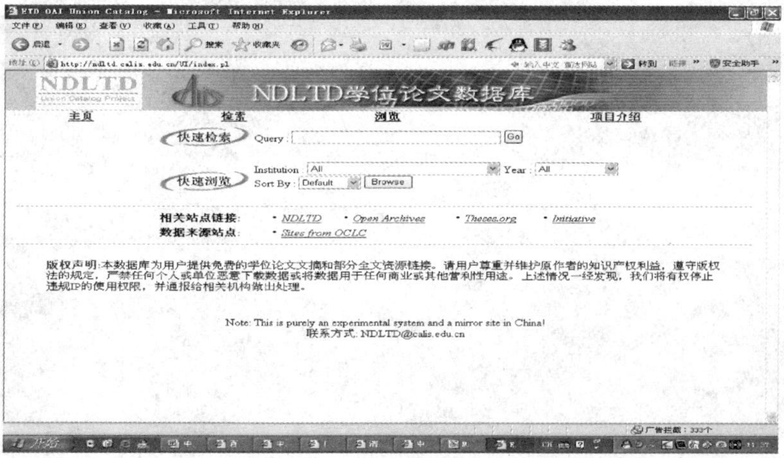

图 7－11 NDLTD 学位论文数据库检索界面

六、中国内地及港澳台地区大学自建学位论文数据库

目前,在中国内地及港澳台地区的一些高校已经开始或正在着手建设本校的学位论文数据库,使用者只需要登录到该校的网站就可以检索到这些学校的学位论文。如内地的北京大学、复旦大学、上海交通大学等学校,港澳地区的香港大学、香港理工大学、澳门大学等,台湾地区的中山大学、台湾科技大学、南华大学等。

☞ 思考题

1. 查找一篇我校教师的博士学位论文。
2. 查找纺织材料学方向的博硕士学位论文。
3. 查找国外高等教育改革的博士学位论文。

☞ 参考文献

[1]李济群. 现代科技信息检索导航[M]. 北京:中国纺织出版社,2004,116-126.

[2]陈惠兰. 信息检索与利用[M]. 上海:东华大学出版社,2004,97-100.

[3]罗志尧,等. 文献信息检索与利用[M]. 北京:科学技术文献出版社,2004,218-220.

[4]陈冬花. 文献信息检索与利用[M]. 上海:上海交通大学出版社,2005,240-242.

[5]柯以侃,周心如. 化学化工特种文献及其检索[M]:北京:化学工业出版社,2005:34-63.

[6]陈明旦. 化学信息学[M]. 北京:化学工业出版社,2005:167-170.

[7]王道红. 学位论文质量管理研究[D]. 上海:华东师范大学,2005.

第八章　专利文献检索

第一节　专利文献概述

一、专利简介

1. 专利的含义

专利一词有三层含义:从法律的角度来理解是指专利权,从技术的角度理解是指受专利法保护的发明创造,而从文献的角度来看指专利说明书等各种专利文献。专利权是指国家专利主管机关授予申请人在一定时间内享有的不准他人任意制造、使用或销售其专利产品或者使用其专利方法的权利。

2. 专利的特征

(1)排他性。一项发明的专利只能授予一次,具有独占性,专利权人对专利产品的制造、使用和销售等具有独占性。

(2)地域性。根据巴黎公约规定的专利独立原则,专利权的地域性特点是指一个国家依照其本国专利法授予的专利权,仅在该国法律管辖的范围内有效,对其他国家没有任何约束力,外国对其专利权不承担保护的义务。

(3)时效性。指专利权人对其发明创造拥有法律赋予的专有权,只有在法律规定的时间内有效。期限届满后,专利权人对其发明创造就不再享有制造、使用、销售和进口的专有权。

3. 专利的授予条件

多数国家规定申请专利必须具备三个条件,即新颖性、创造性、实用性。

(1)新颖性。我国专利法规定,新颖性是指在申请日之前没有同样的发明或实用新型在国内外出版物上公开发表过、在国内公开使用过或者以其他方式为公众所知,也没有同样的发明或实用新型由他人向国务院专利行政部门提出过申请,并且记载在申请日以后公布的专利申请文件中。

(2)创造性。我国专利法规定,创造性是指同申请日以前已有的技术相比,该发明有突出的实质性特点和显著的技术进步。

(3)实用性。实用性是指该发明创造能够制造或者使用,并且能够产生积极效果。因此,实用性包括可实施性、再现性和有益性。

4. 专利的类型

(1)发明专利。发明专利包括对产品、方法或其他改进所提出的新的技术方案。产品发明如机器、仪器和设备等,方法发明如制造方法等。

（2）实用新型专利。实用新型专利是指对产品的形状、构造或其结合所提出的适于实用的新技术方案，与发明专利相比，其范围较窄、创造性较低，俗称“小发明”。

（3）外观设计专利。外观设计专利是指对产品的形状、图案、色彩或其结合做出的富有美感并适于工业上应用的新设计。外观设计必须与产品相关，并以产品作为它的载体，它只涉及产品的装饰性或艺术性外表而不涉及技术思想。

二、专利文献的概念与特点

1. 专利文献的概念

专利文献是实行专利制度的国家及国际专利组织在审批专利过程中产生的官方文件及其出版物的总称。广义的专利文献，包括专利申请说明书、专利说明书、专利公报、专利分类表、专利主题词表、专利文摘、专利法规及专利诉讼文件等。从狭义上来说，专利文献指的是专利申请说明书和专利说明书。我们通常提到的专利文献主要也是指专利说明书，因为专利技术通过说明书加以公开，是专利文献的主体，是科技人员关心的焦点，因而也是专利检索的主要对象。

2. 专利文献的特点

（1）内容实用详尽。专利说明书是递交审批的文件，要对发明内容的细节作充分详细的描述说明，以便同行的人员看懂，这也是为获得专利所必需的。有人称专利说明书提供的技术信息是“物化信息”。如果能系统地追溯进行检索，便可了解产品的全部技术内容，帮助进行产品技术总结和预测。

（2）技术新颖，范围广泛。每件专利的发明都有独创之处，它所包含的技术可以说是最先进的，内容是最新的。专利发明的范围很广，大到一些高精尖的技术，小到日常的生活用品如别针之类的小东西，都可以在专利文献中找到。

（3）数量庞大，重复量大。世界上每年公布的专利文献有 100 多万种，到目前为止，全世界的专利已达 2 000 多万种（包括失效的），数量是非常多的，但是这些专利文献重复率很高，在每年公布的专利文献中，重复率达三分之二，尤其以化学化工专利文献的重复率最高，也就是说一件基本专利平均将伴生 3～5 份相同专利。

造成这种状况的原因在于专利的保护有地域限制，一件专利为了能在不同的国家或地区得到保护，必须分别向这些国家或地区的专利主管机构提出申请，如对于一些比较重要的发明或有广大市场的发明，通常要在十几个国家或地区申请。从专利文献的角度来看，这种重复有利有弊。重复的专利文献增加了检索的成功率，比如一份专利使用几种语言文字公布，那么我们可以选择自己所知的文字进行检索、阅读。再有通常一项发明的相同专利文献越多，也说明该技术越重要。

（4）报道迅速，价值巨大。大多数国家的专利部门在受理类似发明时都是根据“优先申请原则”，把专利权授予最早的申请人，这样也就促使发明人尽早去办理专利申请。近几十年来，许多国家采用了“早期公开”的制度，规定在提出申请的一年半后，就要把说明书公开，这样就加快了报道的迅速，许多发明在专利文献中出现要远早于其他科技文献。如电视发明是 1923 年取得的专利，但在其他文献上直到 1928 年才看到。

随着科学技术的迅猛发展，专利的数量骤增，据不完全统计，世界上 70 多个国家每年出版的专利就有 100 多万件。长期以来，由于专利文献数量庞大，结构严谨复杂，联机检索的费用昂贵，使得许多人面对着专利的检索与利用望而却步。据欧洲专利局的一项统计表明，由于重复研究，欧洲每年大约浪费 200 亿美元的投资，而且近五年内，有三分之二的欧洲公司没有使用专利，因此多花了 60% 研发时间和 40% 的科研经费。可见专利的检索与利用问题，不得不引起关注。近几年来，Internet 的出现和快速发展，为人们检索利用专利文献提供了一条方便、快捷的渠道，Internet 上的专利数据库日益增多，且大多界面友好，检索灵活，内容丰富，更新迅速，这一切都给全世界的科技工作者带来了极大的便利。

目前在网上检索专利主要有两个渠道：一是通过各国工业产权局网站；二是通过商业数据库网站，如德温特专利数据库，大多提供收费服务。20 世纪 90 年代末，越来越多的工业产权网站上免费提供有专利文摘或权利要求及专利/专利申请全文说明书，如欧洲专利局及其成员国、美国专利商标局、中国国家知识产权局、日本专利局、加拿大知识产权局、德国专利商标局及韩国知识产权局等。

第二节　国家知识产权局官方网站

一、资源介绍

国家知识产权局官方网站是中华人民共和国知识产权局创办的政府性官方网站，其网址是 http://www.sipo.gov.cn。该网站提供中文和英文两种版本，向公众提供免费专利检索服务。此外，还承接国内外专利申请、专利审查、专利保护和专利代理等业务。同时，解答一些专利申请上的问题咨询，如申请费用、申请程序、申请表格、请求书和说明书的撰写、代理机构通讯地址、司法保护案件的分析等。通过该网站可免费获得专利说明书的全文。

此外，该网站还与中国知识产权报、国内政府网站、知识产权（专利）地方管理机构网站、知识产权服务网站及国外知识产权机构网站链接，为用户查阅相关信息提供了方便。

该网站的专利检索系统于 2001 年 11 月开通，收录有 1985 年 9 月 10 日以来公布的全部中国专利信息，包括发明、实用新型和外观设计三种专利的著录项目及摘要，并可浏览到各种说明书全文及外观设计图形。数据库每周三更新一次。专利检索系统界面如图 8－1 所示。

二、检索方法

该检索系统提供字段检索和 IPC 分类检索两种检索方法。

1. 字段检索

（1）检索特点。该检索方式提供 16 个检索字段，用户可选择其中一个字段进行检索，可以同时使用多个字段进行组合检索。字段检索在系统首页上进行。

（2）检索步骤。

图 8-1　国家知识产权局专利检索系统界面

①分析课题,确定检索字段。该检索方式提供 16 个检索字段,包括申请(专利)号、摘要、公开(告)日、分类号、申请(专利权)人、地址、颁证日、代理人、名称、申请日、公开(告)号、主分类号、发明(设计人)、国际公布、专利代理机构和优先权等。各检索字段之间默认进行"AND"运算。(各字段输入格式可查看检索系统的使用帮助)。

②输入检索词或检索表达式。在检索表达式中需要包含两个以上检索词时,可使用"AND"和"NO"两种布尔逻辑检索及优先运算符"( )",将各检索词连接起来,构成它们之间的逻辑关系。但要注意在号码或日期字段中不能使用布尔逻辑检索,如可以在"地址"字段中输入"武汉 OR 上海",而在"申请日"字段中输入"2000 AND 2001"系统则会视为无效。所有的布尔逻辑运算符均应使用半角符号,不得使用全角符号。

本检索系统支持模糊检索,以"%"作为模糊字符。如果某个字段中,所输入检索表达式的起首或中间有一部分是不确定的,则可使用模糊字符进行检索,如已知公开号末位数字为"9640",则可输入"%9640"进行检索;又如已知申请人姓吴,且名字中包含"仁",则应输入"吴%仁"。但日期作模糊检索时,模糊字符须省略,并同时略去字符串末尾的圆点,如已知申请日为 1999 年某月 5 日,应键入"1999..5"。

注意输入申请(专利)号和公开(告)日时,号码中的字母一律省略,如已知公开号为 1219642,应键入"1219642"。在日期字段中,按年、月、日输入,各部分之间用圆点分隔,年份用 4 位数字表示,月、日用 2 位数字表示,如已知公开日为 1999 年 10 月 5 日,应键入"1999. 10. 5"。

③执行检索,获得检索结果。

2. IPC 分类检索

(1)检索特点。通过逐级点击国际专利分类号(IPC 分类号)来完成检索,其检索界面如图 8-2 所示。

(2)检索步骤。

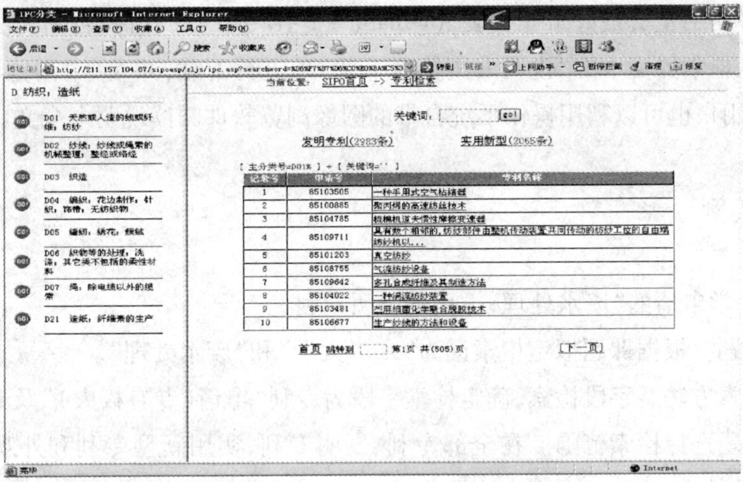

图 8－2　国家知识产权局专利检索系统 IPC 分类检索界面

①分析课题，确定相应的 IPC 分类号。分类提示区首先以列表方式列出 IPC 从 A 到 H 的 8 个部，单击某个部号，即可在其下方看到该部中所有大类的名称及类目注释，继续点击某个大类，可以看到其下面的所有小类及其注释。

②逐级点击分类号，页面右侧将同步显示数据库中与该级类号对应的所有专利目录，点击其中某个专利，便可查看其摘要信息，然后可进一步浏览专利说明书的全文。

三、检索结果显示及处理

在所有检索条件正确输入后，点击“确定”，系统执行检索并显示检索结果。在显示检索结果的页面，会列出所有检索结果清单（图 8－3），单击某条记录，可查看其摘要信息。在摘要信息页面的左侧是专利说明书全文下载区。点击“共 × 页”便可在线查看或下载专利说明书全文。

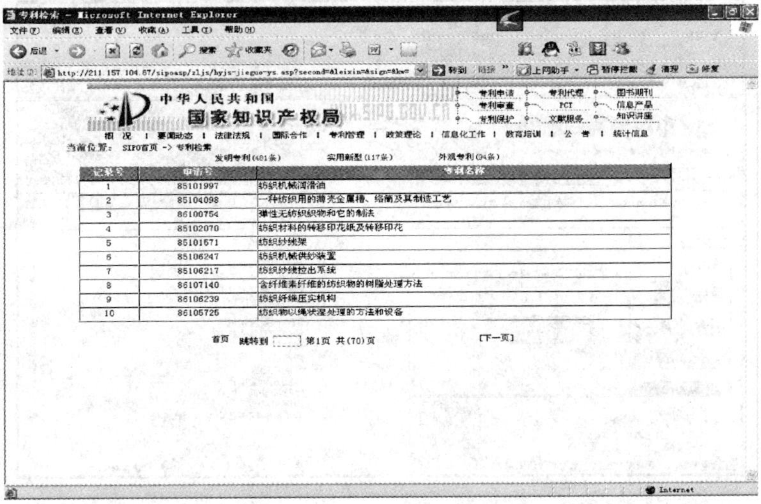

图 8－3　国家知识产权局专利检索系统检索结果清单

查看专利说明书全文最好事先安装 Alternatiff-1-4-0.exe 软件,否则无法浏览说明书全文。该软件可从检索界面中的“说明书浏览器下载”项进行下载,并参考“浏览器安装说明”进行注册、安装。用户也可以利用操作系统自带的图像浏览软件阅读说明书全文。

四、检索实例

课题

查找东华大学申请的“废水处理”方面的发明专利。

(1)分析课题。根据课题拟定检索词为“东华大学”和“废水处理”。

(2)选择检索方法。字段检索,确定检索字段为专利“申请(专有权人)”及专利“名称”。

(3)根据课题选择检索范围。在全部专利、发明专利、实用新型专利和外观设计专利四种中选择发明专利类型。

(4)构造检索表达式。名称=废水处理 AND 申请(专有权人)=东华大学。

(5)执行检索。执行检索,命中记录1条,点击专利名称即可查看全文信息。

第三节　中国专利信息网

一、资源介绍

该网站由国家知识产权局专利检索咨询中心于1998年5月建立,是国内最早通过互联网向公众提供专利信息服务的权威网站,2002年1月推出了改版后的新网站,网址是 http://www.patent.com.cn。其主页面如图8-4所示。它集专利检索、专利知识、专利法律法规、项目推广、高技术传播和广告服务等功能为一体。该网站具备以下三大功能。

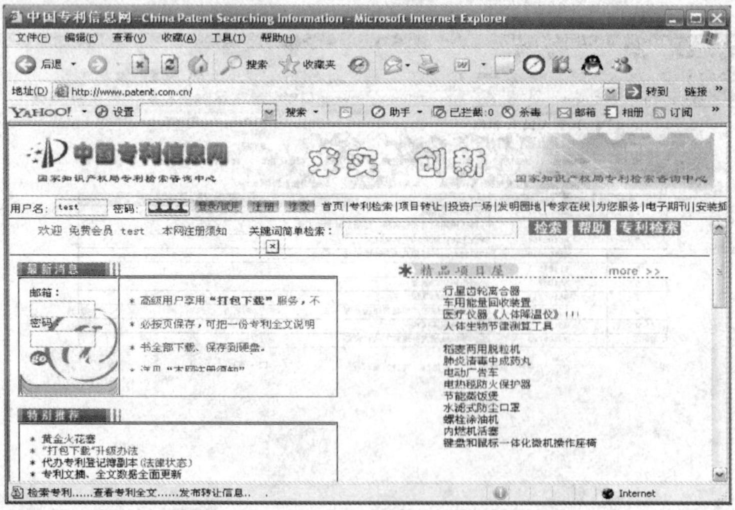

图8-4　中国专利信息网主页面

1. 专利检索功能

中国专利信息网是一个专利信息宝库,用户在此既能实时了解和中国专利相关的任何信息,又能方便快捷地查询专利的详细题录内容。它收录了我国自1985年出版专利文献以来全部发明专利信息和实用新型专利信息,记录包括完整的题录信息和专利文摘。用户可以免费看到各种专利文献的题录和文摘信息,收费索取专利说明书全文。中国专利信息网的数据库每三个月更新一次。

2. 项目转让功能

该网站还是一个针对专利项目推广的专业网站,可以提供有关专利技术转让的一切资料,还提供了一个展示专利技术的平台。

3. 发明园地功能

中国专利信息网给用户提供了一个发布发明设想、创造灵感及寻求伙伴的场所。

用户要在该网站进行专利检索,首先需要注册为正式会员或以免费会员方式登录进入,然后方能检索。

二、检索方法

数据库提供简单检索、逻辑组配检索和菜单检索三种检索方法。

1. 简单检索

(1)检索特点。通过在对话框中输入一个或两个以上的检索词来完成检索,检索词可以是一个字或词。简单检索界面如图8-5所示。

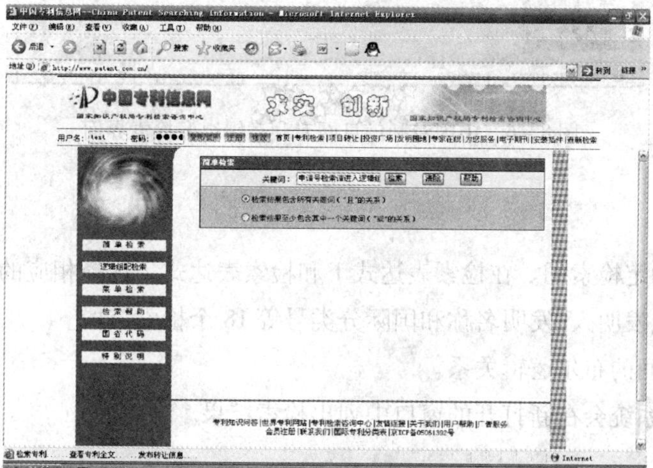

图8-5 中国专利信息网专利简单检索界面

(2)检索步骤。

①分析课题,确定检索词,在对话框内输入检索词。如果输入的检索词是两个以上,各检索词之间要用空格隔开,然后选择框下的选项,简单检索默认关键词之间的逻辑关系是“且”的关系。如果选择“或”的关系,则检索出的专利文献的题录信息中至少包含一个关键词;如果选择

“非”的关系，则检索出的结果包含全部关键词。

②执行检索。系统会在新打开的窗口中列出检索结果。

2. 逻辑组配检索

(1)检索特点。逻辑组配检索界面由多个对话框组成。用户根据自己的需求选择不同的检索字段，但是检索时一定注意输入检索词与字段的合理组配。检索表达式1和检索表达式2是检索提问输入框，分别可以输入多个关键词，并可以进行组配。检索表达式1和检索表达式2之间的逻辑组配关系可通过中间的逻辑关系选项(AND、OR、NOT)选择。在检索表达式1和检索表达式2的下方给出了可供选择的检索字段，默认为在全部字段中进行检索。如果用户要将检索限定在特定字段，则可在检索表达式字段下拉菜单中进行选择。逻辑组配检索界面如图8-6所示。

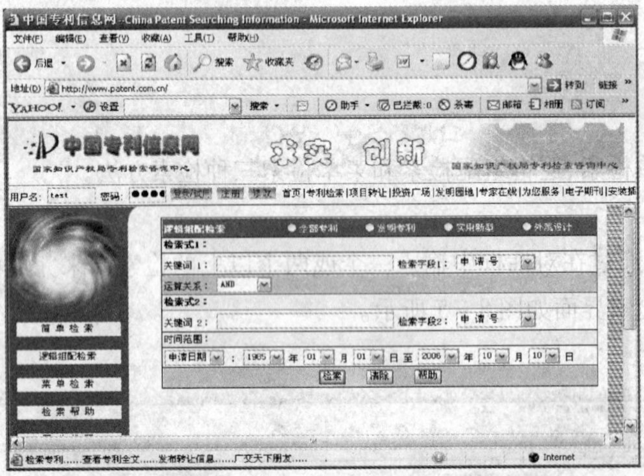

图8-6 中国专利信息网专利逻辑组配检索界面

(2)检索步骤。

①分析课题，确定检索词。在检索表达式1和检索表达式2选择相应的检索字段。可以选择的字段有申请人、发明人、发明名称和国际分类号等18个检索字段。

②确定字段之间的布尔逻辑关系。

③执行检索。系统会在新打开的窗口中列出检索结果。

3. 菜单检索

(1)检索特点。该检索方式提供17个检索字段，用户可选择其中一个字段进行检索，可以同时使用多个字段进行组合检索。菜单检索界面如图8-7所示。

(2)检索步骤。

①分析课题，确定检索字段。字段分别是申请号、公告号、公开号、国际专利分类号(IPC)、公开日、公告日、授权日、国家省市、发明名称、申请人、发明人、联系地址、代理人、代理机构、代理机构地址、权利要求和摘要等。各字段之间的逻辑组配关系为AND。

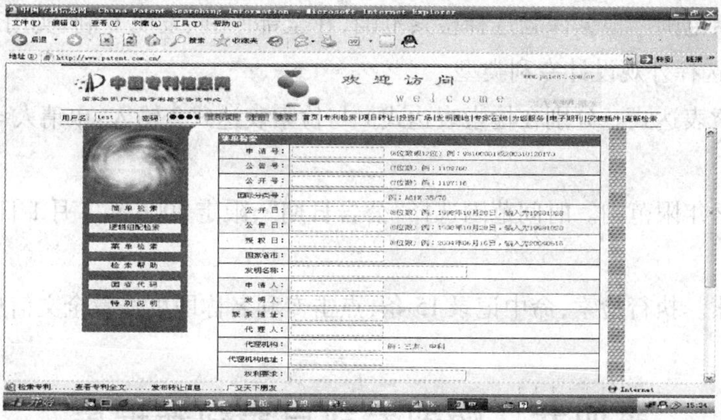

图 8 - 7　中国专利信息网专利菜单检索界面

各字段的输入方法分别是：

申请号　8 位数或者 12 位数，例 94122287。

申请日　8 位数，例 1990 年 6 月 29 日输入格式为：19900629。

公告日　8 位数，例 1990 年 12 月 12 日输入格式为：19901212。

国际专利分类号（IPC）　例 C08K 5/07 输入格式为：C08K 5/07。

②点击“检索”按钮，即可以检索到结果。

4. 其他辅助检索功能

（1）进阶检索。在专利数据库查询结果页面中继续查找信息，有重新检索和在结果中检索两种选择。重新检索：用本次输入的关键词重新检索（默认选项）；在结果中检索：在上一次的检索结果中再用本次输入的关键词进行检索，本次输入的关键词与前面检索结果是“AND”（且）的关系，可以帮助用户缩小检索范围，进行更有效的查询。

（2）时间限定。逻辑组配检索可以对时间进行限定，时间可选择公告日期和申请日期，默认为公告日期从 1985 ~ 2008 年，即最大时间范畴，包含专利数据库中的所有专利。其中可以自己限定时间范围，格式是四位数字，如 1985、2008 等。

三、检索结果显示

点击专利名称弹出中文专利题录信息界面，点击该界面上方的“浏览专利全文”按钮即可调出该专利的全文。用户可进行浏览、打印。

四、检索实例

课题

查找海尔集团公司 2006 年公告的冰箱外观设计专利。

（1）分析课题。根据课题拟定检索词为“海尔集团公司”和“冰箱”。

（2）选择检索方法。选择逻辑组配检索，确定检索字段为申请人及专利名称。

(3)选择检索范围。根据课题选择检索范围,在全部专利、发明专利、实用新型专利和外观设计专利四种中选择外观设计专利类型。

(4)输入检索表达式。分别在检索表达式1与检索表达式2输入:申请人=海尔集团公司;专利名称=冰箱。

(5)选择检索年限范围。时间范围选择“公告日期”,限定2006年1月1日至2006年12月31日。

(6)执行检索。执行检索,命中记录15条,点击专利名称即可查看全文信息。

第四节　欧洲专利局专利数据库

一、资源介绍

欧洲专利局(The European Patent Office,简称EPO)作为欧洲专利组织的执行机构,与美国专利商标局、日本特许厅并称世界三大专利机构,拥有世界上最庞大的专利文献库。于1998年联合各成员国的国家专利局在互联网上设立esp@cenet数据库,向用户提供免费专利文献检索。现已成为进行世界范围的专利检索,特别是查阅欧洲各国专利说明书的最佳工具,受到用户的普遍欢迎。

esp@cenet数据库的数据由欧洲专利局及其成员国提供,专利数据库收录时间跨度大,涉及的国家多,收录了1920年以来(各国的起始年代有所不同)世界上50多个国家和地区出版的共计1.5亿多万件文献的数据,具体内容包括最近两年内由欧洲专利局和欧洲专利组织成员国出版的专利、世界知识产权组织(WIPO)出版的PCT专利的著录信息以及专利的全文扫描图像。此外,该数据库还提供欧洲专利局所收集的1920年以来的世界各国专利信息,其中1970年以后所收集的专利都有英文的标题和摘要可供检索。该数据库主页面如图8-8所示。

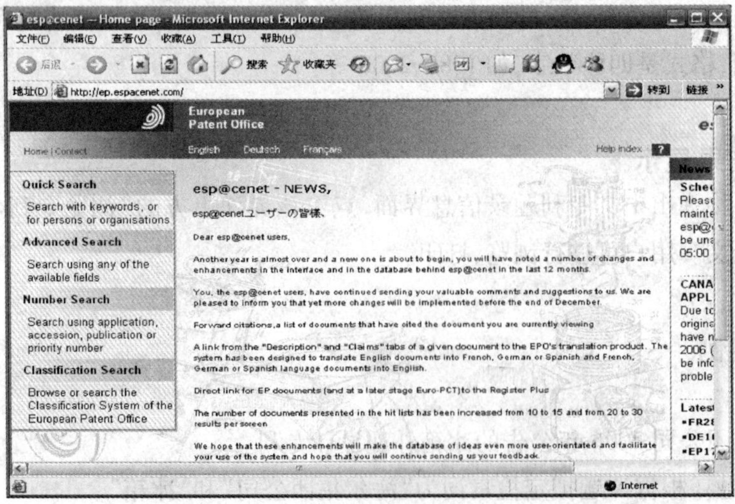

图8-8　esp@cenet数据库主页面

esp@ cenet 数据库由三部分构成。

(1)世界专利数据库(worldwide):约 70 多个国家和地区的专利文献。

(2)WIPO 数据库:近两年 WIPO 公开的国际专利文献。

(3)EP 数据库:近两年欧洲专利局公开的专利文献。数据库每周更新。

二、检索方法

esp@ cenet 数据库有"快速检索"(Quick Search)、"高级检索(Advanced Search)"、"号码检索(Number Search)"及"分类号检索 (Classification Search)"四种检索方法。该系统只支持简单逻辑检索。

1. 快速检索(Quick Search)

快速检索界面如图 8 - 9 所示。

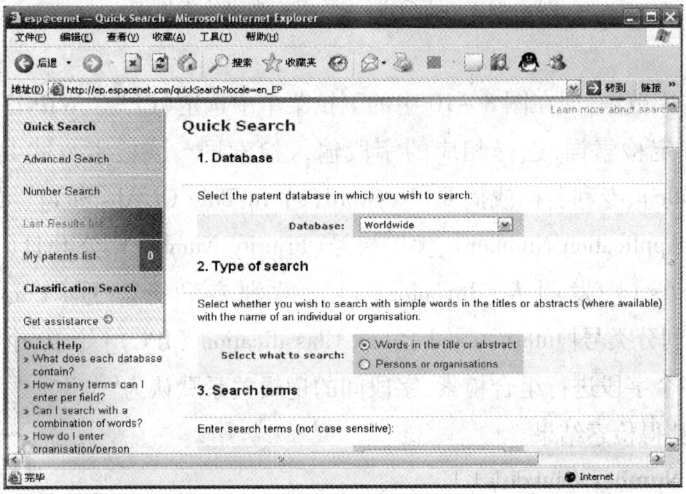

图 8 - 9 esp@ cenet 数据库快速检索界面

(1)检索特点。在检索表达式输入框 Search terms 中输入检索词来完成检索。

(2)检索步骤。

①先选择数据库范围,即在图 8 - 9 中的下拉菜单中选定"EP"、"WIPO"或"Worldwide"。

②确定检索类型。即根据专利内容在专利名称或摘要(Words In The Title Or Abstract)中检索,还是检索与某个专利有关的人或机构(Persons Or Organisations)。

③在检索表达式输入框 Search terms 中输入检索词。

④点击"Search"进行检索,得到检索结果。

2. 高级检索(Advanced Search)

高级检索界面如图 8 - 10 所示。

(1)检索特点。使用高级检索方法可对多个字段进行组合检索。

(2)检索步骤。

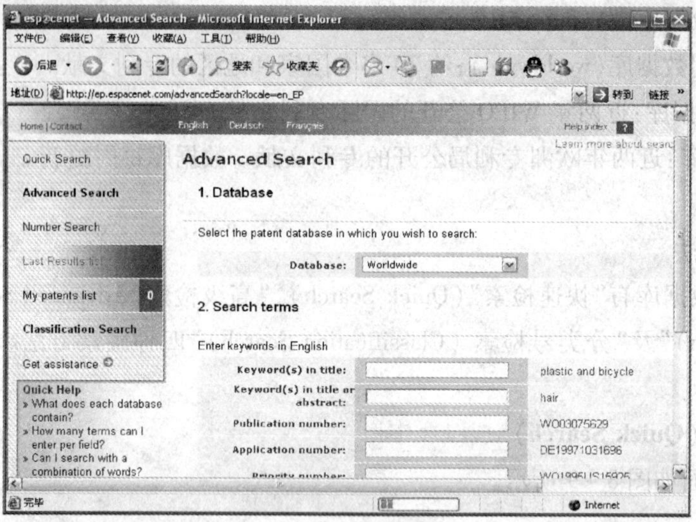

图 8－10　esp@ cenet 数据库高级检索界面

①先选择数据库范围，即在图 8－10 中的下拉菜单中选定“EP”、“WIPO”或“Worldwide”。

②分析课题确定检索词，选择相应的字段输入检索词。该检索方式共提供有专利名称[Keyword(s) In Title]、专利名称或摘要[Keyword(s) In Title Or Abstract]、专利号(Publication Number)、申请号(Application Number)、优先权号(Priority Number)、公开日(Publication Date)、申请人[Applicant(s)]、发明人[Inventor(s)]、欧洲专利分类号[European Classification (ECLA)]、国际专利分类号[International Patent Classification (IPC)]等 10 个检索字段，使用高级检索方法可对多个字段进行组合检索，字段间的逻辑关系默认为“与”。

③执行检索，获得检索结果。

3. 号码检索(Number Search)

号码检索界面如图 8－11 所示。

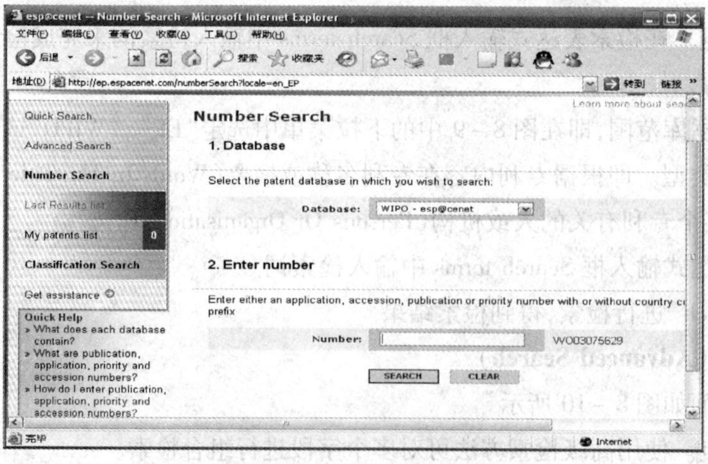

图 8－11　esp@ cenet 数据库号码检索界面

(1)检索特点。在使用 esp@ cenet 数据库的号码检索时,只需要在检索表达式输入框输入号码即可,要注意按照各国的取号规则进行输入。

(2)检索步骤。

①先选择数据库范围,即在图 8－12 中的下拉菜单中选定“EP”、“WIPO”或“Worldwide”。

②在检索表达式输入框输入号码。

③执行检索,获得检索结果。

4. 分类号检索(Classification Search)

分类号检索界面如图 8－12 所示。

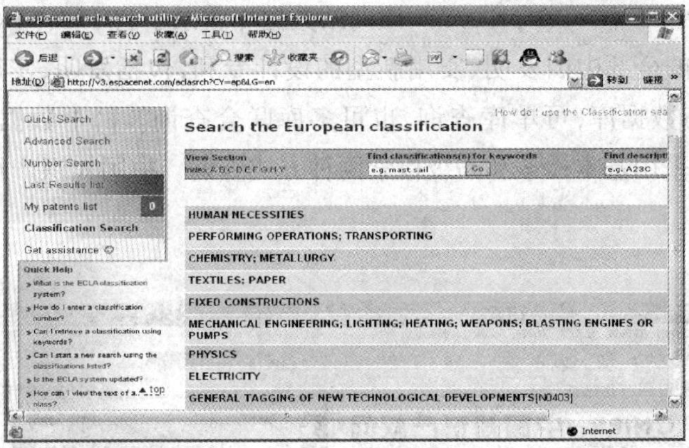

图 8－12 esp@ cenet 数据库分类号检索界面

(1)检索特点。可以通过专利分类号来检索和浏览欧洲专利局的各类专利文献。

(2)检索步骤。通过专利分类号来检索和浏览欧洲专利局的各类专利文献。

三、检索结果显示及处理

系统执行检索后,显示检索的结果为命中记录的清单,每条记录包括专利号/申请号、专利名称、公开日/申请日等。单击专利名称,可进一步显示专利的摘要等信息。在摘要页面点击“Original document”(原始文档)即可以打开专利说明书。esp@ cenet 数据库中的专利说明书为 PDF 格式全文格式扫描图文件,需要安装 Acrobat Reader 阅读器才可查看。

四、检索实例

课题

查找关于“digital computer”的日本专利文献。

(1)分析课题。确定需要检索的是“日本专利”,拟定检索词:digital computer。

(2)选择检索方法。选择高级检索(Advanced Search)。

(3)选择数据库。根据课题选择世界范围专利数据库。

(4)输入检索词。在“Key words in title or abstract”中输入:digital and computer 或 digital computer; 在 Publication Mumber 中输入日本的国别代码:JP。

(5)执行检索。执行检索,得到检索结果,并根据需要对检索结果进行处理。

第五节　其他专利文献检索

一、中国知识产权网

中国知识产权网收录的专利数据是知识产权出版社根据每周法定出版的《专利公报》的电子版数据,网址是 http://www. cnipr. com。该网站数据库收录了自 1985 年《中华人民共和国专利法》实施以来公开的全部中国发明、实用新型的设计专利,包括发明、实用新型、外观设计专利数据库及法律状态数据库,可单库查询,也可多库联合查询。网上数据按法定公开日每周(周三)进行更新,可采用基本检索和高级检索两种方式查询。中国知识产权网主页如图 8 - 13 所示。

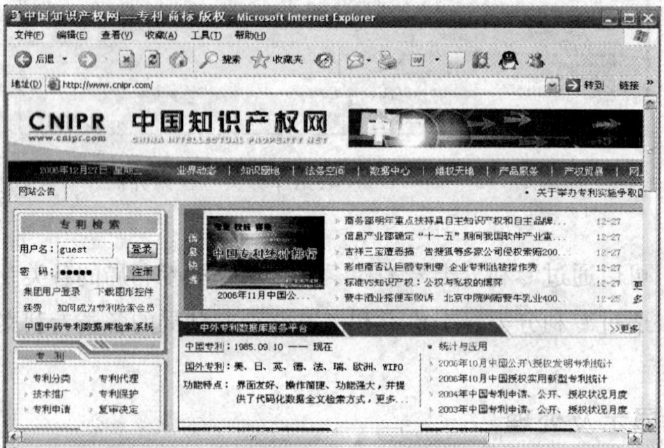

图 8 - 13　中国知识产权网主页

该网站同时与国内及世界知识产权组织(WIPO)、PCT 国际局、欧洲专利局、美国专利商标局、日本特许厅和德国专利商标局等专利机构和组织的网站链接,可查询国内外专利及相关信息。此外,网站还提供了与专利相关的其他多种服务项目,用户可随时访问自己感兴趣的内容。

注意:第一次使用中外专利数据库服务平台之前请一定安装 TIFF 图形阅读控件,并购买专利文献阅读卡,注册成会员,才能浏览、下载专利说明书。

二、万方科技信息子系统数据库

万方科技信息子系统数据库是万方数据资源系统的重要组成部分,成果专利的查询又是万方科技信息子系统数据库提供的一项主要服务。该数据库收录从1985年至今受理的全部发明专利、实用新型专利和外观设计专利数据信息，包含专利公开（公告）日、公开（公告）号、主分类号、分类号、申请（专利）号、申请日和优先权号等数据项，不过只提供专利的文摘题录信息，不能查看全文。查看全文属收费服务。该数据库网址是 http://www. wanfang data. com. cn，其检索界面如图8－14所示。

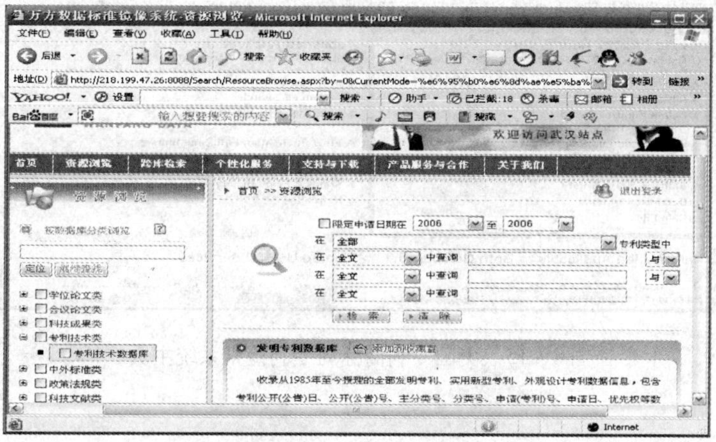

图8－14　万方科技信息子系统数据库检索界面

三、美国专利商标局专利全文数据库

美国专利商标局网站是美国专利商标局（USPTO）1999年4月开始建立的政府性官方网站。在2000年10月1日以前，网站只提供1976年至最近一周授权的美国专利文献检索，从2000年10月1日起，网站增加了提供自1790～1975年的美国专利文献检索。目前，免费提供两种独立的可检索授权的US专利数据库 Issued Patents（PatFT）及公开专利申请数据库 Published Applications（AppFT），数据库的内容包括可检索的US专利题录、文摘、专利或公开专利申请的全文数据库，以及浏览US专利说明书及公开申请说明书的全部图像页（TIFF格式）。

其中授权专利数据库可检索和浏览1790年到最近一周公开日（通常是指每周四）美国公开的专利文献。1790～1975年数据只有图像全文说明书，检索数据只有专利号和US分类号；1976年月1月1日以后的数据除了图像全文说明书外，还涵盖可检索的专利题录、文摘、权利要求及说明书的文本数据。而公开专利申请数据库则可以检索2001年3月15日以来的美国专利申请，内容包括可检索的专利题名、文摘、全文数据库以及专利申请说明书的全部图像页。对于授权专利说明书和公开申请说明书中的基因序列列表在300页或以上的，美国专利商标局在网站“Publication Site for Issued and Published Sequences（PSIPS）”予以公布，公众可浏览或下载单个基因序列或全部基因列表。

目前，美国专利商标局网站不仅提供检索专利数据库的检索，而且还提供了有关的其他信息，如专利概述、专利申请、文献公布程序、US专利分类体系、专利维持费用、专利审查流程和专利公报信息等。进入美国专利商标局的网站后，点击 Patent 栏目下 的“Search”可进入专利数据库检索主页(图 8－15)。

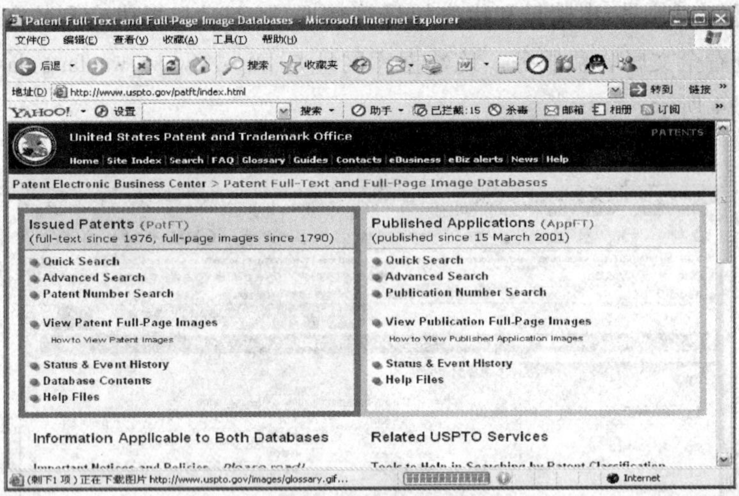

图 8－15　美国专利商标局专利检索系统主页

四、加拿大专利数据库

加拿大专利数据库由加拿大提供，收录了从 1920 年以来至今 80 多年的 150 多万篇加拿大专利，并定期更新，提供免费全文。该数据库的数据类型包括文本式数据、图像数据。检索在著录信息和专利文献的文本中进行，说明书图形文件不能被检索，但通过检索时所命中的专利列表，可以调出相应的专利说明书的图形文件查看和下载。1978 年 8 月 15 日以前的加拿大专利没有文本式文摘和专利说明，这部分专利只能检索其专利号、题目、专利所有者和发明人以及其分类号。该数据库有英语和法语两种工作语言，可以随时根据需要进行切换。该数据库的主页如图 8－16 所示，其收录内容及年限见下页表。

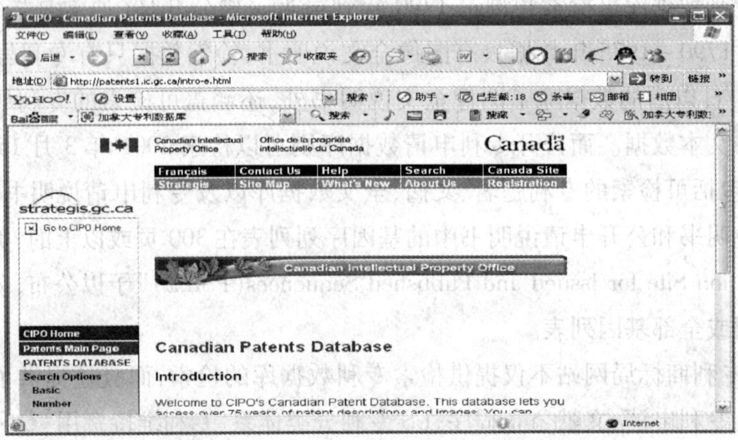

图 8－16　加拿大专利数据库主页

加拿大专利数据库数据收录内容及年限

数据内容及存储方式	收录日期
文本式文摘及权利要求	1978.8.15 ~ 至今
图像全文说明书	1920.1.1 ~ 至今
文式著录数据(如:发明名称、姓名、日期)	1920.1.1 ~ 至今

五、《德温特创新索引》

《德温特创新索引》(Derwent Innovation Index,简称 DII)是由全球最权威的专利文献信息出版机构德温特推出的基于 Web 的专利信息数据库,该数据库将《德温特世界专利索引》(Derwent World Patents Index,简称 WPI)与《专利引文索引》(Patents Citation Index)加以整合,以每周更新的速度,提供全球专利信息。《德温特创新索引》收录了来自全球 40 多个专利机构(涵盖 100 多个国家)的 1 000 多万条基本发明专利,25 000 多万条专利情报,每周还添加 4.5 万个左右的最新的被引用参考及引用参考的专利信息,提供专利引文标引及检索功能。目前,数据已加溯至 1963 年。

DII 数据库为研究人员提供了全球范围内的化学、电子与电气以及工程技术领域内综合全面的发明信息,是最为全面的国际专利信息数据库。利用 DII 数据库,用户可以得到完整的专利书目信息以及所以引用该专利的专利和该专利所引用的专利信息,并能实现与 ISI 其他信息产品,如 ISI Web of Science 、ISI Proceedings 等的互联。此外,该库具有强大的专利全文获取功能。例如,从 DII 数据可以直接链接到 Delphion 知识产权网络,用户可在线阅读并下载专利说明书的全文图像。再如,用户只需点击记录中"Original Document"就可以立刻链接到"Thomson Patent Store",获取专利申请书的全文电子版。用户需要订购该数据库方能使用。该数据库专利引文检索界面如图 8 - 17 所示。

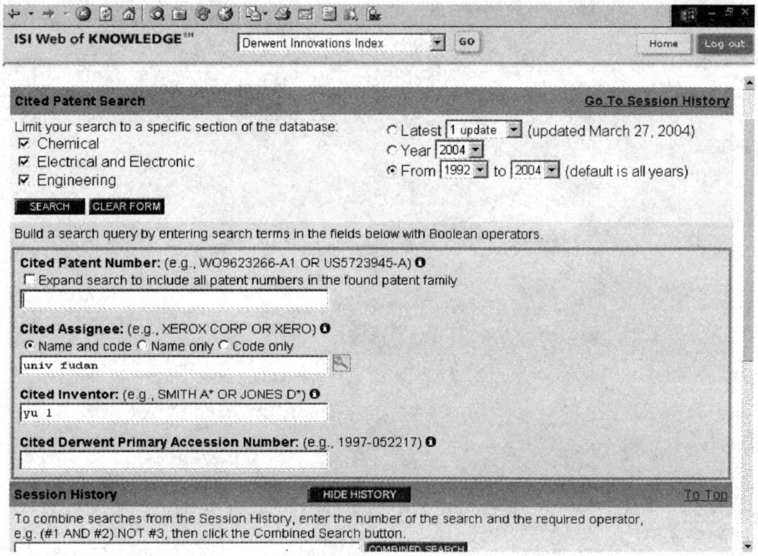

图 8 - 17　《德温特创新索引》专利引文检索界面

思考题

1. 专利有哪些类型,专利文献有哪些特点?

2. 查找有关防治腹腔手术肠粘连的药物及制备方法的中国专利。写出专利申请人的所属单位。

3. 查找“新形大气激光通信装置”专利,请写出专利号、公告号、公告日期、主分类号和申请日。

4. 在 DII 数据库中查找专利号为 US5772554 的专利文献。

参考文献

[1]张辉. 信息检索与利用[M]. 济南:山东人民出版社,2006.

[2]D. 希考科. Internet 专利检索指南[M]. 沈阳:辽宁科学技术出版社,2003.

[3]江镇华. 怎样检索中外专利信息[M]. 北京:知识产权出版社,2001.

[4]张厚生. 信息检索[M]. 南京:东南大学出版社,2002.

[5]沈固朝. 网络信息检索:工具·方法·实践[M]. 北京:高等教育出版社,2004.

第九章　标准文献检索

第一节　标准文献概述

一、标准文献的概念

标准文献是标准化活动的产物。标准化主要是指对科学、技术与经济领域中具有多样性、相关性特征的重复性事物和概念作出统一规定的活动，其目的在于获得最佳秩序。标准化工作的成果，可以采用公布文件、指定实物基准或规定基本单位或物理常数等形式固定下来。以文件形式表现的标准化工作成果，就是标准文献。

标准文献是在有关方面的合作下，按照规定程序编制并经主管机关批准，以特定形式发布，供一定范围内广泛而多次使用的，包括一整套规格、定额、规则和要求的文件。它与现代科学技术和生产力发展水平相适应，并且随着标准化对象的变化而不断补充、修订或废止。由此可知，构成标准文献至少应具备三个条件：经过各有关方面的共同努力而取得的成果，是集体劳动的结晶；必须经过主管机关的批准认可；要随着科技和生产的发展不断更新换代。

狭义的标准文献，主要是指由技术标准、管理标准、工作标准及其他规范性文件组成的一种特种文献。

广义的标准文献，除了狭义的标准文献外，还包括标准分类资料、标准检索工具、标准化期刊、标准化专著、标准化管理文件、标准化会议文件和标准化手册等。

现代标准化是大工业生产的产物。作为标准化所产生的成果——标准文献，最早产生于工业革命发源地的英国。1901 年英国成立了世界上第一个全国性标准机构。1903 年世界上第一批国家标准问世。此后，美国、法国、德国、日本等国家相继建立了全国性标准化机构并发布了标准，到今天已有 100 多个国家设有全国性标准化组织，其中 90 多个国家制定有国家标准。目前，世界上有 600 多个国际组织和区域性组织，从事或参与标准化活动。其中，最重要和影响最大的是国际标准化组织（ISO）、国际电工委员会（IEC）和国际电信联盟（ITU）三大国际标准化机构。

二、标准文献的类型和特点

1. 标准文献的类型

（1）按适用范围分类。

①国际标准。国际标准是指由国际权威组织制定并为国际上承认和通用的标准，主要有 ISO 标准和 IEC 标准。

②区域标准。区域标准是指适用于世界某一区域的，由区域性标准化组织参与标准化活动的区域团体所制定并通过的标准。国际上权威的区域性标准化组织有欧洲标准化委员会（CEN）、欧洲电工标准化委员会（CENELEC）和泛美标准委员会（COPANT）等。

③国家标准。国家标准是由全国性标准化组织批准、发布，在全国范围内统一实施的标准，如中国国家标准（GB）、美国国家标准学会（ANSI）标准和英国国家标准（BS）等。

④行业标准。行业标准是经某一专业统一组织或专业部门通过的标准，适用于一个国家的某一专业或相关专业，如美国材料与试验协会（ASTM）标准、美国汽车工程师学会（SAE）、美国电气与电子学工程师学会（IEEE）标准和英国农业化学品协会（BAA）标准。我国的行业标准由以前的部颁标准和专业标准过渡而来，如纺织行业标准（FB）等。

⑤地方标准。我国省（直辖市、自治区）标准化主管部门组织制定、批准发布，在当地范围内统一的标准。原苏联的"加盟共和国标准"和美国的"州标准"大体相当于我国的地方标准。

⑥企业标准。企业标准是由一个企业批准发布只适用于本企业的标准，如美国波音飞机公司（BACO）标准。

（2）按性质分类。

①技术标准。技术标准是对标准化领域中需要协调统一的技术事项所制定的标准，主要是事物的技术性内容。技术标准是从事生产、建设及商品流通的一种共同遵守的技术依据。

②管理标准。管理标准是对标准化领域中需要协调统一的管理事项所制定标准，主要是规定人们在生产活动和社会生活中的组织结构、职责权限、过程方法、程序文件以及资料分配等事宜。管理标准是合理组织国民经济、科学协调各种生产关系、正确实现合理分配和提高生产效率的依据。

③工作标准。工作标准是对标准化领域中需要协调统一的工作事项所制定的标准。工作标准是针对具体岗位而规定人员和组织在生产经营管理活动中的职责、权限、对各种过程的定性要求以及活动程序和考核评价要求。

（3）按内容分类。

①基础标准。基础标准是指有关术语、词汇、符号、缩写、绘图、定义、命名、标志和单位等方面的标准，它是在一定范围内作为其他标准的基础并普遍使用具有广泛指导意义的标准。

②产品标准。产品标准是指有关制品的形状、尺寸、材料、质量、性能、要求、分类和公差等方面的标准。

③方法标准。方法标准是指有关产品试验、检验、分析和测定等方面以及技术条件之类的标准。

（4）按法律效力分类。

①强制性标准。强制性标准是国家要求必须强制执行的标准，是指在一定范围内通过法律和行政等强制手段加以实施的标准，具有法律属性。按照我国《国家标准管理法》和《行业标准管理办法》的规定，强制性标准的内容范围包括药品、食品卫生、兽药、农药和劳动卫生标准，产品生产、储运和使用安全及劳动安全标准，工程建设的质量、安全和卫生等标准，环境保护和环境质量方面的标准及有关国计民生的重要产品标准等。

②推荐性标准。推荐性标准又称非强制性标准和自愿性标准，是指在生产、交换及使用等

方面，通过经济手段或市场调节而自愿采用的一类标准。这类标准具有指导作用而又不宜强制执行，任何单位有权决定是否采用。但推荐性标准一旦纳入商品经济合同之中，则成为必须共同遵守的技术依据，具有法律约束力。

2. 标准文献的特点

与其他文献相比，标准文献有如下特点。

(1) 规范的产生过程。各国对于标准文献的编制、审批、出版和贯彻都规定有严格统一的程序，它是按照既定的标准化计划和编制技术任务书，有组织、有步骤地进行工作的具体成果。标准文献通常是将科研、设计、研制工作的成果加以浓缩、提炼后，以文字形式固定下来。

(2) 明确的主题内容和适用范围。标准文献是供国民经济各部门多次使用的技术文件。出版任何一种标准，首先必须明确规定其主题内容、适用范围、适用对象以及有效期限。这对于所有标准文献，无论其约束程度和使用范围如何，都是共性的。而每一级标准文献，适用于特定的领域和部门，这一点是其他文献所没有的。

(3) 编排格式、叙述方法严格划一。各国标准化机构对其出版的标准文献，都有一定的格式要求，这就使其成为一种具有体裁划一、编排合理及统一编号等形式特点的文献体系。标准文献是一种公认的技术依据，为了避免对标准条文产生各种不同的解释，造成法律纠纷，标准文献带有法律文件所特有的措辞准确、逻辑严谨的特殊文风。在这一点上，标准文献同专利说明书有类似之处。

(4) 可靠性和可行性。每一项标准都是许多人的知识和经验的高度概括和综合，其中包含着许多先进的技术，它是传播技术的一种特殊媒介。标准文献中所记录的情报，只能是经过严格的科学验证、精确的数学计算，并经过严格审查和批准程序。因此，在一定时期内它在科学上是可信的，技术上是可行的，经济上是合理的。

(5) 协调性。标准应具有协调性，不能相抵触，不得相互矛盾，而且要与相关的标准相互配合。各部门制定、颁布的有关标准，更要避免重复，并谋求技术上的协调一致。

(6) 系统性与完整配套性。在现代条件下，任何一项标准，如果离开了相关配套的标准，都很难孤立地发挥作用。标准作用的发挥，要靠标准体系的完整和配套。在编制标准过程中，必须把相关的标准化对象作为一个综合体来考虑，而不是就个别对象孤立地制定标准，既要建立纵向的标准体系，又要采用综合标准化方法，以形成完整配套的标准体系。

(7) 时效性。随着科学技术的发展和时间的推移，新的技术和产品层出不穷，必然会对现行标准产生影响，为了保证标准的时效性，许多国家都对标准使用期限以及复审周期作了严格规定，并及时地进行修订、补充、确认和废止。

(8) 约束性。标准文献是公认的技术依据，在一定条件下，又是一种技术上的法律，具有法律属性。

三、标准文献的代号、编号及其分类

1. 中国标准的代号和编号

(1) 国家标准的代号和编号。国家标准的代号由大写汉语拼音字母构成，强制性国家标准代号为“GB”,推荐性国家标准代号为“GB/T”。国家标准的编号由国家标准代号、标准发布顺序号和标准发布年代号组成。如 GB 601——88 是 1988 年颁布的 601 号强制性国家标准化学试剂滴定分析(容量分析)用标准溶液的制备;GB/T 4120. 3——92 是 1992 年颁布的 4120 号推荐性国家标准工业液体氯化甲烷类产品中酸度的测定滴定法的第 3 部分。

(2)行业标准的代号与编号。目前我国已公布的行业标准代号有 57 个(表 9-1)。行业标

表 9-1　中华人民共和国行业标准代号

序　号	行业标准名称	行业标准代号	主　管　部　门
1	农业	NY	农业部
2	水产	SC	农业部
3	水利	SL	水利部
4	林业	LY	国家林业局
5	轻工	QB	国家轻工业局
6	纺织	FZ	国家纺织工业局
7	医药	YY	国家药品监督管理局
8	民政	MZ	民政部
9	教育	JY	教育部
10	烟草	YC	国家烟草专卖局
11	黑色冶金	YB	国家冶金工业局
12	有色冶金	YS	国家有色金属工业局
13	石油天然气	SY	国家石油和化学工业局
14	化工	HG	国家石油和化学工业局
15	石油化工	SH	国家石油和化学工业局
16	建材	JC	国家建筑材料工业局
17	地质矿产	DZ	国土资源部
18	土地管理	TD	国土资源部
19	测绘	CH	国家测绘局
20	机械	JB	国家机械工业局
21	汽车	QC	国家机械工业局
22	民用航空	MH	中国民航管理总局
23	兵工民品	WJ	国防科工委
24	船舶	CB	国防科工委
25	航空	HB	国防科工委
26	航天	QJ	国防科工委
27	核工业	EJ	国防科工委
28	铁路运输	TB	铁道部

续表

序号	行业标准名称	行业标准代号	主管部门
29	交通	JT	交通部
30	劳动和劳动安全	LD	劳动和社会保障部
31	电子	SJ	信息产业部
32	通信	YD	信息产业部
33	广播电影电视	GY	国家广播电影电视总局
34	电力	DL	国家经贸委
35	金融	JR	中国人民银行
36	海洋	HY	国家海洋局
37	档案	DA	国家档案局
38	商检	SN	国家出入境检验检疫局
39	文化	WH	文化部
40	体育	TY	国家体育总局
41	商业	SB	国家国内贸易局
42	物资管理	WB	国家国内贸易局
43	环境保护	HJ	国家环境保护总局
44	稀土	XB	国家计发委稀土办公室
45	城镇建设	CJ	建设部
46	建筑工业	JG	建设部
47	新闻出版	CY	国家新闻出版署
48	煤炭	MT	国家煤炭工业局
49	卫生	WS	卫生部
50	公共安全	GA	公安部
51	包装	BB	中国包装工业总公司
52	地震	DB	国家地震局
53	旅游	LB	国家旅游局
54	气象	QX	中国气象局
55	外经贸	WM	对外经济贸易合作部
56	海关	HS	海关总署
57	邮政	YZ	国家邮政局

准编号由行业标准代号、标准发布顺序号及标准发布年代号组成。如 FZ 01019——1992 为纺织行业标准《纺织品缝迹形式分类和术语》。

(3)地方标准的代号和编号。地方标准的代号由汉字“地方标准”大写拼音“DB”加上省(自治区、直辖市)行政区划代码的前两位数字组成,如湖北省强制性地方标准为DB42。地方标准的编号由地方标准代号、省(市)编号、专业类号(以字母表示)、地方标准发布顺序号和标准发布年代号组成。

(4)企业标准的代号和编号。企业标准的代号由汉字“企”字大写拼音字母“Q”加斜线再加企业代号组成,企业代号按中央所属企业和地方所属企业分别由国务院有关行政主管部门和省(自治区、直辖市)政府标准化行政主管部门会同同级有关行政部门加以规定,企业代号可用大写拼音字母或阿拉伯数字或两者兼用所成。企业标准编号由企业标准代号、标准发布顺序号和标准发布年代号组成,如 Q/HR009——91 为哈尔滨松花江第二乳品厂第九号标准,批准时间是 1991 年。

2. 国际标准的代号和编号

国际标准是指由国际标准化组织、国际电工委员会和国际电信联盟所制定的标准,以及在《国际标准题内关键词索引(KWIC Index)》中收录的其他 27 个国际组织制定的标准。

国际标准化组织标准代号为 ISO。ISO 标准号的结构形式为标准代号 + 顺序号 + 制订(修订)年份,如 ISO 3628:1976,表示 1976 年颁布的照相级硼酸规格的标准。

国际电工委员会(International Electrotechnical Commission)制定的国际标准的代号为 IEC。IEC 的编号构成为:IEC + 顺序号 + 制定(修订)年份。如 IEC 434(1973)表示为 1973 年颁布的飞机上用白炽灯的标准。若 IEC 标准分成若干部分,则在顺序号后加上部分的代号,例如 IEC 268—1——1985,有的 IEC 标准在日后有补充,则补充部分加 A、B 等代号,如 IEC 127A——1980。

列入 KWIC Index 的国际组织名称和代号见表 9-2。

表 9-2 列入 KWIC Index 的国际组织名称和代号

序 号	国 际 组 织 名 称	代 号
1	国际计量局	BIPM
2	国际合成纤维标准化局	BISFA
3	食品法典局	CAC
4	国际电气设备合格认证委员会	CEE
5	国际照明委员会	CIE
6	国际电报电话咨询委员会	SSITT
7	国际原子能机构	LAEA/AIEA
8	国际民航组织	ICAO/OACI
9	国际辐射单位和测量委员会	IGRU
10	国际制酪业委员会	IDE/FIL
11	图书馆协会国际联合会	IELA
12	国际劳工组织	ILO/OIT
13	国际制冷学会	IIR/IIF
14	国际海事组织	IMO/OMI
15	国际橄榄油理事会	IOOC/COI

续表

序号	国际组织名称	代号
16	国际辐射防护委员会	ICRP/CIPR
17	国际兽疫防治局	OIE
18	国际法定计量组织	OIML
19	国际葡萄和葡萄酒局	IWO/OIV
20	国际铁路联盟	UIC
21	联合国教科文组织	UNE
22	关税合作理事会	CCC/CCD
23	国际无线电咨询委员会	CCIR
24	国际无线电干扰特别委员会	CISPR
25	国际空运协会	IATA
26	世界卫生组织	WHO/OMS
27	世界知识产权组织	WIPO/OMPI

3. 标准文献分类法

(1)标准文献分类法的种类。各国目前采用的标准文献专用分类法,虽各有特点,但按其标记与编号制度,大体上可分为三种。

①字母分类法。字母分类法即以字母作为标记的分类法。分类表中按专业将标准分为若干类,每一类目代号用一个字母表示。在类目设置上由于这种方法本身的局限性,一般只设一级类目。因此,字母分类法适用于类分数量不大的标准文献。使用这种分类法的有墨西哥国家标准(NOM)、美国试验与材料协会标准(ASTM)和德国压力容器工作委员会标准(AD)等。

②数字分类法。数字分类法即以数字作为标记的分类法。这种分类法又包括由一定区间表示范围的分类法、层累制、以标准编制机构代号表示的分类法和由专业类号表示的分类法等。

③字母数字混合分类法。此种方法即以字母和数字作为标记的分类法,采用这种方法的有日本、美国、法国、波兰等国家。

(2)国际标准分类法。国际标准分类法(International Classification for Standards,简称 ICS)是国际标准化组织(ISO)编制并于 1992 年推出的一部标准文献专用分类法,现在世界上许多国家相继采用 ICS 对其国家标准进行分类。

ICS 分类法的特点是列类广泛、覆盖全面、结构合理、简明实用,特别是配号方法灵活,允许用户根据需要自行扩类,适用于手检和机检等不同层次的需要。

ICS 是一种等级制分类法,它根据标准化活动及标准文献的特点,类目设置以专业划分为主,分类体系原则上由三级组成:一级类按标准化所涉及的专业领域划分,设 40 个大类,大类采取从总到分、从一般到具体的逻辑序列;按照通用标准相对集中、专用标准适当分散的原则,兼顾各类目所容文献量的相对平衡,将 40 个大类再分为 407 个二级类;在 407 个二级类中,有 134 个被进一步细分为 896 个三级类。

ICS 各级类目采用纯阿拉伯数字作为标识符号,即每一大类以两位数字表示,二级类目以三位数字表示,三级类目以两位数字表示。为了醒目与易读,各级类目之间用一实圆点隔开。如:

43　道路车辆工程(一级类)

43.040　道路车辆装置(二级类)

43.040.20　照明、信号和警示设备(三级类)

(3)中国标准分类法。《中国标准文献分类法》(CCS)是由原国家标准局 1984 年 7 月颁布试行,于 1989 年 1 月由国家技术监督局正式发布实施。目前中国所有技术标准文献全部采用 CCS 分类,适当结合学科分类。

CCS 类目设置以专业划分为主,一级类目设有 24 个专业类目用字母表示(表 9-3)。

表 9-3　CCS 分类的专业类目及表示字母

序号	专业类目	字母	序号	专业类目	字母
1	综合	A	13	仪器、仪表	N
2	农业、林业	B	14	工程建设	P
3	医药、卫生、劳动保护区	C	15	建材	Q
4	矿业	D	16	公路与水路运输	R
5	石油	E	17	铁路	S
6	能源、核技术	F	18	车辆	T
7	化工	G	19	船舶	U
8	冶金	H	20	航空、航天	V
9	机械	J	21	纺织	W
10	电工	K	22	食品	X
11	电子技术	L	23	轻工、文化与生活用品	Y
12	通信、广播	M	24	环境保护	Z

二级类目采用双位数,每一个一级类目下设 00~99 共 100 个二级类目,其下通常先设综合性的二级类目(包括术语、符号和一般规定等),再设其余二级类目。

如:W:　纺织

40/49　丝纺织

40　丝绸综合

41　丝绸半制品

42　丝制纱线

43　丝与丝织品

……

四、标准文献的检索

1. 标准文献的检索工具

从文献的出版形式上分,检索标准文献的工具主要有印刷型、光盘型和网络型三种类型。从报道内容上分,主要有两种形式:一种是报道标准全文的标准文献汇编,如国内出版的《中国国家标准汇编》、《中国国家标准分类汇编》,美国出版的《ASTM 标准年鉴》等;另一类是题录、目录形式的检索工具,即标准目录,仅提供标准的部分信息,如果需要全文,可以根据标准号查找全文检索工具或向收藏单位索取。大多数光盘版可以直接查到全文。网络版只免费提供题录信息,如果需要全文,需要预先付费。

2. 标准文献的检索途径

检索标准文献信息,主要有三条途径,即分类途径、标准号途径与主题途径。印刷型检索工具只提供了分类途径和标准号途径。

(1)标准号途径。标准文献不同于其他文献的一个显著标志就是标准号,不论是国内还是国外的标准文献,光盘型、网络型和印刷型检索工具都提供了标准号检索途径,因此只要知道标准号,则可以很快查到所需的标准原文。

(2)主题途径。目前,国内印刷型标准文献的检索尚无主题途径。《ISO Catalogue》(《国际标准化组织标准目录》)均有按主题目录和主题索引编排的主题词检索途径。国内与国外的光盘型和网络型检索工具都提供了主题途径。如果不知道标准号则可按主题词途径查找。

(3)分类途径。如果想了解某一专业或某一学科制定了哪些标准,或只知道标准内容而不知道标准号和标准名称,就要按分类途径来检索。

国内印刷型检索工具一般都提供按《中国标准文献分类法》分类的分类目录。检索时,首先要确定标准文献所属的专业,然后对照分类目录确定分类号,根据分类号查找检索工具正文即可找到所需标准。

第二节　中国标准服务网(CSSN)

一、资源介绍

中国标准服务网(http://www. cssn. net. cn)是国家级标准信息服务门户,是世界标准服务网(www. wssn. net. cn)的中国站点,也是中国目前最权威的标准化服务网络。中国标准服务网以种类齐全、信息权威、更新及时、服务快捷为服务宗旨。

中国标准服务网的标准信息主要依托于国家标准化管理委员会、中国标准化研究院标准馆及院属科研部门、地方标准化研究院(所)及国内外相关标准化机构,中国标准化研究院标准馆负责网站的标准信息维护、网员管理和技术支撑。中国标准化研究院标准馆收藏有 60 多个国家、70 多个国际和区域性标准化组织、450 多个专业学(协)会的标准以及全部中国国家标准和行业标准共计约 60 多万件。此外,它还收集了 160 多种国内外标准化期刊和 7 000

多册标准化专著，与 30 多个国家及国际标准化机构建立了长期、稳固的标准资料交换关系，还作为一些国外标准出版机构的代理，从事国外和国际标准的营销工作。每年投入大量经费和技术人员，对标准文献信息进行收集、加工并进行数据库和信息系统的建设、维护与相关研究。

中国标准服务网提供的栏目内容有标准化新闻、标准化动态、标准检索、参考资料、网上书店、咨询服务、政策法规、企业之窗、文献资源、相关机构等。中国标准服务网提供用户检索查询的数据库有国家标准(GB)、国家建设标准(GBJ)、中国 70 余个行业标准、中国台湾地区标准和技术法规，国际标准(ISO)、国际电工标准(IEC)、国际电信联盟标准(ITU)、欧洲标准(EN)、欧共体法规(EC)、欧洲计算机制造商协会标准(ECMA)、欧洲电子元器件协会标准(CECC)，德国标准(DIN)、英国标准(BS)、法国标准(NF)、日本工业标准(JIS)、美国标准(ANSI)、澳大利亚国家标准(AS)、加拿大标准协会标准(CSA)、加拿大通用标准局标准(CGSB)及德国工程师协会标准(VDI)，美国铝协会标准(AA)、美国国家公路与运输商协会标准(AASHTO)、美国船舶局标准(ABS)、美国材料与试验协会标准(ASTM)等。

该网站自 2001 年 4 月起推出开放式标准服务，标准信息数据库免费向社会开放。根据不同类别的网员有不同的服务内容和收费标准，其中 D 类网员可免费检索网站数据库。

二、检索方法

将鼠标指向主页上方的标准检索，即显示下拉菜单，包含分类检索、高级检索、电子资源检索、地方标准库检索、期刊检索和图书检索。

1. 分类检索

(1)检索特点。分类检索提供按标准分类法进行检索的途径，它其实是一种浏览检索的方式，比较简单。分类检索在数据库首页进行。

(2)检索步骤。分类检索又分为 ICS 分类和“中标分类”两种，选定了分类法之后，由大类至小类，逐级点击类目名称，层层筛选，直到页面出现相关的标准为止。

2. 高级检索

(1)检索特点。高级检索提供单字段检索和多字段组合检索途径，可提高检索效率。它提供了标准号、中文标题、英文标题、中文关键词、英文关键词、被代替标准、采用关系、中标分类号和国标分类号等多种检索途径(图 9－1)，各个检索字段间支持布尔逻辑“与”和逻辑“或”两种算符。

(2)检索步骤。

①首先选择是在现行库还是作废库中检索，默认的是在这两个库中检索，另外还要选择所需检索的数据库种类。

②选择中标分类号或国际分类号。

③选择查询结果显示方式。

④选择字段间的关系，默认的是逻辑“与”关系。

⑤在界面提供的 7 个检索字段中输入 1 个或多个检索词，点击“检索”即开始检索。

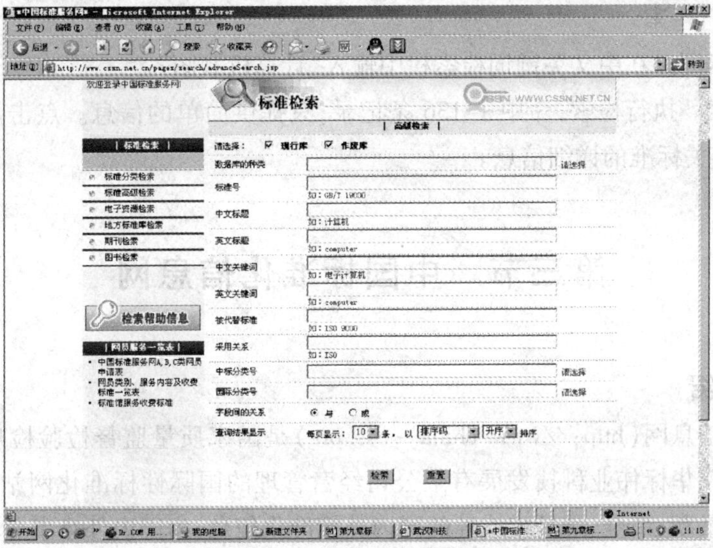

图 9－1 CSSN 高级检索界面

3. 地方标准库检索

(1)检索特点。中国标准服务网还提供我国部分地方标准的检索服务,目前包括上海、云南、台湾、河北、山东、黑龙江、福建、重庆、等省市、地区的地方标准检索。地方标准库提供了标准号、中文标题、被替代标准、采用关系和中标分类号多个检索途径,检索字段间支持布尔逻辑“与”和“或”两种算符。

(2)检索步骤。选择地区、中标分类号、字段间关系及显示方式后,再在提供的 4 个检索字段中输入 1 个或多个检索词,点击“检索”即可进行。

中国标准服务网还提供有关标准的电子资源、图书和期刊的检索。

三、检索结果处理

检索结果的显示首先提供简单结果显示,简单显示结果只包括标准的标准号和标准名称两项,每页最多显示 10 条记录。点击简单记录中的标准号,即可查看标准的详细信息。当然标准全文的获取需要付费,在该网站上,还提供了有关标准全文的购买手续。

四、检索实例

课题

查找有关“计算机制图”方面的 ISO 国际标准。

(1)分析课题。根据课题可以分析出该课题的主题为计算机制图,标准类型为 ISO 国际标准。

(2)选择检索方法。根据对课题的分析,结合数据库的特点,本课题选择高级检索。

(3)选择检索范围。根据课题在数据库种类中选择国际标准化组织(ISO),在默认的现行库和作废库中进行检索。

(4)输入检索词。在中文关键词检索栏中输入“计算机制图”。

(5)执行检索。执行检索,命中了136条记录,只提供简单的信息。点击简单记录中的标准号,就可查看有关标准的详细信息。

第三节　中国标准化信息网

一、资源介绍

中国标准化信息网(http://www.china－cas.org)是国家质量监督检验检疫总局和中国标准化协会授权北京华标伟业科技发展有限公司经营管理的国际性标准化网站,通过互联网24小时不断地发布最新、最全、最具权威性的国内外标准化信息,为国内外企事业单位和个人用户提供有关标准的信息查询、信息订阅、信息采购等方面的服务,促进中国与其他国的标准化合作与交流,推动中国的标准化进程。该网站有国家标准委、中国标协、协会动态、标准与标准化、法律法规、标准查询和会员之家等栏目。

中国标准化信息网标准查询系统目前提供目录查询和标准摘要查询两种服务,互联网上的任何用户都可进行免费查询。

二、检索方法

该网站提供国内强制性标准目录和标准摘要查询、标准样品和协会标准查询等几种检索方式,点击“标准查询”即进入查询界面。

1. 国家强制性标准目录查询

(1)检索特点。它提供类号、标准编号、采标情况和代替标准四种检索途径,可查询截止到2005年12月底前批准发布的23 123项我国现行强制性国家标准。

①类号。指CCS分类号,即《中国标准文献分类法》的分类号。

②采标情况。指采用国际标准和国外先进标准的代号,其中idt(等同采用),eqv(等效采用),neq(非等效采用)。

③代替标准。“代替标准”中的国家标准,不论是强制性还是推荐性,标准代号均用“GB”表示。

(2)检索步骤。这项查询可在标准查询页面中的“信息查询”栏目进行,也可点击标准查询栏目中的“国内标准”进入查询界面进行,输入检索词,点击“查询”即可进行检索。

2. 国家强制性标准摘要查询

这种查询必须是系统的高级会员才有权限利用,输入标准名称可进行国家强制性标准的摘要查询。

3. 标准样品

(1)检索特点。这是比较特别的标准目录,它提供部分标准样品的标准值,目录中包含有标样编号、标样名称和发布日期。

（2）检索步骤。在“标准查询”栏目中点击“标准样品”就进入到标准样品目录，浏览该目录，点击所需标样的“标样名称”，则可显示该样品的标准值和用途。

4. 协会标准查询

（1）检索特点。协会标准查询是该网站的特别之处。我国加入世界贸易组织后，企业面临着更加激烈的市场竞争，现有的国家标准、行业标准虽然满足了生产、检验、贸易等的基本需要，但各专业龙头企业的产品质量和服务质量的优势没能利用标准体现。为配合《中华人民共和国标准化法》的修改工作，为了体现龙头企业产品在质量、技术、性能、服务等方面的领先优势，发挥高水准技术标准促进企业和产品市场竞争优势的作用，经征得有关部门的同意，中国标准化协会制定中国标准化协会标准，该标准为自愿性标准。

协会标准查询提供了中文名称、索引号（即标协标准编号）、发布日期和关键词 4 种检索途径。

（2）检索步骤。

①在标准查询栏目中点击“协会标准”就进入协会标准查询界面。

②输入检索词，点击“提交”即可显示该标协标准的基本信息，只有索引号、标准名称和发布日期。

③点击“标准名称”则可显示该标准的详细信息，详细信息包括中英文名称、中英文简介、中英文索引号、发布日期、ICS 和中标分类号、中英文关键词等，并提供了订购信息。

三、检索实例

课题

检索有关“羊绒针织品”的中国标准化协会标准的有关情况。

（1）分析课题。根据课题可以分析出该课题的主题为羊绒针织品，标准类型为中国标准化协会标准。

（2）选择检索方法。根据课题分析选择简单检索。

（3）选择检索范围。根据课题在中国标准化协会标准中进行检索。

（4）输入检索词。在中文关键词检索栏中输入“羊绒针织品”。

（5）执行检索。执行检索，命中了 2 条记录，提供比较详细的信息。若需标准的全文则需要购买。

第四节　国际标准化组织

一、资源介绍

国际标准化组织（International Organization for Standardization，简称 ISO）正式成立于 1974 年，是世界上最主要的非政府间国际标准化机构。目前它有 120 多个成员国，我国于 1978 年以标准化协会(CAS)的名义加入ISO。ISO下设200个技术委员会(TC)、630个分技术委员会(SC)和1600个工作组(WC)。ISO的宗旨是在世界范围内促进标准化及有关工作的开展,以利于国际物资交流和服务,并发展在知识、科学、技术和经济活动中的合作。ISO的主要活动有制定和出版ISO国际标准,并采取措施在世界范围内实施;协调世界范围内的标准化工作;组织各成员和各技术委员会进行信息交流;与其他国际组织进行合作,共同研究有关标准化问题。ISO负责除电工与电子技术领域外的各种技术标准的制定与颁布。

ISO标准的检索工具是《ISO Catalogue》(《ISO国际标准目录》)该目录由分类目录、主题索引、标准号索引、作废标准目录和国际十进分类号与ISO分类号(即技术委员会编号)对照表五部分组成。由此可见,《ISO标准目录》的检索途径有ISO分类号途径、主题途径、标准号途径和国际十进分类号途径。

二、检索方法

ISO的标准信息还可以利用ISO网站进行检索,ISO的官方网站(http://www.iso.ch)于1995年开通,目前运行的是第二版,其内容基本覆盖了ISO的全部工作。

1. 基本检索(Predefined Search)

(1)检索特点。基本检索是一种最基本也是最简单的一种检索方式,它按单一的检索项进行检索。

(2)检索步骤。在其主页上部的"Search"后的检索框内输入检索词,选择检索范围标准(Standards)、站点(Site)或全部(All),然后点击"Go"即可进行简单检索。

2. 分类检索(Classification Search)

(1)检索特点。这是一种通过国际标准分类号来进行浏览检索的方式。

(2)检索步骤。在ISO主页上部选择ISO Store进入该栏目,再点击"Browse, search and purchase ISO Standards",则进入了分类检索界面。该页面列出了ICS的全部97个大类,通过层层点击分类号,最后就可检索出该类所有标准的名称和标准号,点击标准号,即可看到该项标准的题录信息和订购标准全文的价格。

3. 扩展检索(Extended Search)

(1)检索特点。这种检索又叫高级检索,它支持多个检索条件的复合检索。

(2)检索步骤。从主页直接点击"Extended search"进入扩展检索界面(图9-2)。

该界面上部为检索区,在其下面的2个区域内分别点选不同的选项,可对检索范围和检索结果的排序方式进行限定。

4. 检索字段

检索区内设置的检索字段有Find keyword or phrase(关键词或短语)、ISO number(国际标准号)、ISO part number(ISO部分号码)、Document type(文献类型)、ICS(国际标准分类号)、Stage code(阶段代码)、Data current stage reached(截止日期)、Committee(标准化技术委员会)和Subcommittee(分委会)共9个。用户可检索其中某个字段,也可进行多字段组合检索,此时系统默认在字段间作"逻辑与"运算。

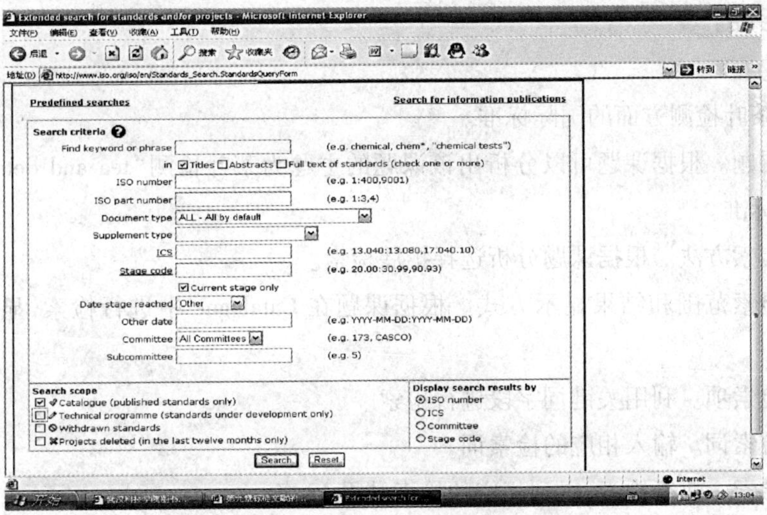

图 9-2 ISO 扩展检索界面

(1)关键词或短语字段。

①该字段供用户输入单词或短语进行检索,而短语必须置于双引号(“”)中;如果在该字段中一次输入 2 个或以上检索词,系统默认各词之间以“OR”算符相连;若希望检索结果中同时含有所输入的全部检索词,应在检索词之间加上“AND”;如果在输入的某个检索词使用了“NOT”算符,则检索结果中不会出现含有这个检索词的记录。

②该字段支持截词检索,采用“ * ”为截词符,如输入 electroplat * ,则可检出含有 electroplated、electroplating 等词的标准文献。

③选中该字段下方“Titles”、“Abstracts”、“Full text of standards”前面方框中的 1 个或多个,可指定在标准名称、摘要或全文中进行检索。

(2)标准号字段。按标准号检索时,输入标准顺序号即可。若检索标准中的某一部分,如 ISO 9000 第 4 部分,可在 ISO Number 后输入 9000,再在 ISO part number 中输入 4,也可直接在 ISO Number 中输入 9000—4。需要一次检出多项标准时,应分别情况处理:如待检标准号是连续的,可输入起止标准号,中间以“:”相连,如 1:20;如标准号是间断的,应将待检标准号分别输入,中间以“,”分隔,例如 9000,14001,14004;如标准号既有连续的,又有间断的,则应将上述方法结合使用,例如 1:20,9000,14001。

(3)文献类型字段。点击该字段的下拉菜单,可以选择检索的文献类型,如 All(全选,默认)、Guide(指南)、IS(国际标准)和 ISP(国际标准文号)等类型。

三、检索结果处理

ISO 系统执行用户的检索指令后,将反馈包括标准号和标准名称的检索结果的清单,单击标准号,则会显示标准的详细信息和订购信息,点选电子(PDF 格式)文档或印刷文本以及文献的语种(英文或法文),便可获得所需标准的全文。

四、检索实例

课题

检索有关茶叶检测方面的国际标准。

(1)分析课题。根据课题可以分析出该课题的主题为茶叶检测“tea and determination”,标准类型为国际标准。

(2)选择检索方法。根据课题分析选择扩展检索。

(3)选择检索范围和结果显示方式。根据课题在 Catalogue 中进行检索,显示结果为 ISO number。

(4)选择检索项。利用关键词字段进行检索。

(5)输入检索词。输入相应的检索词。

(6)执行检索。执行检索,得到相应的检索结果 13 条。

第五节　其他标准文献检索

一、中国标准网

中国标准网(http://www. zgbzw. com)是由北京北标科技发展有限公司和北京浩瀚角雅典书屋创办的检索中国标准信息的专业网站。该网站设有在线查询、图书目录、重点标准图书、标准知识、每日新闻等栏目,还能提供图书馆分类查询。

二、中外标准数据库

万方数据资源系统(http://www. wanfangdata. com. cn)中的科技信息栏目中的中外标准(全文)数据库由中国科技信息研究所万方数据(集团)公司开发,内容由国家质量监督检验检疫总局提供,其内容包括中国国家标准、中国行业标准、国际标准、国际电工标准、美国国家标准、欧洲标准、德国标准、英国标准、法国标准、日本工业标准、中国建设标准和中国建材标准等 16 个数据库,截止到 2006 年底有 23 万多条数据,每个季度更新一次,以保证其实用性和时效性。

该数据库还收录了国外一些国家的行业标准,如美国保险商实验所数据库、美国专业协会标准数据库、美国材料实验协会数据库、日本工业标准数据库等。其中中外标准数据库提供中外标准的摘要信息,而中外标准全文数据库除提供标准的摘要信息外,还提供中外标准的全文。

三、世界标准服务网

世界标准服务网(World Standards Services Net,简称 WSSN ,其网址为 http://www. wssn. net)是国际标准化组织推出的国际性标准信息检索网站。WSSN 是 1998 年由 ISO 所属的信息系统和服务委员会(INFOCO)在 ISO 信息网络(ISOnet)基础上开发的。该网站还设有标准化活动的信息、常见问题以及通用参考资料等栏目。

目前,WSSN 的主要工作是 WSSN 成员网站的编目,现有成员 90 个,每个网站只涉及一个简单数据库。在世界标准服务网中可检索到国际标准化组织(ISO)、国际电工委员会(IEC)和国际电信联盟(ITU)的标准网站;可以查到 101 个国家及成员的 111 个网站,如日本工业标准委员会(JISC)、印度标准局(BIS)等;可以查到被 ISO、IEC、ITU 认可的 10 个区域性标准化机构的网站,如欧洲标准化委员会(CEN)、太平洋地区标准化会议(PASC)等;可以查到 42 个国际性从事标准化的组织的网站,如世界卫生组织(WHO)等;可以查到 5 个与标准化工作相关的其他国际组织和区域性组织的网站,如世界贸易组织(WTO)等。

四、ILI 标准数据库

ILI 标准数据库是综合性的题录型标准文献数据库。它收录了世界范围内各标准机构出版的 60 万件标准文献, 内容包括引用的等同标准、替代标准、更新标准、参考标准及修订中的标准, 涉及的国家和国际性组织有英国、美国(包含军用标准) 、德国、法国、荷兰、比利时、加拿大、日本、瑞典、意大利、澳大利亚以及 ISO、IEC 和欧洲标准管理机构。该数据库虽为题录型,但有近一半的记录附有 200 字的摘要。数据内容每季度更新, 为了便于检索, 对新修订的标准记录都做有标记。

ILI 标准数据库检索网站为 http://www. ili. co. uk,用户通过注册可以获得一定的免费试用期。

五、美国国家标准系统网

美国国家标准系统网(National Standards System Network,简称 NSSN)是一个全球性的资源网络,是由美国国家标准学会(ANSI)着力打造的,致力于通过互联网为用户提供世界标准、地区标准和国家标准方面的服务,其目标是成为标准信息服务市场上的领导者,为用户提供一站式的标准信息仓储式销售服务。由 ANSI 和地区性标准团体组成。标准数据库是 NSSN 的"黄金"产品,用户不仅可以免费检索,而且可看到标准的摘要,并注明了所查标准的获得方式。NSSN 将所有 ASNI 标准、行业标准和其他重要的国际标准进行整合,为用户提供一站式服务。该库包含 6 大类 250 000 份标准,涉及行业标准、国际标准、美国国家标准、ISO/IEC/ITU、US DOD。其中 15 000 份为 ISO 和 IEC 标准,每月都有更新。

思考题

1. 标准文献有哪些类型? 标准文献有什么特点?

2. 请查找关于计算机用液晶显示器的标准,并解释四个专有名词:液晶显示器、响应时间、上升时间、下降时间。

3. 查出一次性使用无菌注射器的外观要求。

4. 检索下列专题(任选一)的国际、国内及行业标准各一条,要求提供基本信息:纺织品、建筑材料、空气质量。

参考文献

[1]李春田. 标准化概论[M]. 北京:中国人民大学出版社,2005.

[2]朱江岭,等. 虚拟图书馆与网上信息检索[M]. 北京:海洋出版社,2005.

[3]樊爱国,薛德钧. 现代信息检索[M]. 北京:北京大学出版社,2006.

[4]夏淑萍,邓珞华. 计算机文献检索[M]. 武汉:武汉大学出版社,2005.

[5]李济群. 现代科技信息检索导航[M]. 北京:中国纺织出版社,2004.

[6]张基温,等. 大学信息检索[M]. 北京:中国水利水电出版社,2004.

[7]国家标准化管理委员会. 国家标准分类法 ICS[M]. 第三版. 北京:中国标准出版社,2003.

[8]张辉. 信息检索与利用[M]. 济南:山东人民出版社,2006.

第十章　会议文献检索

会议是科技文化交流的重要场所。随着交流活动的日趋频繁,每年会议的数量也在不断增加。就会议的范围而言,有国际性的、区域性的、全国性的、地区性的及基层性的;就类型而言,有学术会议、学术报告会和专题研讨会等。

会议文献就是这些会议的产物,它是指在各种学术会议上宣读的论文、产生的记录及发言、论述、总结等形式的文献,包括会前文献、会间文献和会后文献。许多学科中的新发现、新进展、新成就以及所提出的新研究课题和新设想,都是以会议文献的形式向公众首次发布。

会议论文的特点表现在,传递信息比较及时,传递的信息针对性较强,兼有直接交流和文献交流这两种交流方式的长处。

会议文献的检索分为会议消息的检索和会议论文的检索。

Internet 上拥有大量的会议文献,用户可以通过网上搜索引擎,输入一定的检索关键词,如 Proceedings 、Conference、Meeting 和 Symposium 等,即可检索到若干会议文献的线索。还可通过一些专门的数据库和网站检索会议文献。

第一节　会议消息检索

会议的举办者通常会在网上发布会议消息,国际上一些著名的学术机构和科研部门都会在各自的网站上公开学术会议召开计划。通过会议消息的检索,可以获得未来二三年内有关专业会议召开的时间、地点、会议主要议题以及会议论文的提交期限。

会议消息的检索方法简单明了,在会议消息的网站上的检索框内输入要查找的会议的关键词就可以得到相关的会议消息若干条。有很多会议消息网站首页上以列表方式列出会议消息,选中一则会议消息,即可查看该会议的更详细的信息。

一、国际标准化组织的标准化会议预告

国际标准化组织(ISO)网站提供了属下的各级组织即将召开的国际标准化会议的具体时间、地点和内容等信息,其会议预告界面如图 10 - 1 所示。ISO 标准化会议预告网址:http://www. iso. ch/cale/calender. html。

二、IEEE 通信协会会议预告

IEEE 通信协会会议预告是美国电气与电子工程师学会(IEEE)下属通信协会的会议消息

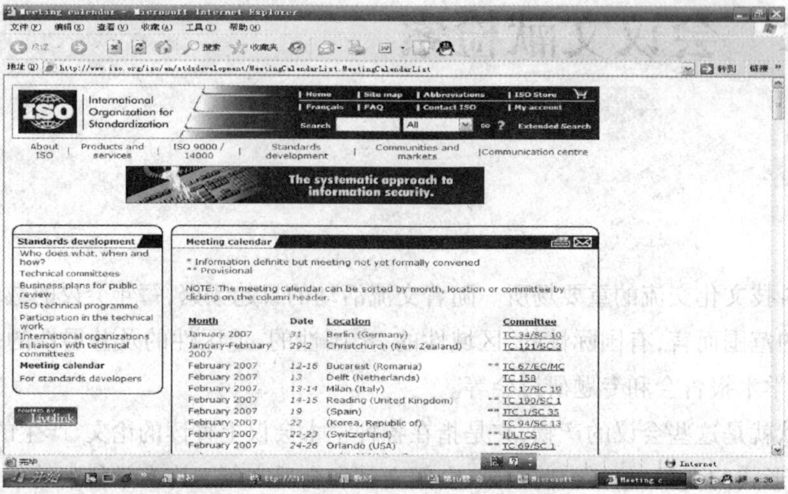

图 10-1　ISO 标准化会议预告界面

预告,提供了由 IEEE 主持的有关学科领域里几年内即将召开的会议时间、地点和内容。除了可进行专题检索外,还可按会议时间、地点、名称以及会议论文提交的截止期限点击浏览。IEEE 通信协会会议预告界面如图 10-2 所示,其网址:http://www. comsoc. org/confs。

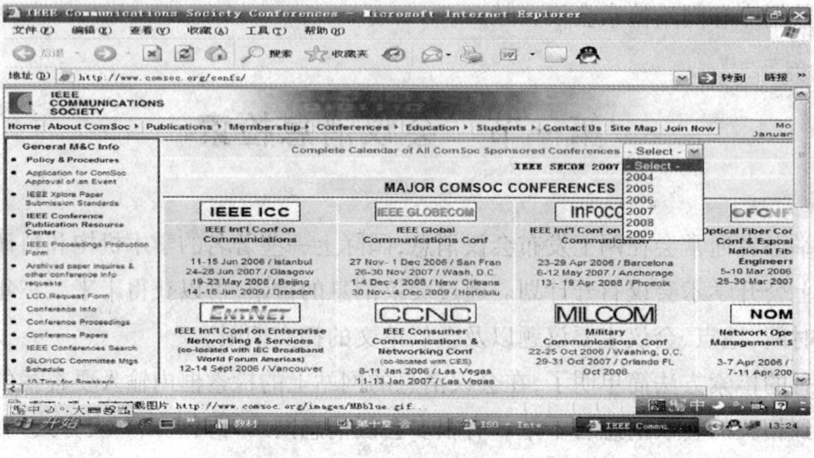

图 10-2　IEEE 通信协会会议预告界面

三、技术会议预报

技术会议预报是一个收录工程技术领域和医学生物领域高科技信息网站中的会议信息专页。提供按会议召开时间的会议消息预告。技术会议预报界面如图 10-3 所示,其网址:http://www. techexpo. com/events。

跟其他提供会议消息网站不同的是,该网站还提供会议消息的检索功能。可根据会议名称、内容、主办单位、国家、城市及州来检索即将召开的科技会议的信息。技术会议检索界面如图 10-4 所示。

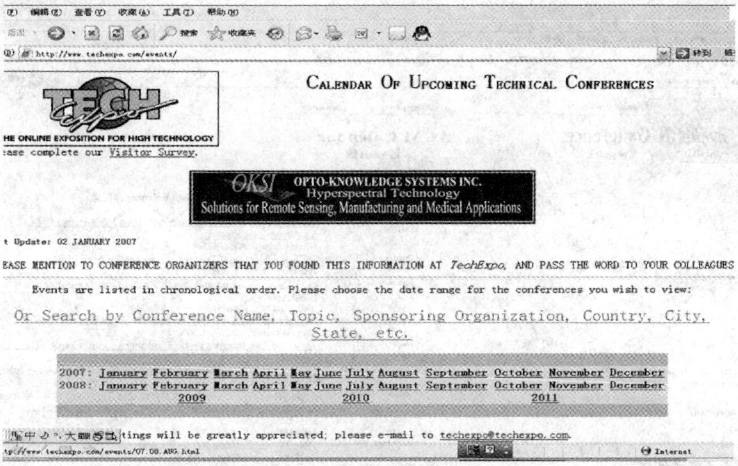

图 10-3 技术会议预报界面

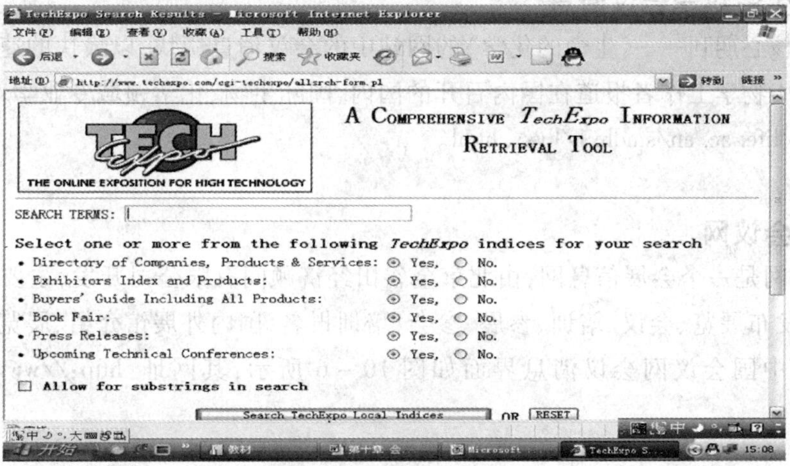

图 10-4 技术会议检索界面

四、计算机协会会议

计算机协会会议网站列出了世界计算机行业即将召开的会议的详细信息，可链接到原始会议网站。首页仅显示自检索之日起一个多月内的会议及事件，但可检索到前后 1 ~ 2 年内的会议信息。计算机协会会议消息界面如图 10 - 5 所示，其网址：http://campus.acm.org/calendar/。

五、中国网格会议

中国网格信息中转站是国内最有影响的网格专业网站，该网站的“网格会议”定期发布国内国际网格学术会议消息、征文通知、会议日程以及会议记事等。其网址：http://www.chinagrid.net/dvnews/list.aspx？cid = 10。

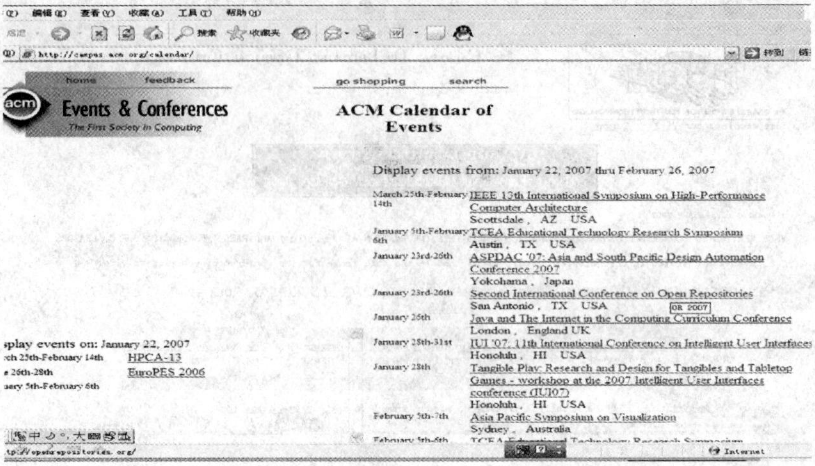

图 10－5　计算机协会会议消息界面

六、中国生命科学会议消息

我国科技核心期刊——《生命的化学》的网站中的会议消息版块，以最快的速度向广大生物化学与分子生物学工作者报道在国内召开的国内、国际生物、化学领域专业学术会议消息。其网址：http://life. ac. cn/smdhx1/hyxx. html。

七、中国会议网

中国会议网是一个会展信息网，由北京金谷田经济顾问有限公司开发，主要收录展览性的展会信息，发布展览、会议、培训、参展、参会、培训报名、国内外展馆介绍、展览公司和企业展览等信息。中国会议网会议消息界面如图 10－6 所示，其网址：http://www. chinameeting. com/。

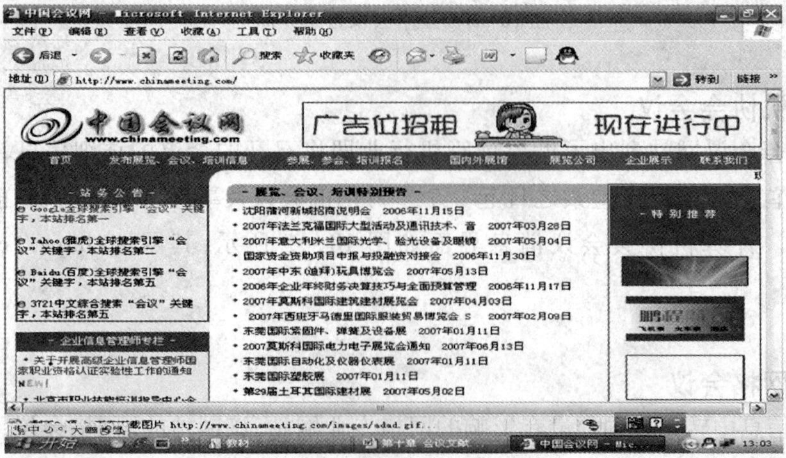

图 10－6　中国会议网会议消息界面

第二节　会议论文检索

一、万方数据资源系统中国学术会议论文全文数据库

1. 资源介绍

万方数据资源系统中国学术会议论文全文数据库，收录了国家级学会、协会、研究会组织、部委、高校召开的全国性学术会议及国家性会议论文全文，每年涉及上千个重要的学术会议。该数据库收录的会议级别高、数量多、扩容速度快，是目前国内收集学科最全、数量最多的会议论文数据库，数据范围覆盖自然科学、工程技术、农林、医学等27个大类，是掌握国内学术会议动态必不可少的权威资源。该数据库首页如图10－7所示。

图10－7　中国学术会议论文全文数据库首页

2. 检索方法

该数据库提供简单检索和复合检索。两种检索在同一检索界面下同一检索表框中进行。在检索表框中选择一个检索字段进行的检索是简单检索，选择两个检索字段进行的检索是复合检索。该数据库检索界面如图10－8所示。

（1）简单检索。简单检索只能支持一个检索条件的检索。其检索步骤如下。

① 分析课题，找出课题给出的检索条件。

② 选择检索字段。鉴于会议论文本身的特点，该数据库除了设置有常见字段，如论文标题、作者、关键词和分类号等，还设置了一些具有会议论文特色的检索字段，如会议名称、主办单位、会议时间、会议地点、母体文献和出版时间等。其中的母体文献是指会议录、会议论文集或刊登会议论文的刊物，出版时间是指母体文献的出版时间。

③ 输入检索词。

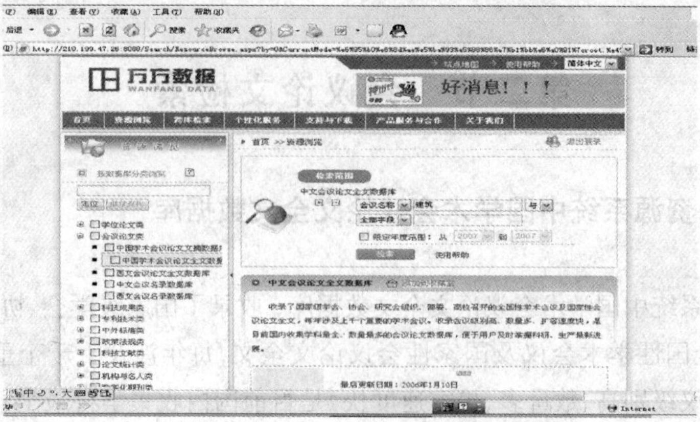

图 10－8　中国学术会议论文全文数据库检索界面

④ 执行检索,得到检索结果列表。

⑤ 根据需要选择查看简单信息、详细摘要信息或查看全文。

(2) 复合检索。复合检索是同时对两个有逻辑关系的检索条件进行检索。其检索步骤如下。

① 分析课题,找出课题给出的检索条件,以及检索条件之间的逻辑关系。

② 选择检索字段。

③ 输入检索词。

④ 选择逻辑关系。

⑤ 执行检索,得到检索结果列表。

⑥ 根据具体情况,选择是否需要进行二次检索。

⑦ 选择查看简单信息、详细摘要信息或查看全文。

3. 检索结果处理

(1)结果显示。检索结果以列表显示(图 10－9),列表中提供了会议论文名称。

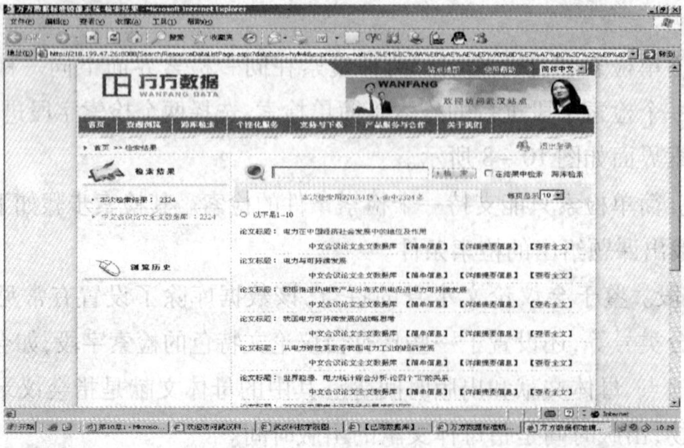

图 10－9　中国学术会议论文全文数据库检索结果显示界面

(2)多种输出模式。该库的检索结果显示页面提供了简单信息、详细摘要信息和查看全文三种输出模式。在简单信息和详细摘要信息页面,系统又提供了多种输出模式备选。

(3)二次检索。二次检索是在前一次检索结果中,再给出新的检索条件进行的检索。

(4)关联检索。详细摘要信息中不仅包含了选中记录的详细信息,如数据库名、题名、作者、刊名和摘要等,还提供了各相关信息的入口链接(热链),通过热链可以链接到各字段相关信息页面。

4. 检索实例

课题

查找2006年在北京召开的信息安全会议论文。

(1)分析课题。该课题提供的检索条件有三个:时间——2006年、地点——北京、会议名称——信息安全。

(2)选择检索方法。根据课题分析的结果,结合万方数据资源系统中国学术会议论文全文数据库提供的检索方法,可以先采用复合检索,然后在复合检索的结果中进行二次检索。

(3)选择检索字段。根据第一步的分析结果,选择的字段为会议名称、会议时间和会议地点。

(4)输入检索条件。在选定的检索字段中输入相应的检索词。

(5)选择逻辑关系。根据课题的要求,逻辑关系选择“与”。

(6)执行检索。执行检索,得到检索结果列表。

(7)二次检索。在检索结果中再检索会议地点是“北京”的论文。

二、中国重要会议论文全文数据库

该数据库是清华同方CNKI系列数据库中的一员,它收录了我国2000年以来国家二级以上学会、协会、高等院校、科研院所、学术机构等单位以及政府举办的重要学术会议、高校重要学术会议和在国内召开的国际会议上发表的文献,年更新约10万篇论文。至2006年12月31日,累积会议论文全文文献近58万篇,分为十大专辑:理工A、理工B、理工C、农业、医药卫生、文史哲、政治军事与法律、教育与社会科学综合、电子技术与信息科学、经济与管理。十专辑下分为168个专题和近3 600个子栏目。该数据库首页如图10-10所示。

三、中文会议论文数据库和外文会议论文数据库

中文会议论文数据库主要收录了1985年以来我国国家级学会、协会、研究会以及各省、部委等组织召开的全国性学术会议论文。该数据库的收录重点为自然科学各专业领域,每年涉及600余个重要的学术会议,年增加论文4万余篇,每季或每月更新。其网址:http://www nstl. gov. cn/index. html。

外文会议论文数据库主要收录了1985年以来世界各主要学协会、出版机构出版的学术会议论文,部分文献有少量回溯。学科范围涉及工程技术和自然科学各专业领域。每年增加论文约20余万篇,每周更新。

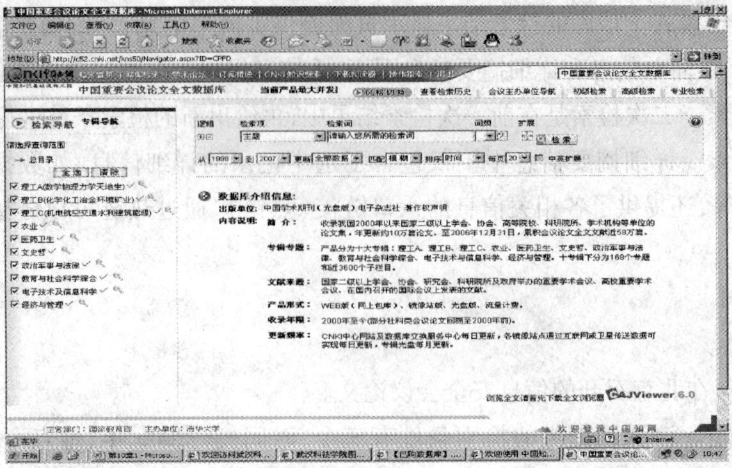

图 10－10　中国重要会议论文全文数据库首页

中文会议论文数据库和外文会议论文数据库的检索界面、检索方法基本相同。下面的介绍均以中文会议论文数据库为例。

四、上海数字图书馆科技会议录

上海数字图书馆科技会议录收录了国内各科学技术机构、团体和主管机关举办的专业性学术会议的会议文献，这些会议文献集中反映科技最新成果和发展趋势，是重要的科技情报来源，深受广大科技研究和教育人员重视。1995 年与上海图书馆合并的上海科技情报所自 1958 年起征集入藏各种科技会议文献，形成专业收藏。现提供 1986 年至今约 40 万件资料网上篇名检索服务，以后每年新增数据 3 万条。上海数字图书馆科技会议录首页如图 10－11 所示，其网址：http://www. digilib. sh. cn/dl/index. html。根据课题情况以及数据库检索字段的设置情况，可以选择会议名或篇或名段。

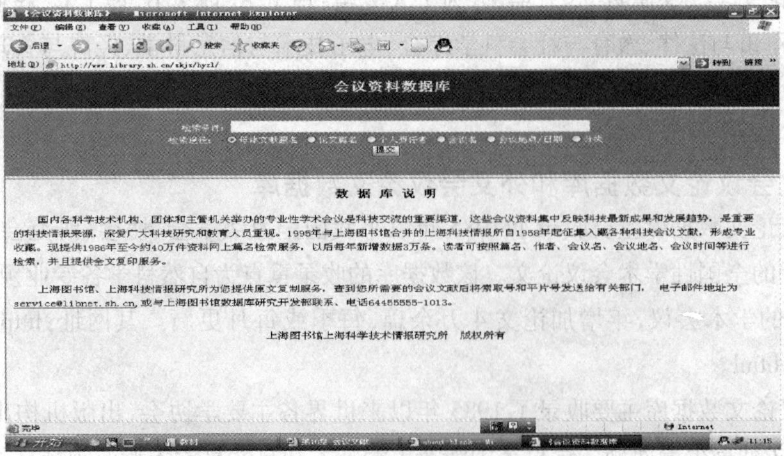

图 10－11　上海数字图书馆科技会议录首页

五、ISI Proceedings

ISI Proceedings 是 ISI 著名的 ISTP(Index to Scientific and Technical Proceedings，科学技术会议录索引)和 ISSHP(Index to Social Science and Humanities Proceedings，社会科学及人文科学会议录索引)两大会议录索引的 Web 版，简称为 WOSP，其网址：http://wosprocceedings.com。WOSP 汇集了世界上最新出版的会议录资料，包括专著、丛书、预印本以及来源于期刊的会议论文，提供了综合全面、多学科的会议论文资料，是唯一能够通过 Web 直接检索一万两千多种国际上主要的自然科学、工程技术、社会科学和人文学术方面会议录文献的多学科数据库，汇集了全球学术领域内的会议、座谈会、研讨会及其他各种会议中发表的会议录文献，提供会议文献的书目信息、著者摘要(提供 1997 年以来的摘要)，从 2002 年底开始提供 1999 年以来会议文献的参考文献列表，会议录文献回溯到 1990 年。

六、国际学术会议论文索引和会议录出版物索引

国际学术会议论文索引(Papersfirst)是在会议上提交的论文索引 ，包括了在世界范围的会议、联合会、博览会、专题会、专业会、学术报告会上发表的论文的书目索引。它覆盖了大英图书馆资料提供中心接收到出版信息。覆盖了 1993 年到现在的资料。该数据库包含在 OCLC FirstSearch 系统中，其网址：http://firstsearch.global.oclc.org/FSIP。其首页如图 10－12所示。

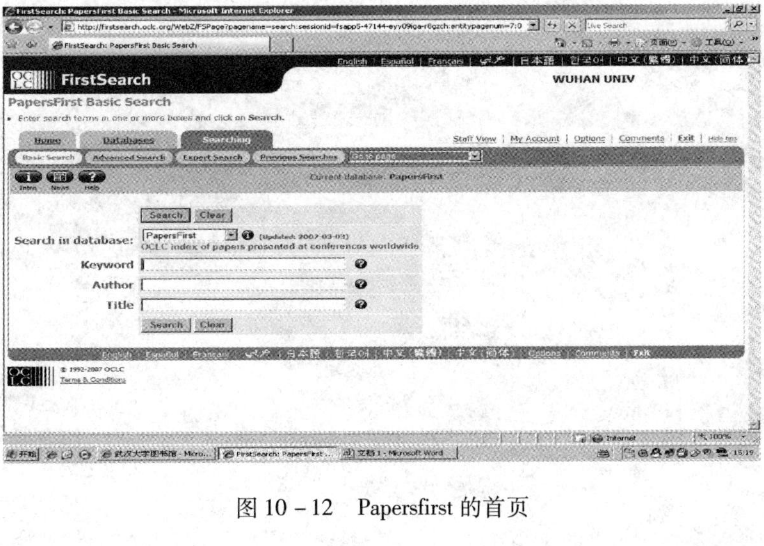

图 10－12　Papersfirst 的首页

会议录出版物索引(Proceedings)是 PapersFirst 的关联库，包括在世界各地举行的学术会议上发表的论文目录表。目前包括 15.8 万多条记录，提供了一条检索“大英图书馆资料提供中心”会议录的途径。每周更新 2 次。

思考题

1. 什么是会议文献？会议文献在检索上有什么特点？
2. 检索会议文献的网站和数据库有哪些？
3. 检索最近召开的能源国际会议文献。
4. 检索明年将召开的纺织材料、智能交通、环境保护国际会议消息各一条。
5. 检索在上海召开的经济学术会议文献。

参考文献

[1]高云，滕胜娟．图书馆·文献检索[M]．北京：中国纺织出版社，1998.
[2]夏淑萍，王真．现代文献综合信息检索[M]．北京：高等教育出版社，2006.
[3]张基温，等．大学信息检索[M]．北京：中国水利水电出版社．2004.

第十一章 网络信息资源的综合利用

网络信息的飞速发展极大地改变了人们获取信息的方式,为人们提供了更为广阔的信息检索空间。广义的网络信息资源是网络信息活动中所有要素的总和,包括与网络相关的信息内容、信息网络、信息人才、信息系统和信息技术等资源。狭义的网络信息资源是"以数字化形式记录的、以多媒体形式表达的、存储在网络计算机磁介质、光介质以及各类通讯介质上、并通过计算机网络通讯方式进行传递的信息内容的集合"。网络信息资源是信息资源的一种,因而其基本含义与信息资源的含义是一致的。与传统的文献信息资源相比,它有无序性,开放性,动态性,多样性和用户广等基本特点。

利用网络信息资源的这些特点,进行课题检索以及科技查新方面的工作时,大大提高了检索效率,提高了文献的查全率和查准率。

第一节 课题检索

信息检索是科学研究和创新的基础。任何一项新知识新发明的研究工作都离不开了解前人的经验教训和当今的发展状况。科研人员要想进行某项科学研究,必须了解国内外科技发展水平新动向,利用已有的科研成果,避免重复他人的劳动,以此才能保证该科研建立在一个较高的起点上。

随着科学技术的高度发展,学科之间出现越来越多的交叉渗透,只有了解研究科学发展规律和相互作用,才能提高科研增长点和知识创新点。当今学术信息量大、分布广、信息的自由性强,课题检索的难度也相当大。本节就是讲如何进行课题检索。

一、课题检索的基本程序

1. 分析检索课题

一个课题建立之后,首先要对检索课题的主题结构、专业范围进行全面、正确的分析,除要弄清楚该课题的内容实质及内容所涉及的主要概念之外,还要弄清楚所需信息的具体内容。比如需要的是全文、文摘还是索引,以此来确定检索范围。掌握基本信息需求以后,还要对检索深度进行确定,只有这样才能保证检索质量。需求分析是否准确、到位是检索能否取得成功的关键。

2. 正确选择数据库

随着现代化技术的发展,传统检索工具已扩展为多层次的网络检索工具。检索课题在做好传统手工检索的同时，还要充分利用网络数据库。如今数据库种类繁多，各种数据库都有自己的特点，因此需要根据信息需求的特点和课题的研究方向选择相应的数据库进行检索。正确选择数据库对于快速准确地获取信息结果至关重要，是做好课题检索的必要保证。如检索有关纺织材料方面的文献时，针对纺织学科的特点，可以选择东华大学纺织特色数据库。该数据库是一个文摘型的数据库，主要收录了东华大学的有关纤维及其制品、纤维材料、服装工程与人体功能三个重点学科的各种文献资料。该数据库还是国家教育部 CALIS“十五”期间项目——现代纺织信息参考平台的一部分。如检索纺织方面的外文文献时，就应该选择纺织外文期刊文摘数据库，该数据库的资料主要来源于全国 13 所纺织高校图书馆所收藏的纺织外文原版期刊。如在查找中文方面的文献信息时，常常用到的数据库有中国期刊全文数据库（中国期刊网），该数据库是目前世界上最大的连续动态更新的中文期刊全文数据库，收录国内 8 200 多种重要期刊，以学术、技术、政策指导、高等科普及教育类为主，同时收录部分基础教育、大众科普、大众文化和文艺作品类刊物，内容覆盖自然科学、工程技术、农业、哲学、医学和人文社会科学等各个领域，全文文献总量超过 2 200 万篇。

3. 正确选择检索课题的检索词

在课题的检索服务过程中，检索词的正确选择对文献检索结果起着相当重要的作用。检索词是表达用户信息需求和编写检索表达式的最小单位，检索词选择是否恰当，将直接影响检索效果。比如说要检索“红薯与酒精生产”这一主题，它的检索词的组配有“红薯与酒精生产”、“地瓜与酒精生产”。这样检索出来的文献就比较全面。如果只用“红薯与酒精生产”这一组合，检索出来的结果就不完全，因为不同地域对同一种物质有不同的习惯叫法。

4. 选择检索字段

选择了数据库，确定了检索词，就可以根据查询要求选择检索字段。数据库一般是根据信息的内涵特征和外延特征来提供多种检索字段，有分类号、主题、关键词、作者和刊名等，应根据不同的数据库，构造相应的检索表达式，选择恰当的检索途径进行信息查询。

二、课题检索过程中应注意的策略

1. 注意分析不同阶段的信息需求

对一个课题的研究，并不是从头到尾的信息需求都是一成不变的，不同阶段有不同的信息需求。课题进展的各个阶段，以个性化信息为中心，把与该阶段课题研究有关的信息及时查找出来，以满足课题研究不断深化的文献需求。以检索课题“中小企业电子商务发展研究”为例，在课题研究的起步阶段，信息需求集中电子商务的发展动态；在接下来的研究阶段，信息需求更多的是关于中小企业运用电子商务的信息；后期阶段需要的信息就比较倾向于解决当前中小企业中应用电子商务过程中所面临的问题，为企业更好的利用电子商务提出建设性的意见或建议。

2. 灵活运用检索技巧，提高查全率和查准率

在实际的课题检索过程中，经常会遇到检索结果不全面或者信息量过大的现象，这时就应该运用布尔逻辑检索，布尔逻辑检索运算有与（and）、或（or）、非（not） 三种；检索结果较少的情况下还可以采用截词检索方式，这样可以扩大检索范围；要想达到较高的专指度和查准率，又可应用短语检索也就是精确检索。将上述三种检索途径与其他各种检索途径结合起来，灵活运用，善于在具体的实践中分析总结经验，在课题进展的每个不同阶段，根据课题的已知条件及时调整检索策略来提高检索效率。

3. 综合运用数据库

正确选择数据库是查准文献信息的基础，但是现在由于某些数据库在规模方面、内容方面、资源组织方面、质量方面及检索功能等方面存在差异，一个专题数据库的数据往往不能满足检索的需要。比如在信息分类的时候，如果没有做到概念清晰及明确事务的外延和内涵，就会使资源的重复和遗漏等现象发生，加之各种检索技术在不同的数据库中的应用有限，这也势必影响了信息的检索结果。对一个检索问题，通常除了对图书资料库、期刊论文库、专利数据库，还要对博硕士学位论文库进行检索。因为博硕士论文是价值极高的特殊文献，尤其是博士学位论文，它一般具有内容专深、选题现实、新颖等特点，对某一个专题有独到的见解和系统的论述，富有较高的学术价值和使用价值，是学术论文的重要组成部分。同时，检索问题还可以结合因特网上的免费搜索引擎，如 Google 和 Baidu 等。

第二节　科技查新

一、科技查新的定义和作用

1. 科技查新的定义

《科技查新规范》对查新作出了规范的定义："查新是科技查新的简称，是指查新机构根据查新委托人提供的需要查证其新颖性的科学技术内容，按照本规范操作，并作出结论。"这里所说的查新机构是指具有查新业务资质，根据查新委托人提供需要查证其新颖性的科学技术内容，按照科技查新规范操作，有偿提供科技查新服务的信息咨询机构；查新委托人是指提出查新需求的自然人、法人或者其他组织；新颖性是指在查新委托日以前查新项目的科学技术内容部分或者全部没有在国内外出版物上公开发表过。

2. 科技查新的作用

查新工作在科技研究开发、科研管理和国民经济建设中发挥着十分重要的作用。具体来说，表现在以下几个方面。

(1)为科研立项提供客观依据。科研项目在论点、研究开发目标、技术路线、技术内容、技术指标和技术水平等方面是否具有新颖性，在正式立项前，首要的工作是全面、准确地掌握国内外的有关情报，查清这项目在国内外是否已有人研究开发过。通过查新可以了解国内外有关科学技术的发展水平、研究开发方向，是否已研究开发或正在研究开发，研究开发的深度及广度，已解决和尚未解决的问题等，对所选项目是否具有新颖性的判断提供客观依据。这样可防止重复研究开发而造成人力、财力、物力的浪费和损失。

(2)为科技成果的鉴定、评估、验收、转化和奖励等提供客观依据。查新可以为科技成果的鉴定、评估、验收、转化和奖励等提供客观的文献依据。查新还能保证科技成果鉴定、评估、验收、转化和奖励等的科学性和可靠性。在这些工作中,若无查新部门提供可靠的查新报告作为文献依据,只凭专家小组的专业知识和经验,难免会有不公正之处,可能会得不出确切的结论。这样既不利于调动科技人员的积极性,又妨碍成果的推广应用。高质量的查新,结合专家丰富的专业知识,便可防止上述现象的发生,从而保证鉴定、评估、验收、转化、奖励等的权威性和科学性。

(3)为科技人员进行研究开发提供可靠而丰富的信息。随着科学技术的不断发展,学科分类越来越细,信息源于不同的载体已成为普遍现象,这给获取信息带来了一定的难度。有关研究表明,技术人员查阅文献所花的时间,约占其工作量的50%,若通过专业查新人员查新,则可以大量节省科研人员查阅文献的时间。查新机构一般具有丰富的信息资源和完善的计算机检索系统,能提供从一次文献到二次文献的全面服务,如通过国际联机情报检索系统提供世界著名的SCI(科学引文索引)、CA(化学文摘)、EI(工程索引)、NTIS(美国政府报告)、WPI(世界专利索引)等近千个科技、经济、商业等资料的数据库,内容涉及各种学术会议和期刊的论文、技术报告、专利、标准和规范、报纸、通告等,收藏的数据最早可追溯到19世纪,最新可查到几分钟前公布的信息。据有关资料统计,这些系统包含了世界上98%以上的机读文献,基本能满足科研工作的信息需求。

二、科技查新的程序

科技查新的工作流程如下页图所示。

1. 查新委托

(1)接受用户委托后,首先了解查新课题所属学科,判断是否可接受。

(2)确定项目的查新类型。

(3)了解查新课题属于何种科技计划或项目,应登录到项目的网站上,了解这一项目的背景,特别要了解项目申报指南中有关查新的具体要求,要根据项目中的具体要求进行查新。

(4)向委托人了解课题的背景、国内外从事同类课题的机构与科研人员及国内外和课题密切相关的文献报道。

(5)要求委托人提交有关查新课题的科学技术资料、技术性能指标数据、参考检索词。包括中英文对照的查新关键词(含规范词、同义词、缩写词、相关词)、分类号、专利号和化学物质登记号等,关键词应当从查新项目所在专业的文献常用词中选择。

(6)了解查新委托人对课题的研究程度。

2. 受理查新委托与订立合同

(1)根据《科技查新规范》第4部分的有关规定,若受理查新委托,则查新机构应与查新委托人订立查新合同。

(2)确定查新人员和审核人员。

(3)初步审查查新委托人提交的资料是否存在缺陷及是否符合查新要求。判断查新委托人提交的资料内容是否真实、准确。

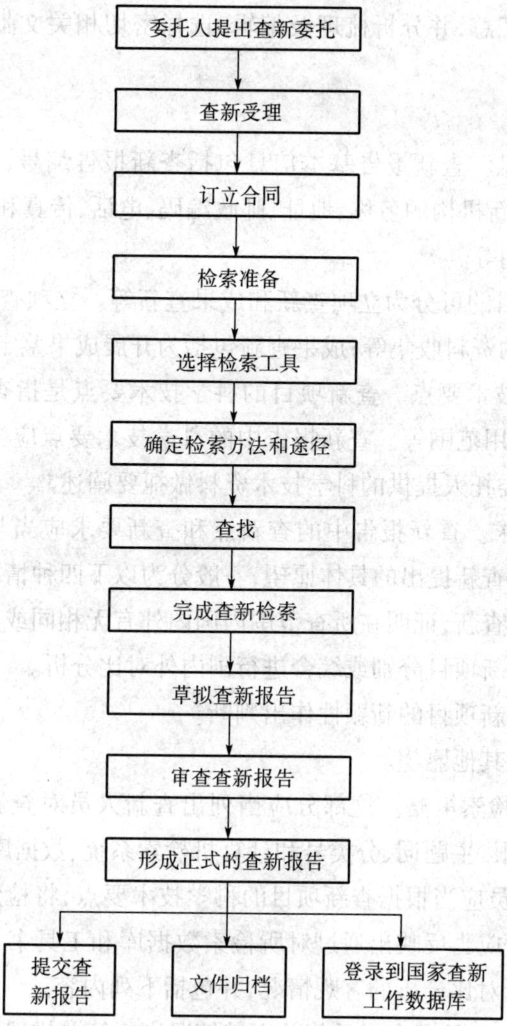

科技查新的工作流程框图

(4)判断查新委托人提出的查新要求能否实现。

(5)确认能否满足查新委托人的时间要求。

(6)初步判别查新项目的新颖性。

3. 文献检索

(1)首先查找与该课题有关的综述性文献、行业新闻报道、工具书,以便对其背景深入了解。

(2)尽可能全面地收集到相关的关键词汇。

(3)选择检索工具或数据库、检索范围、时间范围。

(4)相关反馈检索,对第一次检索过的相关文献进行分析,扩大检索词的范围,调整检索范围,进行第二次检索。

(5)对第二次检索到的相关文献进行分析,通过相关文献提供的线索,利用其他途径进行检索,如作者和机构等。

(6)将所有相关文献汇总,并分析梳理及编辑,选择密切相关文献,调阅文献的全文,提取有关数据及指标。

4. 查新报告

(1)查新报告基本信息。查新报告基本信息包括查新报告编号,查新项目名称,查新委托人名称,查新委托日期,查新机构的名称、地址、邮政编码、电话、传真和电子信箱,查新人员和审核人员姓名,查新完成日期等。

(2)查新目的。查新目的可分为立项查新和成果查新等。立项查新包括申报各级、各类科技计划,科研课题开始前的资料收集等;成果查新包括为开展成果鉴定和申报奖励等。

(3)查新项目的科学技术要点。查新项目的科学技术要点是指查新项目的主要科学技术特征、技术参数或指标、应用范围等。查新报告中的科学技术要点应当以查新合同中的科学技术要点为基础,参照查新委托人提供的科学技术资料做扼要阐述。

(4)查新点与查新要求。查新报告中的查新点和查新要求应当与查新合同中的一致。查新要求是指查新委托人对查新提出的具体愿望,一般分为以下四种情况。

①希望查新机构通过查新,证明在所查范围内国内外有无相同或类似研究。

②希望查新机构对查新项目分别或综合进行国内外对比分析。

③希望查新机构对查新项目的新颖性作出判断。

④查新委托人提出的其他愿望。

(5)文献检索范围及检索策略。这部分应当列出查新人员对查新项目进行分析后所确定的手工检索的工具书、年限、主题词、分类号和计算机检索系统、数据库、文档、年限、检索词等。

(6)检索结果。查新员应当根据查新项目的科学技术要点,将检索结果分为密切相关文献和一般相关文献。这部分应当反映出通过对所检索数据库和工具书命中的相关文献情况及对相关文献的主要论点进行对比分析的客观情况,并包括下列内容。

① 对所检索数据库和工具书命中的相关文献情况进行简单描述。

② 依据检索出文献的相关程度分国内、国外两种情况分别依次列出。

③ 对所列主要相关文献逐篇进行简要描述(一般可用原文中的摘要或利用原文中的摘要进行抽提),对于密切相关文献,可节录部分原文并提供原文的复印件作为附录。

(7)查新结论。查新结论应包括相关文献检出情况,检索结果与查新项目的科学技术要点的比较分析, 对查新项目新颖性的判断结论。

(8)根据《科技查新规范》第9部分规定,查新报告应当包括经查新人员和审核人员签字的声明。声明的内容可以参考下面的内容进行撰写。

①报告中陈述的事实是真实和准确的。

②按照科技查新规范进行查新、文献分析和审核,并作出上述查新结论。

③获取的报酬与本报告中的分析、意见和结论无关,也与本报告的使用无关。

(9)附件清单。附件主要包括密切相关文献的题目、出处以及原文复制件,还应有一般相关文献的题目、出处以及文摘。

(10)委托人要求提供的其他内容。

(11)查新人员和审核人员的签字,加盖查新机构的科技查新专用章,同时对查新报告的每一页进行跨页盖章。

5. 提交查新报告

完成查新报告后,查新机构按查新合同规定的时间、方式和份数向查新委托人提交查新报告及其附件。

6. 文件归档与数据库登录

(1)文件归档。将查新项目资料、查新合同、查新报告及其附件、查新咨询专家的意见、查新人员和审核人员的工作记录等存档。

(2)及时将查新报告登录到国家查新工作数据库(www. nast. org. cn)。

三、科技查新的技术要点

科技查新是指通过计算机检索和手工检索等手段,以文献检索为基础,通过对相关文献的对比分析,对科研立项、科技成果的创新性和新颖性做出评价的一种信息咨询服务形式。其核心是对科技查新项目创新性的评价。这个评价的过程实质上就是对查新项目内容的信息分析过程,即首先分析查新项目的属性,确定其研究的学科领域。在此基础上分析查新项目的主要技术内容,确定该项目的创新类型。然后对所收集的相关信息进行筛选、整理,运用比较分析法对查新项目的内容与所查文献进行国内外的比较分析,从而判定该项目是否具有新颖性。对于查新人员来说,制定科学的查新方法是至关重要的。一般来说,查新人员对于受理的项目,在查新过程中涉及的技术方法主要有以下几点。

1. 对查新课题属性的区分

查新人员在查新之前首先必须弄清该项目是立项、报成果还是报专利。虽然这三类查新在本质上是一致的,都是确定该项目的创新性,但在查新具体操作过程中还有一些区别。成果查新的目的是为评价其成果的先进性,为判定该成果在国内外达到何种水平提供客观依据,其特点是成果特征已经确定,查新工作内容的重点要围绕已确定的成果特征进行。专利申请查新的目的是为论证申请专利的技术发明是否符合所属专利法所规定新颖性的条件,并为其提供客观依据,同时也为专利代理人撰写权利要求书时提供充分、可靠的文献背景材料。其特点是发明的主题和要求保护的权利项也已明确,查新工作内容的重点要针对申请发明主题特征和要求的权利特征进行。科研立项查新工作的目的是为研究项目的选题是否有意义、有价值,是否与他人研究重复,有哪些相关的技术,研究的起点可确定在什么范围等的可行性论证提供客观依据。其特点是研究工作尚未开始,查新特征处于不确定状态,查新工作的内容重点则要依照立项的研究方向进行。

2. 对查新课题项目范围的判断

在搞清课题是立项、报成果还是报专利之后,接下来必须对课题的性质要有一个总的认识,即弄清楚该项目属于哪一个学科范畴,了解其所涉及的学科领域,以便准确选择查新过程中的数据库、检索词。在分析检索项目的主题类型、主题结构的基础上,对具有检索意义的主题概念进行提炼和取舍。注意所选检索词的全面性、专指性和一致性。

3. 检索词的筛选和检索策略的制定

要确定准确的检索词,制定全面的查新策略，必须认真分析用户的书面查新申请，包括课题的技术报告、说明书、项目研究中参考过的有价值的文献等。通过认真研读查新项目的技术总结报告和该学科、专业领域的研究综述文献，明确该项研究所属的专业领域和学术流派。一般来说，在同一学科专业领域中，同一研究对象的各种学术流派的研究文献，就是要检索的基本文献范围。用“认同求异”法分析研究项目的学术理论源流及各个学术流派研究方法、试验材料、研究结论等的相同点和不同点，在此基础上选择检索词、制定检索策略，才能提高对检索对象的贴近度和文献的查准率。虽然在检索前按照“认同求异”法制订了检索策略，但由于有时对研究内容理解的不透、检索词选择的不当、文献标引的不规范等原因，检索出来的文献并不一定完全是与课题相关的文献，必须加以选择和确认。

4. 文献的对比分析

对比分析是以比较为基础，找出两事物之间的异同点，发现事物优势所在的方法。查新工作中的对比分析是以查新课题的查新点为主要对象，与查到的相关文献一一比较，揭示出查新点的真实属性,每个研究课题都有自己的研究方向和侧重点。通常情况下，每个研究者的设计思路不可能完全相同，即使研究对象相同、结论相同，研究方法则往往有不同之处。因此，查到密切相关文献时，不可轻易否定查新课题，应注意所查课题与检出文献在研究方法、研究对象及结论(结果)等方面的异同，从细节上加以比较和区别，找出其潜在的创新点。查新中经常遇到的对比有以下类型：

(1)研究方法的对比。研究方法的对比包括实验方法、处理手段和统计方法的比较等。

(2)研究指标的比较。

① 完整性的比较。指标体系中各指标之间常存在对应的互相制约的关系，少了某项指标都可破坏这种关系，从而使指标比较的科学性受到影响。

②比较时注意不同的度量单位。相关文献采用的指标度量单位有可能与查新课题不一致，比较时应注意将其转换成统一的度量单位或者标明各自的度量单位。

③ 注意达到某项指标时的条件。有些产品由于采用的标准不一样，实测性能的时间、温度等条件也就不一样，比较时一定要注意不同的实施条件。

(3)研究观点及结论的对比。科学研究中往往涉及对事物的不同看法，比较各种观点和结论，有利于对问题的全面认识，便于评审专家对查新项目提出的结论和观点是否创新、合理、妥当进行评价。比较科研论文结论和观点时，应注意三种情况。一是对同一事物的研究方法相同，但结论和观点不同；二是对同一事物的研究结论和观点相同，但方法不同；三是对同一事物的研究，随时间不同而有不同的观点。

5. 查新结论的撰写方法

查新结论的第一部分可先对与查新项目或查新点相关文献报道的情况进行概括说明，对报道文献的程度或数量进行描述，如报道的文献是“很多”、“较多”、“较少”还是“很少”等。如有报道,可对报道文献的范围进行说明，如“某某技术(产品)已有科技文献、专利、成果、学位论文或会议论文等的报道”，对密切相关文献还要引用原文。

查新结论的第二部分是进行对比分析的部分，是结论的主体部分，一般可用“根据所检索文献范围”或“在所检索文献范围内”等语句来说明所有的对比分析是受所检索文献范围的限定。然后可针对具体的创新点进行逐条逐项的对比分析，可参考使用下列语句，如“有关某项查新点已有文献报道”、“对某项查新点已有介绍（论述）”等，并可根据检索结果简单指出上述结论的出处，也可针对查新点的对应内容进行比较论述。

查新结论的第三部分通常对查新点是否具有新颖性做出结论，也是结论中最为重要的部分。该部分语句可以不多，但用词必须准确，不应留有漏洞。

查新结论是对相关文献进行对比分析的结果，因此不能简单地肯定或否定，必须对文献进行分析，阐明查新项目的内容、技术要点同相关文献的渊源及承接关系，确定查新项目不同于相关文献的创新点。只有这样做出的结论，才能体现出查新工作的公正性和客观性。

四、科技查新的问题及解决办法

在实际查新过程中常常会遇到很多问题，常见的问题主要包括创新点的提炼、查新时间的把握、查新人员和查新委托方的交流互动、查新结论的撰写等。

1. 创新点的提炼

创新点的提炼是查新工作的第一个流程，查新委托人与查新机构签订查新委托书与查新合同，并向查新机构提交必要的科学技术资料和相关材料。同时，作为一项法律依据，查新委托书与查新合同一旦生效，合同双方将根据合同规定的内容履行自己应尽的义务。在这一过程中需要注意的是，有相当数量的委托人对查新的过程及相关法律、法规不太了解，有的委托人为赶时间，草草阅读一下相关文件就填写委托书与合同，可能会留下一定的隐患。因此，作为科技查新人员有义务向查新委托人作一个详尽的解释。由于委托人填写的课题名称、技术路线查新点（新颖点、创新点）、关键词等内容将直接影响到查新结果，除委托人认真填写外，查新人员应对照项目计划书认真核实。此外，创新点不应该完全由查新项目委托方自己来撰写，应该由查新项目委托方和查新人员一起研究探讨，并根据查新到的相关数据进一步调整修改，保证报告创新点的唯一性。查新人员不应该仅仅停留在否定或者肯定委托方科技查新项目创新点的基础上，更应该帮助查新委托方完善创新点，保证其研究确实具有新颖性和唯一性。这样，对查新人员的要求就更高，要具备各种能力，包括分析判断能力、推理总结、专业基础背景、语言组织能力和专业查新技术。

2. 查新人员和查新委托方的交流互动

由于查新人员与查新委托人之间知识结构的差异，查新委托人不能准确把握技术要点的撰写，加上查新人员对项目的理解不到位，查新人员不同的专业背景、不同的思维方式及使用检索策略的差异等都可能导致查新结论的不一致。

相对来说，查新人员对查新检索策略的掌握会更好一些，而项目委托方对自己专业知识更熟悉一些。只有这两者结合，多多沟通，彼此交流，取长补短，这样完成的查新报告才是比较客观完整准确的。因此，在查新过程中查新人员和查新委托方的交流互动是相当重要的，也是很必要的，只有这样才能完成一份高质量的查新报告。

3. 查新时间的把握

由于受到专业知识的影响，查新工作人员对课题理解的深度与广度会受到限制。所以在正式开始查新之前，查新员要花一定的时间去弄明白课题内容，对相关专业有一个大概的了解，和同事、领导及时沟通请教，多看看相关文献，工作的同时也要不断学习，这样完成查新报告需要一段时间。按照规定一个中文的查新报告需要五个工作日，中外文的查新报告需要十个工作日。但通常查新委托方要求很快拿到查新报告，这是一对突出的矛盾，为了满足查新委托方的要求，可行的方法有许多，包括查新工作人员努力工作，加班劳动，与查新委托方及时沟通，请教懂专业的同事前辈，制定恰当的检索策略，选择有针对性的数据库等，这样既可以少走弯路，又能较准确及时地完成查新报告的撰写。在尽可能短的时间内完成一个高质量的查新报告是目前科技查新人员面临的一个挑战，科技查新人员必须培养自己这方面的能力，与时俱进，适应社会的发展。

4. 检索策略的制定

检索策略的制定是根据委托人的查新要求以及专家作的课题分析确定检索词，并根据不同的概念组配确定不同的检索表达式。而实际的检索过程中可能会出现与预先估计情况出入较大的情况，检索出的文献量过多或过少都不能客观的反映出课题的新颖性和可研究性，因此还要根据实际情况对先前的检索表达式做出修正。其次要选择合适的检索工具和检索数据库，要根据查新课题的具体情况来定，如产品库、成果库、专利库、期刊库和学位论文库等。另外，为了弥补数据库资源的不足，查新过程中通常增加网络搜索引擎的检索，如 Google、Yahoo、Sohu 等，以及各学科的专业站点，如医学方面的 Medline，其中以美国国家生物技术信息中心（NCBI）Pubmed 使用最为广泛。针对一个项目进行检索时，只用一两个检索表达式检索可能会出现漏检的现象，为了尽可能地检索出自己需要的文献，除了利用检索表达式检索外，查新人员还应该更具特别关键的词句进行单独检索，这对查新的准确性会更好。

5. 查新结论的撰写

所有前期的工作都是为查新结论撰写做准备，一个科技查新报告的关键就是查新结论的撰写，在项目申报时专家组也主要是看查新结论，所以查新结论的撰写是很重要的，内容要准确客观，文字要通顺流畅，结构要合理。检索人员根据检索结果填写查新报告，并将密切相关的文献全文、一般相关文献的文摘作为附件。在填写检索结论时要认真对比密切相关文献与一般相关文献的异同，对研究深度、广度、技术路线、方法手段、研究结果以及对结果的认知等作出区别，从而给课题一个客观公正的评论，为科研管理部门决策提供依据。

五、科技查新的发展要求

科技查新自 20 世纪 80 年代发展以来，主要的业务范围是进行科技鉴定。然而，随着市场经济的发展，科技鉴定已不显得那么重要了。在新的形势下，科技查新的工作内容也有了新的变化，科技立项和新产品查新成了查新的重要内容，这就对查新人员的水平提出了更高的要求。科技查新要有所发展必须进行改革，主要从以下两个方面入手。

1. 改变文献信息资源生产方式

信息资源是查新工作的生命线和根本,由整个的图书情报部门来共同规划和经营。信息资源的建设不仅关系查新工作的优劣,甚至影响到现今情报部门的生存。信息资源的建设,特别是电子信息资源的建设,还没有脱离过去纸质资源建设的模式,即大而全和小而全的方式,没有充分应用计划经济的优势,从国家的角度来进行规划和实施。因此,在数据库的建设上,虽然历经多年的耕耘,但至今仍未产生像美国DIALOG那样的数据库系统。许多地区和部门建的数据库,实际上是以一种小农经济"小而全"的模式所生产的数据库,不仅数据量小,更新困难,而且流通面也窄。反之,一些极为有用的数据库,却因协调和数据收集的困难而不能产生。应以科学发展观,从国家的层面来规划、组织和实施,协调全国情报及文献部门的力量,共建数据资源体系。只有这样的资源体系出现,才能很好的支撑科技创新和社会发展,当然也包含科技查新。当前国家正规划的科技文献基础平台,是为达到文献资源的共享,同时还应该领导、规划和实施好国内数据库资源的共建共享,才能真正发挥好这个平台的作用。

2. 提升查新人员素质

查新人员是查新工作的主体,是体现查新工作水平的关键。科技查新正在朝着情报分析和研究的方向发展,因此对查新人员的要求也越来越高,提升查新人员的素质,已成为现实工作和时代的要求。查新部门应有计划的培训在职的查新人员,更新已老化的知识,了解竞争性情报,学会了解分析市场,掌握较好的外语和专利知识,同时应有计划的引进年轻、高层次的人才充实查新队伍,逐步使整个的查新队伍更好地适应社会的发展。

综上所述,查新工作不单是查新工作的事,它关系到国家的投入、资源建设、网络畅通及组织协调等各个方面,搞好查新工作,这些方面缺一不可。因此,它是整个图书情报部门的事情,依靠团队的力量,相信在任何环境下这项工作都可以做得更好。

总之,科技查新工作要向前发展,不仅要克服自身存在的问题,同时也需要得到政府和社会的支持。查新工作之所以能在较短的时间内迅速发展起来,是由于市场需求所决定的。因此,查新人员更应在管理上和质量上进一步完善科技查新,使其为我国的科技发展做出应有的贡献。

思考题

1. 阐述网络信息资源的概念,试举出几种网络信息资源。
2. 科技查新有哪些程序?各程序应注意哪些问题?

参考文献

[1]张辉. 信息检索与利用[M]. 山东:山东人民出版社,2005.
[2]李莹. 试析网络信息资源管理的特点[J]. 情报科学,2000(4).
[3]高敬,吴引江. 网络信息资源的开发与利用[J]. 现代图书情报技术,2003.
[4]张婷. 关于高校图书馆课题检索服务的探讨[J]. 理论观察,2006,39(3):134-135.

[5]唐五湘. 科技查新教程[M]. 北京:机械工业出版社,2001.

[6]http://www. cutt. edu. cn/Chaxin/Chaxin. php3? Url = chengxu.

[7]周国泰. 科技查新各环节分析方法探析[J]. 情报探索,2006,12:78 - 79.

[8]陈迎春. 充分沟通—提高科技查新质量[J]. 高等工程教育研究,2006 年增刊,127 - 129.

[9]李春明. 科技查新中常见问题探讨及应对措施[J]. 科技资讯,2006,32:186 - 187.

[10]王家骥. 科技查新的发展与问题探讨[J]. 情报学报,2006,25:191 - 192.

[11]曾仁侠,肖颖喆,向贤伟. 科技文献信息检索[M]. 长沙:国防科技大学出版社,2002.

[12]彭奇志. 信息检索与利用教程[M]. 北京:中国轻工业出版社,2005.

[13]曲继方,庞海波. 学位论文写作[M]. 北京:国防工业出版社,2005.

[14]http://grs. pku. edu. cn/file/content/file_py_08. doc.

[15]http://grs. pku. edu. cn/file/content/file_py_08. doc.

[16]http://gongxue. cn/xuexishequ/ShowArticle. asp? ArticleID = 9444&Page = 2.

[17]任胜国,周敬治. 文献信息检索教程[M]. 北京:北京图书馆出版社,1999.